- 江苏高校优势学科建设工程四期项目
- 苏州大学外国语言文学学科资助出版
- 2022年度江苏高校哲学社会科学研究一般项目"反馈介入对研究生二语写作修辞能力发展的影响机制研究"（编号：2022SJYB1440）阶段性成果

体裁知识与反馈投入：
二语作者国际学术发表个案研究

彭玉洁 / 著

苏州大学出版社
Soochow University Press

图书在版编目(CIP)数据

体裁知识与反馈投入:二语作者国际学术发表个案研究 / 彭玉洁著. -- 苏州:苏州大学出版社, 2024.9. -- ISBN 978-7-5672-4953-0

Ⅰ.H09

中国国家版本馆CIP数据核字第2024ZD5934号

Ticai Zhishi yu Fankui Touru: Eryu Zuozhe Guoji Xueshu Fabiao Ge'an Yanjiu

书　　　名：体裁知识与反馈投入:二语作者国际学术发表个案研究
著　　　者：彭玉洁
责任编辑：杨　华
装帧设计：刘　俊
出版发行：苏州大学出版社(Soochow University Press)
社　　　址：苏州市十梓街1号　邮编:215006
印　　　刷：江苏凤凰数码印务有限公司
邮购热线：0512-67480030
销售热线：0512-67481020
开　　　本：700 mm×1 000 mm　1/16　印张：14.25　字数：240千
版　　　次：2024年9月第1版
印　　　次：2024年9月第1次印刷
书　　　号：ISBN 978-7-5672-4953-0
定　　　价：58.00元

图书若有印装错误,本社负责调换
苏州大学出版社营销部　电话:0512-67481020
苏州大学出版社网址　http://www.sudapress.com
苏州大学出版社邮箱　sdcbs@suda.edu.cn

序

彭玉洁基于其博士论文撰写的书稿《体裁知识与反馈投入：二语作者国际学术发表个案研究》即将付梓，成为我国二语写作研究界的一部专著。作为导师，我感到由衷的高兴；作为普通读者，重读书稿依然获益良多。

该书议题新，对象新，问题真。几十年来，尽管书面反馈是二语写作研究的重要议题，但局限于讨论各种反馈形式的有效性，研究焦点重文本不重人本。随着应用语言学的社会转向与情感转向，二语写作研究也开始关注写作者在投入处理书面反馈中的多面复杂性。这类反馈投入研究重点考察二语写作者在认知、情感和行为等层面怎样理解反馈，接受反馈，修订文本。在揭示这些层面的写作者特征中，逐渐涌现出反馈研究中被长期忽略然而极为重要的东西，如情绪管理、认知深浅、师生关系。基于这样的研究新趋势，该书进一步将研究对象转向课堂外。相比教学语境中学生如何处理教师书面反馈，课堂外有一类反馈处理具有更高的风险，即写作者如何处理国际学术发表中的匿名审稿反馈。这类反馈投入的特征也许直接影响写作者的得失利益，甚至职场生存，是一个研究空白，但意义重大。该书考察的此类反馈投入问题，与我国高校所有科研工作者的国际发表高度相关，问题真实，因而对该问题的解决具有迫切性。

该书切入点更新，研究具有理论价值。至今，大量的反馈投入研究尚受制于表层描述，未能深入解释。该书首次从社会建构主义理论与体裁知识的概念切入，描述并阐释论文写作者运用各类体裁知识能动处理国际审稿反馈的特征。同时，该书构建分析框架，为反馈投入在认知、情感及行为维度的分析，从投入的结果表现和过程管理两个层面提出统一的分类依据，开展扎实的质性个案数据分析。基于研究结果，作者进一步提出有关体裁知识的发展程度对反馈投入的影响模式。该理论性探索对于深入探究写作者投入处理反馈的能力机制具有重要的学术启示意义。

作为质性个案研究，该书脉络清晰，在理论框架、概念框架、分析框架的构建及论证中层层递进，对应用语言学研究生学习开展质性研究和学习学位论文的写作有较好的借鉴价值。同时，本书个案所呈现的反馈投入问题及其解决特征对参与国际学术发表的研究者也具有参考价值。

回首，彭玉洁是我指导的第一名博士生。在考博前，她有两年英语写作课程的教学经验，并表现出对二语写作研究的浓厚兴趣、扎实的学术基础，以及值得期待的研究潜力。考入南京大学攻读博士学位后，她在我的指导下主攻二语写作研究；按期毕业后入职苏州大学外国语学院，从事英语教学与科研。读书期间，她有幸得到南京大学许多专家学者的启迪，接受了系统的外国语言学及应用语言学的专业训练，熟练掌握了应用语言学与二语写作的研究方法。同时，她广泛阅读二语写作前沿文献，不断磨砺理论思辨能力。她发表的第一篇外语类核心期刊论文即关于二语写作界有关声音概念的争议。这些论证方法与思维的训练都为她从事本书写作及今后的研究工作打下了良好的基础。彭玉洁在学习与生活中坚韧独立，远超同龄人，对于我指导的其他博士生而言，她不仅是师姐，更是精神榜样。

展望未来，希望彭玉洁博士以这本专著的出版作为新的出发点，带着一如既往的纯粹与韧性，在学术道路上求真求实，宁静以致远。

徐　昉

2024 年 5 月 25 日于南京

目录

第一章 导 论

第一节 本书的研究对象 / 001
第二节 本书的研究目标 / 003
第三节 本书的研究意义 / 004
第四节 本书的结构安排 / 006

第二章 反馈投入与体裁知识的研究现状

第一节 术语界定 / 008
第二节 反馈投入的构成维度 / 012
第三节 反馈投入的实证研究 / 021
第四节 体裁知识的理论流派 / 029
第五节 体裁知识的实证研究 / 031
第六节 相关研究评价 / 037

第三章 理论背景与概念框架

第一节 理论背景 / 039
第二节 反馈投入概念框架 / 042
第三节 体裁知识概念模型 / 044
第四节 本研究概念框架 / 048

第四章　研究方法

第一节　研究问题 / 051

第二节　个案研究 / 052

第三节　研究参与者 / 053

第四节　数据类型和收集程序 / 062

第五节　数据分析 / 065

第六节　研究效度保障 / 080

第七节　研究者的角色 / 081

第五章　二语作者体裁知识对认知投入的影响

第一节　体裁知识对理解深度的影响 / 082

第二节　体裁知识对认知调节的影响 / 085

第三节　本章小结 / 116

第六章　二语作者体裁知识对情感投入的影响

第一节　体裁知识对情感反应的影响 / 119

第二节　体裁知识对情感调节的影响 / 131

第三节　本章小结 / 138

第七章　二语作者体裁知识对行为投入的影响

第一节　体裁知识对文本修改行为的影响 / 141

第二节　体裁知识对修改行为调节的影响 / 159

第三节　本章小结 / 167

第八章　讨　论

第一节　二语作者体裁知识类型对反馈投入的影响 / 169

第二节　二语作者体裁知识发展程度对反馈投入的影响 / 173

第三节　二语作者体裁知识对反馈投入的影响模式 / 178

第九章 结 论

第一节 主要研究发现 / 181

第二节 研究启示 / 183

第三节 本书的局限及对未来研究的建议 / 184

参考文献 / 189

附录 / 204

后记 / 217

表　目

表 3-1　书面纠错反馈投入的分析框架（基于 Han & Hyland，2015：43）/ 043

表 3-2　二语写作课堂中体裁知识的教学参考（基于 Tardy，2019：20-21）/ 048

表 4-1　参与者的人口统计信息和教育背景 / 055

表 4-2　数据收集总览 / 062

表 4-3　审稿反馈理解深度编码框架（基于 Han & Hyland，2015：43）/ 067

表 4-4　认知调节编码框架 / 068

表 4-5　情感反应编码框架 / 070

表 4-6　情感调节策略编码框架 / 073

表 4-7　文本改动语言单位的编码框架 / 074

表 4-8　文本改动操作的编码框架 / 075

表 4-9　修改行为调节编码框架（基于 Han & Hyland，2015；Oxford，2017）/ 076

表 4-10　文本改动的体裁知识呈现编码框架 / 077

表 4-11　口头与书面汇报中的体裁知识编码框架 / 080

表 5-1　郑彬稿 2 和稿 3 选段对比 / 088

表 5-2　刘婷稿 1 和稿 2 选段对比 / 108

表 5-3　刘婷稿 2 和稿 3 选段对比 / 110

图 目

图 3-1　纠错反馈研究启发性框架（基于 Ellis，2010：337）／ 042

图 3-2　反馈投入的概念框架（基于 Zheng & Yu，2018：14）／ 042

图 3-3　特定体裁知识概念模型（基于 Tardy，2009：22）／ 045

图 3-4　本研究的概念框架 ／ 049

图 4-1　本研究的数据分析路径 ／ 066

图 7-1　冉晶晶论文文件夹截屏 ／ 161

图 8-1　二语作者体裁知识对反馈投入的影响模式 ／ 178

第一章 导 论

本章拟就本书的研究对象、研究目标、研究意义及全书结构进行总体介绍。

第一节 本书的研究对象

在二语写作研究领域中，有关书面纠错反馈及学生修改的研究是最近几十年来的研究热点。这些研究多数以二语习得理论为视角，将写作任务作为考察语境，探讨语法纠错反馈的方式对二语习得的影响。近十年来，随着社会文化理论的发展对二语写作和二语习得领域产生的影响，该话题研究出现了重要转向。国内外相关研究开始借鉴教育心理学视角的"学生投入"（student engagement①）构念，从认知、情感和行为等维度对二语写作学习者处理纠错反馈的复杂性进行综合分析。2018 年，两位二语写作研究专家德怀特·阿特金森（Dwight Atkinson）和克里斯汀·塔蒂（Christine Tardy）在《二语写作期刊》（*Journal of Second Language Writing*）"学科对话"栏目（*Disciplinary Dialogues*）中进一步提出，反馈研究到了必须走出仅仅考察语法纠错反馈怪圈的时候——这是关系二语写作领域发展方向的重要问题（Atkinson & Tardy, 2018）。然而，当前二语写作研究鲜少从体裁知识和学生投入等方面来探究反馈与修改中的问题。顺应该话题的历史发展脉络和学科前沿认识，本研究通

---

① 在教育心理学和应用语言学界的中文学术期刊中，"engagement"一词存在"投入"和"参与"两种翻译。考虑"投入"这一翻译被更广泛地使用，且"参与"这一翻译易与"participation"的翻译混淆，因此，本研究采用"投入"一词作为"engagement"的中文对应术语。

过个案研究方法，考察二语研究生作者的体裁知识对其投入国际期刊审稿反馈的影响模式。

本研究根植于二语写作领域有关反馈与修改的话题领域。自 1985 年薇薇安·扎迈勒（Vivian Zamel）发表论文《回应学生写作》（*Responding to Student Writing*）起，二语写作研究领域开启了对反馈与修改的系列研究（Goldstein，2016）。该话题研究涵盖反馈给予和反馈处理两个方面：前一类研究常关注反馈本身的有效性，探索了如直接或间接的反馈类型（朱晔、王敏，2005）、书面或口语反馈（Sheen，2010）、教师或同伴或在线自动写作评估系统的反馈形式（胡学文，2015）、聚焦或非聚焦型纠错反馈（陈晓湘、彭丽娜、郭兴荣等，2013）、语言或内容层面的反馈焦点（李晓、饶从海、梁忠庶，2019）等话题；后一类研究则聚焦作者对反馈的使用情况，探索了如处理反馈时的认知和元认知操作（Storch & Wigglesworth，2010）、学生对反馈的认识和态度与情感（韩晔、许悦婷，2020）及改动操作（Faigley & Witte，1981；Flowerdew & Wang，2016）等话题。两类子话题研究双线并行，彼此借鉴，不断加深学界对反馈研究理论与实践的认识。

具体而言，本研究话题顺应近十年来学科前沿新兴的反馈投入研究（Ellis，2010；Han & Hyland，2015，2019b；Zhang & Hyland，2018；Zheng & Yu，2018）。这些研究从认知投入、情感投入、行为投入三个维度考察了学生对反馈的使用情况，并证实学生投入受到一系列个人因素和语境因素的影响，包括学生二语水平、学生信念、学生策略、学习条件、师生关系等（Ellis，2010；Crick，2012；Zhang & Hyland，2018）。这些发现加深了我们对于学生处理反馈复杂性的认识，对学生在修改中如何充分利用反馈及教师如何更好地给予反馈提供了参考。因此，本研究基于埃利斯（Ellis）（2010）、韩（Han）和海兰德（Hyland）（2015）、张（Zhang）和海兰德（Hyland）（2018）等一系列反馈投入的研究，同样也从认知、情感和行为三个维度考察学生处理反馈的复杂性。

为深入探究反馈投入复杂性的本质，本研究话题的考察采用与前人不同的理论视角、研究对象和语境及分析框架。

第一，具有真实社会交际目标的真实语境是探究写作反馈投入的重要考量。尽管二语学术写作与发表已成为国内学者学术生涯发展中的重要课题（徐昉，2014，2017b），但是在现有的反馈投入研究中，几乎未见考察二语作者投入处理国际期刊审稿反馈的复杂性。这是本研究拟关注的重点。对于中国很多博士研究生而言，国际学术发表成为他们达到毕业要求、实现国际学术交流及提升学术竞争力的渠道；这意味着，投入处理审稿反馈是当前很多研究生作者在学术生涯的起步阶段所需经历的必要环节（Paltridge，2017）。尽管在课堂教学中，学生投入处理教师反馈依然重要，但是相对而言，国际学术期刊发表中写作者的反馈投入过程意味着更为真实的交际语境。对反馈投入的主体而言，该反馈投入的过程具有挑战性，结果具有高风险性。

第二，采用的理论视角如何体现写作反馈复杂性的本质，更是当前反馈投入研究进一步深入的重要考量。本研究首次从体裁知识理论框架（Tardy，2009）出发，分析学术体裁知识对研究生投入国际期刊反馈的影响，希望对该话题的理论认识有所推动。学术体裁知识是作者关于相应目标学科团体的典型写作修辞行为的认识。根据体裁知识理论（Tardy，2009），学术体裁知识既包括学生在学术写作中使用的语言形式知识，也涵盖学生的学科知识、过程知识和修辞知识。

第三，使用统一的分类依据来建构有效的分析框架，能促进学界对反馈投入话题的深入理解。尽管本研究沿用认知、情感和行为三个维度的投入框架，但是就每个维度的具体分析框架而言，前人研究中存在部分分类的重合问题。因此，基于文献综述和数据特征，本研究将分析框架统一为认知投入、情感投入和行为投入的结果表现与过程管理两个层面。

第二节　本书的研究目标

本研究拟探究体裁知识对作者反馈投入的影响，揭示这一过程可能存在的复杂性，具体落实到三个研究问题：二语作者个体的学术体裁知识如何影响他们对审稿反馈的认知投入？二语作者个体的学术体裁知识如何影响他们对审稿反馈的情感投入？二语作者个体的学术体裁知识如何影响他们对审稿反馈的行为投入？

通过回答这些问题，本研究旨在实现三个主要研究目标。

第一，描写并解释体裁知识如何影响作者处理审稿反馈的认知投入。

不同的体裁知识储备水平对作者反馈的认知投入的结果和过程可能产生影响。本研究修订分析框架，将认知投入分为理解深度（结果表现层面）和认知调节（过程管理层面）两个层面，旨在考察研究生新手作者与熟手作者是否和如何深入理解审稿意见中提出的问题并做出认知调节，比如校准自我体裁知识评估、诊断社会情境中的可用资源来协助修改等。

第二，描写并解释体裁知识如何影响作者在处理审稿反馈中的情感投入。作者在理解审稿反馈与制订修改计划的过程中可能产生各类情绪和态度的变化，同时也可能通过各种方式来管理情感。本研究将情感投入分为情感反应和情感调节两个层面，着重考察研究生新手作者和熟手作者是否和如何在反馈投入中引起情感反应，并通过调节策略对情绪和态度进行调整。

第三，描写并解释体裁知识如何影响作者在处理审稿反馈中的行为投入。在认知投入和情感投入的作用下，作者依据审稿反馈可能做出文本修改行为，并可能调用各种资源来管理修改行为。本研究将行为投入分为修改行为和行为调节两个层面，着重考察新手作者和熟手作者针对每次审稿反馈所做出的文本改动行为，并分析其文本改动操作所体现出的体裁知识类型与分布，以及他们在自我管理修改行为过程中的特点。

第三节 本书的研究意义

本研究从体裁知识的视角，通过个案分析，考察体裁知识对研究生作者投入国际期刊审稿反馈的影响模式。本研究具有一定的理论意义和实践意义。

在理论意义方面，第一，本研究首次基于体裁知识的理论模型，通过探索其对反馈投入的影响，尝试进一步描述与解释反馈投入的特征和本质，有望推进反馈投入研究的理论构建。以往研究从认知、情感和行为等层面描述作者投入（语法纠错）反馈的特点，以及从个体因素和社会因素出发来部分解释反馈投入的特征。当研究置于国际发表的真实写作交际语境下，一个突出的问题是现有的研究视角不足以揭示不同水平的写作者投入审稿反馈的不同特征。本研究的理论视角能够帮助呈现不同体裁知识发展程度的研究生作者如何投入审稿反馈。尽管个案研究的发现对其他语境不具有推广性（Yin，2018），但是，本研究的视角有助于揭示在体裁知识发展程度连续统内（为研究便利，本研究以新手作者与熟手作者分别指代发表经验缺少和发表经验丰富的作者），作者的体裁知识发展程度怎样影响投入审稿反馈的具体特点及其复杂性。借助这样的理论视角，本研究有望推进当前反馈投入的理论建构，将写作体裁、教育心理学、二语习得等多个领域研究视角结合起来，为反馈投入的理论研究提供新的方向。

第二，本研究首次从反馈投入的结果表现和过程管理两个层面，为反馈投入在认知、情感和行为维度上构建具有统一分类依据的具体分析框架。以往研究在认知、情感和行为维度上，主要基于语法纠错反馈投入情境提出了一些分析框架。一个突出的问题是部分分类重合。本研究注意到，作者在元认知管理方面的作为表现在认知、情感和行为三个维度，无法用某一个投入维度下的元认知管理来涵盖其他维度下的元认知特征。通过明确统一的分类依据，修订三个维度上的分析框架，并依此框架开展数据分析，本研究有望为反馈投入的理论建构提供一定的启示和实证依据。

第三，基于上述两项创新思考和质性实证依据，本研究尝试提出一个理论假设，即体裁知识的发展程度对反馈投入的影响模式。该理论假设的提出，仅仅是为反馈投入理论建构做出启发性思考，以加深对反馈投入复杂性的认识，有待将来研究更多真实的反馈投入情境和更多样的作者个案类型来验证、补充和完善。

在实践意义方面，本研究发现有望为有国际发表需求的二语作者如何有效投入审稿反馈提供借鉴。随着学术研究成果国际交流与传播需求的日益增长，尚处于学术生涯发展早期的研究者们——如硕博研究生、博士后、青年教师——面临着一个巨大挑战，即以满足目标话语团体期待的写作方式，在国际发表的学术营地中获得一席之地。对于仍处于求学阶段的研究生作者而言，审稿反馈投入是他们参与学术写作实践的重要渠道。为应对这一挑战，研究生亟须全面提升二语写作能力，尤其是二语写作体裁知识水平。本研究通过分析不同体裁知识发展程度的研究生作者的反馈投入个案，为研究生群体提供启发，特别是提高他们对发展学术体裁知识重要性的认识。在国际学术写作与发表情境中，来自学科同行、导师、合作者和审稿人的多来源反馈是推动二语作者不断完善论文质量的重要干预手段之一。因此，如何促进二语作者的反馈投入，并推动二语作者体裁知识的发展，是本研究的根本出发点。本研究紧扣我国研究生的高风险二语学术写作实践，其研究结果可为高阶学术写作教学语境下的反馈实践提供启示，尤其是推进过程教学法与体裁教学法的有机结合，进一步优化以二语作者审稿反馈投入能力提升和学术体裁写作知识发展为目标的写作教学环境，从而助力我国二语作者更好地应对日益增长的研究成果国际化推广需求。本研究对于我国高校英语写作教学大纲的设计、体裁教学法在我国外语教学课堂中的应用、体裁教学法相关英语写作教材的编写等也具有一定的应用价值和借鉴作用。本研究可以在上述领域引发一定的社会反响，收获较好的社会效益。同时，本研究的实践意义也可能包括以下方面：为教师指导学生处理审稿反馈、写作教师设计英文论文写作教学方案等教学实践提供参考；为期刊编辑和审稿人如何改善审稿反馈，从而促进审稿人与作者之间的有效沟通提供启示。在更为广泛的意义上，研究体裁知识对二语作者投入审稿反馈的影响，对于促进我国学者在国际学术发表圈中成功发声、推进国际学术发表生态的健康良性发展，或许也具有重要的现实价值。

第四节　本书的结构安排

本书共包括九章。

第一章为导论，说明本书的研究对象、研究目标和研究意义，并介绍本书的整体结构。

第二章为反馈投入与体裁知识的研究现状，首先对审稿反馈、二语作者投入和体裁知识进行界定，接着回顾反馈投入研究的理论视角、概念构成和实证研究，并梳理二语写作反馈处理实证研究，最后在此基础上总结现有研究的不足之处。

第三章为理论背景与概念框架，首先对现有反馈投入研究的理论框架进行述评，接着着重分析体裁知识流派与发展及体裁知识视角下的相关研究，最后结合体裁知识理论，提出本研究的理论框架。

第四章为研究方法，具体介绍本研究的研究问题，并详细说明具体的研究设计过程：研究方法的选取及原因、研究参与者、数据类型和收集程序、数据分析思路与过程、对研究效度采取的保障措施及研究者的角色。

第五章汇报体裁知识对二语作者认知投入影响的研究发现，首先汇报体裁知识对二语作者理解深度的影响，再汇报体裁知识对二语作者处理审稿反馈过程中认知操作和元认知操作的影响。

第六章汇报体裁知识对二语作者情感投入影响的研究发现，首先汇报四位研究生作者的情感反应类型及其体裁知识影响，再汇报二语作者的情感调节策略及其体裁知识影响。

第七章汇报体裁知识对二语作者行为投入影响的研究发现，首先汇报二语作者的修改行为及其体裁知识影响，再汇报二语作者怎样调节修改行为及其体裁知识影响。

第八章讨论二语作者体裁知识对反馈投入的整体影响模式，结合本研究实证数据分析结果，讨论体裁知识类型和发展程度对研究生作者投入审稿反馈的影响特征，着重于熟手作者和新手作者的审稿反馈投入特征，并提出体裁知识对二语作者反馈投入的影响模式。

第九章为结论，总结本研究的主要发现，阐述本研究的理论、实践和教学启示，指出本研究的不足之处，最后阐述对未来研究的思考与建议。

第二章

反馈投入与体裁知识的研究现状

本研究的目的在于探究二语作者的学术体裁知识对他们在认知、情感和行为三个维度投入审稿反馈的影响。本章首先界定审稿反馈、反馈投入和体裁知识三个核心术语;然后回顾反馈投入的理论视角和概念构成,并进一步梳理有关二语写作反馈处理的研究发现,说明二语作者的体裁知识可能对他们的审稿反馈投入产生影响;最后总体评价前人研究的成果和不足。

第一节 术语界定

本节简要介绍本研究的三个核心术语——审稿反馈、反馈投入和体裁知识的概念界定。这些界定基于前人研究的批判性回顾总结所得,本章后续小节和第三章还将详细梳理这些概念。

一、审稿反馈

在二语写作研究中,反馈是指读者以书面或口头形式呈现的对作者写作作品的评价。从形式上来看,反馈可分为书面反馈和口头反馈;从内容上来看,反馈可分为纠错反馈和非纠错反馈;从来源上来看,反馈可分为教师反馈、同伴反馈、审稿反馈等。其中,纠错反馈主要指针对作者的语言错误进行纠正,而非纠错反馈常见于学科性语境之中,例如学科性课堂语境下教师对学生课程论文的反馈(如 Hyland, 2013)、导师对研究生论文或研究计划的反馈(如 Zhang & Hyland, 2022)、期刊审稿人对来刊稿件的反馈(如 Mungra & Webber, 2010)等。

本研究中的审稿反馈（reviewer feedback）专指作者向以英语为发表语言的国际期刊投出研究论文的稿件以后，所收到的匿名审稿人的评审意见（reviewer comments）。不同期刊对审稿反馈的要求不同，例如反馈可围绕若干重要话题，如来稿的原创性、作者对学科内容的熟悉程度、研究方法的合适与否等，也有些期刊要求审稿反馈根据一系列结构化问题——展开。大多数期刊采用双盲审的审稿流程，即作者对审稿人匿名，作者也不知晓审稿人信息（Paltridge，2017）。

审稿反馈不同于常规教学语境下的反馈，审稿人会将评审意见逐条单独列出，通常不在作者的文本上进行任何直接标注。针对同一稿件的审稿反馈往往不止一轮，审稿人在每轮反馈中还需要给出如接收（accept）、大修（major revision）、小修（minor revision）、拒稿（reject）的评定。但这部分信息是否会提供在审稿反馈中从而让作者知晓，则因期刊而异。每一轮反馈与修改的过程在本研究中被简称为"返修"。另外，一般来说，作者根据审稿反馈修改文本后，除了向目标期刊提交修改后的文档，还需要针对审稿反馈写一封致审稿人的回应信（response to reviewers）。本研究中，匿名审稿人对投稿稿件做出的所有评价性信息都被视为审稿反馈的内容。

二、反馈投入

本研究的反馈投入（engagement with feedback）源自"学生投入"（student engagement）或"学习者投入"（learner engagement）这一构念。教育心理学领域的投入相关研究源自对"任务时间"（time on task）的讨论（张娜，2012）；"投入"这一构念正式得到讨论，则始于20世纪80年代学者关于预防学生辍学和提高学生学业完成度的话题研究（Mosher & McGowan，1985；Finn，1989）；最早专门针对"投入"构念的文献梳理可见于莫舍（Mosher）和麦高恩（McGowan）（1985）的研究；早期的学生投入分析框架则为费恩（Finn）（1989）针对学生不投入（disengagement）的情况所提出的"参与度-认同感模型"（participation-identification model）（Finn，1989），该模型将"投入"解读为一个包含多种变量的过程性概念，为后续研究提供了重要参考。学习者投入就其学科属性来说，源自教育心理学领域，是注重考察个体性的构念。基于心理学范畴的理解，投入被认为"一种短暂的、浮现的属性，在一个人以任何方式投入某个活动或情境的当下时刻中产生"（Eccles，2016：71）。随着众多学科教育领域的学者对其展开研究，该理论的发展表现出一定的跨学科属性。

投入的主要表征包括认知投入、情感投入和行为投入（Fredricks et al.，2004）。其中，认知投入是指学生对学业活动或任务超过最低要求之上的思考，如目标设定、试图理解困难的局面（Mahatmya et al.，2012），自我监管、厘清复杂的概念（Finn & Zimmer，2012）等；情感投入包括对学校的归属感、情绪管理、学生情绪和态度上的积极或消极反应（Han & Hyland，2015）等；行为投入是指学生参与学术活动的行为，如课堂出勤、课堂参与度、投入的学习时间等（Fredricks et al.，2004）。这三个维度的投入彼此独立，又互有联系和重叠。本质上，学生投入是连接语境与产出的调节者，既是学生参与学习的结果，也是学生参与学习的过程（Pianta et al.，2012）。

在二语写作反馈与修改研究中，韩和海兰德（2015）继海兰德（2003）和埃利斯（2010）提出"反馈投入"后，进一步结合教育心理学界对投入的概念界定，明确了认知反馈、情感反馈和行为反馈投入的内涵与构成。在读者对学生的写作给予反馈的情境下，读者反馈激发了学生的反馈投入，并促使学生展开修改。根据韩和海兰德（2015）的分析框架，认知反馈投入包括注意问题、理解问题、元认知操作和认知操作四个方面，情感反馈投入包括基于成就、认识、社会等方面因素产生的好奇、失望、信任、焦虑、希望等复杂的情绪反应，行为反馈投入指改动操作及可观察的策略。①

反馈投入与学生投入本质相同，是一个强调过程的概念。因此，在反馈处理过程相关的研究中，如关于学习者对反馈的认知研究、学生文本改动操作研究（Ferris，2006）、学生处理反馈的元认知策略研究（Ferris et al.，2013）等，本质上都属于单一维度的反馈投入研究，可以为多维度的反馈投入研究提供借鉴。

基于批判性的文献梳理，本研究认为作者对反馈的投入在其所处语境中的反馈和修改结果之间发挥调节作用，反馈投入即对反馈做出的认

---

① 为简洁起见，本书后续部分所提及的"认知投入""情感投入""行为投入"多特指对反馈的认知、情感或行为维度的投入。

知、情感和行为层面的综合回应。本研究修订了韩和海兰德（2015）的反馈投入分析框架，认为认知投入包括对反馈所涉及的问题的理解深度和认知调节，情感投入包括反馈引起的情感反应和情感调节，行为投入指针对反馈所进行的文本修改行为和修改行为调节（详见本书第四章第五节）。本研究的操作定义与韩和海兰德（2015）的有所不同：韩和海兰德的研究框架中对各维度投入子类别的分析依据不清晰，导致其子类别存在重合之处；本研究则以投入的结果表现和管理过程为划分依据，明确地对各维度下的两个子概念做出分类。

三、体裁知识

语言学及应用语言学界对体裁（genre）的研究可追溯到 20 世纪 80 年代（Hyon，1996），学界对体裁的研究包括系统功能语言学（Systemic Functional Linguistics，简称 SFL）、修辞体裁研究（Rhetoric Genre Studies，简称 RGS）和专门用途英语（English for Specific Purposes，简称 ESP）学派三个不同的理论视角。本研究基于 ESP 学派的观点，将体裁视为特定语境下的类型化文本，与相应的话语团体规约密切相关。作者作为体裁的使用者，在产出文本和塑造体裁的过程中参与了该体裁背后的社会话语团体实践。

为成功通过体裁的使用进入相应的学科话语团体，作者需要发展体裁知识（genre knowledge）（Tardy，2019），即"作者（或读者）关于特定的体裁的知识及广义的体裁概念的知识"（Tardy，2019：20）。本研究中所指的"体裁知识"则特指英语学术期刊论文这一特定的体裁知识。塔蒂（2009：20-21）指出特定体裁的知识包括形式知识（formal knowledge）、内容知识（content knowledge）[①]、过程知识（process knowledge）和修辞知识（rhetorical knowledge）四个维度。其中，形式知识指语言使用、组织结构、写作规范、页面设计等方面的知识；内容知识指特定领域专门性的主题内容知识；过程知识指作者参与创作、修改、传播、阅读、使用体裁相关的知识；修辞知识指体裁的目标与功能、作者与读者的社会关系等与修辞语境相关的知识。这一关于体裁知识的分析框架将被沿用于本研究之中。

---

① Tardy（2009，2019）还使用"主题知识"（subject-matter knowledge）这一术语，该术语与"内容知识"具有相同意义，可以互换。在本研究情境下，内容知识主要指作者的学科知识。

第二节 反馈投入的构成维度

反馈投入理论基于学习者投入理论而提出。学习者投入理论自 21 世纪初引入中国后,逐渐成为影响中国教学研究理论和实践的重要教育理论之一,对中国教育教学研究的影响日益增大。学习者投入"是近十几年在西方教育文献中出现的一个新的重要研究领域""对我国教育改革的理论与实践具有重要意义"(孔企平,2000:72),"其对学生的学习和发展起着重要作用,是任何教育环境下都必须要关注的关键问题"(徐锦芬、范玉梅,2019:39)。本节从认知投入、情感投入和行为投入三个维度具体说明反馈投入的构成维度,并阐释其构成维度的争议与发展。

一、认知投入

认知投入是反馈投入的一个重要部分,根据韩和海兰德(2015)的分析框架,可分为理解深度和认知调节两个方面,前者属于结果性的概念,后者属于过程性的概念,二者相互作用,共同解释学生处理反馈时的心理活动。本节将针对这两个子类别,批判性地回顾当前投入研究中可以借鉴的相关概念。

1. 理解深度

作者在反馈认知处理中的理解深度具体分为注意和理解两个层级,这一划分的依据是语言习得的注意理论(Qi & Lapkin, 2001; Sachs & Polio, 2007)。理解深度本质上反映了学生认知投入的程度,二者并非平级概念,注意问题相较于理解问题,理解深度更低。

注意到问题是认知投入的基本意识层级。这与教育心理学界对学生是否进行了认知投入的判断标准一致,即当学生感觉到足够被挑战,在心理上聚焦手上的任务,愿意且能够在理解和管理任务上投入努力,说明他在认知上投入了这一任务。在注意到问题的基础上,更深度的投入还包括投资(investment)(Fredricks et al., 2004; Appleton et al., 2006)、精力(energy)(Finn & Zimmer, 2012)和花费努力的程度(Greene, 2015)等。这种投资是指花费必要的脑力去理解复杂观点和掌握困难技能（Mahatmya et al., 2012）。

根据格林（Greene）（2015）的定义，浅层投入（surface engagement）表现为"机械性而非深思熟虑的机械加工和其他有意识的认知行为（如机械的排练和记忆）"，对投入程度的分析需要借助认知视角对个体认知能力的理解；深度投入（deep engagement）表现为"对已有知识的积极使用，以及将新信息与已有知识整合从而有意创造出更复杂的知识结构"（Greene, 2015: 15）。从这一组关于认知投入深浅程度的界定中不难发现，认知投入程度本质上与作者所采用的认知操作和元认知操作的类型是密不可分的。

2. 认知调节

本研究将使用"认知操作"和"元认知操作"来描写二语作者的认知调节（彭玉洁、徐昉，2021）。韩和海兰德（2015）对认知操作和元认知操作界定的贡献在于，他们使用"操作"（operations）这一术语来同时涵盖策略和技能，避免了研究者在分析过程中对策略和技能做出不必要的区分。技能相较于策略更为自动化，可存在于潜意识中，而策略是需要有意识调取的（Oxford, 2017）。某项认知投入内容究竟是属于意识性更强的策略，还是趋近于无意识性使用的技巧和习惯，仅凭访谈数据难以区分。且鉴于区分策略和技能并非本研究的目的，本研究也将沿用"认知操作"这一术语。但是韩和海兰德（2015）对认知操作与元认知操作的界定也存在过于宽泛、缺少可操作性的问题，因此，有必要分别对学界认知操作和元认知操作的已有研究进行梳理，以便在本研究中批判性地吸收采纳。

关于认知操作方面，各研究者无一例外地将认知策略或技能的使用作为认知投入的研究要素之一（Cleary & Zimmerman, 2012）。在教育心理学的学生投入研究中，格林和米勒（Miller）最早使用认知投入量表测量认知策略使用的类型和程度（Miller et al., 1996; Greene, 2015）。基于加工理论（Craik & Lockhart, 1972），格林（2015）明确界定认知策略的使用，其优点在于研究者能够据此对学生投入的深浅程度进行定量分析。

在语言学习策略研究中，认知策略可包括：①"运用感官去理解和记忆"（Oxford, 2017: 182），如写下思考过程（Ferris et al., 2013）、大声阅读所收到的反馈并记忆（Han, 2017）；② 激活或调用已有知识，如将现存问题与自己的已知知识联系起来；③ 推理，如利用反馈中所指出的错误推演出语言规则（Evans et al., 2010）；④ 分析细节进行概念化，如高亮显示重要的词句并对其进行分析和比较（Sheen, 2010）等；⑤ 归纳概括，即整合信息以概念化，如将零散的信息归纳成不同的类别；⑥ 预测或推导接下来的事情。由于该框架对认知操作的分类详细具体，可操作性强，因此，在本研究中，对于本段上述类别的认知策略，凡有助于审稿反馈处理、写作问题的理解和解决、与写作相关知识的培养，均被纳入笔者的分析范围。

同样对书面纠错反馈（Written Corrective Feedback，简称 WCF）投入开展研究的张和海兰德（Zhang & Hyland, 2018：92）还将"学生对修改行为（策略）"也纳入认知投入的研究范围，然而，修改行为和策略在埃利斯（2010）及韩和海兰德（2015）的反馈投入框架中均被纳入行为投入的分析。由于作者所制订的修改计划或决策在本质上也属于认知策略，同时，已落实的修改决策可通过修改行为反映出来，因此，笔者主张依据埃利斯（2010）及韩和海兰德（2015）的分类方式，不将具体的修改策略纳入认知投入，而将其作为一种行为投入进行考察。

关于元认知操作方面，元认知操作是各研究者纳入认知投入研究的另一核心要素，具体可指元认知操作（Bingham & Okagaki, 2012；Wolters & Taylor, 2012；Zhang & Hyland, 2018）或自我调节过程（Greene, 2015）。元认知操作或自我调节过程根据术语表述的不同，具体内涵有所不同，前者侧重于对思考过程的监测和控制，后者则同时包含对情绪和行为的监测与控制。

在传统的元认知理论（Flavell, 1979）研究中，元认知策略指学习者有意识地监测和管理他们的学习与思考，包括任务前的计划（planning）、任务中的监测（monitoring）和任务后的评估（evaluation）。也有学者（如 Oxford, 2017）指出，元认知策略包括四个方面，即察觉到自己的认知、为认知做计划、为认知组织学习并获取资源及监测和评估认知。基于弗拉维尔（Flavell）（1979）对元认知策略的定义，在写作反馈与修改情境下，元认知策略应指学生使用意识去监测和管理他们的反馈处理与思考。语言学习者在使用自我调控学习的元认知策略时，会监测自己对任务的理解程度，分析与任务相关的已有知识，设置目标与计划，反思和评估自己的表现，选择合适的认知策略来处理反馈（Oxford,

2017)。上述观点或在分类方面未能充分考虑学习者所处的语境，或虽考虑语言学习者对语境资源的利用，但尚未说明是否符合本研究二语写作修改与反馈的具体情境，这些都有待结合实证数据进一步探索。

在自我调节学习理论视角下，元认知策略被解读为自我调节策略的使用，即自我调节的投入（self-regulated engagement）（Cleary & Zimmerman，2012）。格林（2015）在对认知投入的测量方式的探讨中，也曾明确将自我调节策略的使用作为衡量认知投入的一种指标，具体包含对思考、情感和行为进行自我调控，策略性思考的使用和改善，对自身的优势和限制有意识，根据个人设置的目标监测行为，自我反思，等等。韩和海兰德（2015：43）将反馈投入中的元认知操作定义为"学习者管理心理过程、实践和情绪反应的策略与技能"，这说明，元认知操作在本质上同样起到了自我调节的作用。

虽然相较于基于元认知理论的认知投入分析，自我调控的认知投入概念内涵更为全面，但是，当个体对自己的情感与实践进行管理时，意味着从认知上主动干预了情感和行为上的反应，情感与实践同时发生变化。因此，研究者在讨论情感投入和行为投入时，难以泾渭分明地将情感与行为管理策略及随之发生的情感和行为变化区分开来。出于研究的可操作性，本研究主张将个体对情感和行为的管理与控制分别置于情感投入和行为投入的维度内进行分析，这也正说明社会维度和认知维度的不可分割性，符合本研究社会认知视角的理论基础。

通过上述对认知操作与元认知操作的文献梳理，本研究认为元认知操作与认知操作之间存在密切关联，学生对自我、学习任务和学习策略的元认知知识为认知投入提供了基础（Wolters & Taylor，2012），学生使用计划、监管、控制等策略（Bingham & Okagaki，2012）帮助自己实现选择并采取行动（Oxford，2017）。因此，在实际研究中，有必要将认知操作与元认知操作合并研究，从而综合反映出学生认知投入反馈的理解深度和深浅程度。

二、情感投入

情感投入是既往反馈处理研究中相对被忽视的维度，未能得到系统探究。但是，由于学生的学业情绪和他们的学业成就与学习幸福感密切关联（韩晔、许悦婷，2020），因此，有必要对学生的情感投入进行系统的研究，以打破既往研究对认知过程的单一关注，使得学界对反馈投入各方面因素的互动形成更加深刻的认识。

根据韩和海兰德（2015）的分析框架，情感投入表现为作者的情绪和态度反应及变化。但如上节所述，韩和海兰德（2015）将情感调节的操作归入认知投入维度之下，而情感变化本身可能就是情感调节的结果，情感调节本身也包含了个体如何体验和表达情感（Gross，1998b），二者必然是相互作用的。因此，本研究主张将情感调节归入情感投入的分析之内，情感反应如同认知投入中的理解深度一样，属于结果性的概念；情感调节则在本质上与认知操作、元认知操作相同，属于过程性的概念。

1. 情感反应

我们讨论情感反应，首先需要明确何为"情感"。教育学和心理学对这一概念的解读并不相同（Pekrun & Linnenbrink-Garcia, 2012）：除了非认知属性的"情绪"（emotion），前者还将一些认知因素纳入"情感"范畴，如信念（beliefs）、动机（motivation）等，后者将"情感"进一步分为"情绪""心情"（moods）（Pekrun，2006）和"心理性格特征"（traits）（Gross，1998b）等。

在情感投入研究中，学者对情感的界定偏向于前者，例如将情感投入解读为归属感和价值感（Voelkl，1997），费恩（Finn）和齐默（Zimmer）指出情感投入即"依赖（attachment）、参与（involvement）、纽带（bonding）"，而与情感投入相对立的概念包括"孤立（isolation）和疏远（alienation）"（Finn & Zimmer，2012：102）。同时，已有的情感投入研究对学生的情绪做了一系列具体的分析。学生常对参与学习表现出意愿、兴趣、乏味、高兴、难过和焦虑等积极或消极情绪（Fredricks et al.，2004；Mahatmya et al.，2012）。韩和海兰德（2015）则将情感反应分为情绪反应和态度反应两类。

应用语言学者对情感的界定更为具体。埃利斯（2010）认为情感投入包括二语学习者对 WCF 的情感和态度反应，除了反馈会引起一定的短期情绪改变，学生对反馈或写作也可能会持有相对长期的或积极或消极的态度。韩和海兰德（2015）在此基础上进一步延伸，在保留了态度反应的同时，将情绪反应细化为学生"对 WCF 的即时情绪反应"和"修改过程中的情绪变化"（Han & Hyland，2015：33）。在韩和海兰德（2019a）开展的本科生投入 WCF 的研究中，学生还被发现产生出惊讶、好奇、失望、负罪感、解脱、平静、满足、感激、信任、喜爱、焦虑、畏怯、希望、无望、麻木的具体情绪；他们还借鉴了已有的情感多维度分析框架（Pekrun & Linnenbrink-Garcia, 2012），对作者在二语写作过程中的学业情绪进行了较为系统、全面的分析。

本研究将韩和海兰德（2019a）的情感分析维度沿用于对作者投入反馈的情感反应分析之中，即从情感的指向目标（object focus）、效价（valence）和活跃度（activation）（Pekrun, 2006; Pekrun & Linnenbrink-Garcia, 2012）三个方面，对情感进行分析。另外，本研究不对情绪或情感做出区分，两个概念可以互换使用。依据指向目标划分，情感包括活动相关的情绪（activity-related emotions）、结果相关的情绪（outcome-related emotions）、认识性情绪（epistemic emotions）、社会性情绪（social emotions）和话题性情绪（topic emotions）（Pekrun & Linnenbrink-Garcia, 2012）。其中，活动相关的情绪包括学习过程中的喜悦或无聊；结果相关的情绪可分为前瞻性和回顾性两类，如与成功相关的希望和与失败相关的焦虑；认识性情绪指由处理任务时的认知质量所引起的情感反应，如惊讶；社会性情绪是指在社会环境下与他人相关的情感，如敬佩、蔑视、共情等；话题性情绪是指由学习材料中的内容引起的情绪。本研究之所以将以指向目标为依据的情感分析框架融入情感投入的分析，原因在于该分类方式与本研究的社会认知视角相一致，能够关注具体的情绪反应与学生参与的人际交往、社会活动、学习任务之间的联系，可同时从认知层面和社会环境层面对情绪进行研究。

值得注意的是，同样的情感根据关注焦点的不同，可能归属于认识性情绪或结果相关的情绪，如沮丧可能由失败的结果引起，也可能由认知上的缺乏导致问题无法解决而引起。依据效价划分，情感有正负之分，前者包括喜悦、开心等，后者包括愤怒、焦虑、无聊等；活跃度则有高低之分，如喜悦、愤怒属于高唤醒，放松、失望属于低唤醒。

2. 情感调节

如本节首段所述，本研究将情感调节也纳入情感投入的概念内涵。近年来已有应用语言学者（古海波、顾佩娅，2019；韩晔、许悦婷，2020）开始关注情感调节策略的研究。

古海波和顾佩娅（2019）基于格罗斯（Gross）（1998a）和尹（Yin）（2016）的情感调节分析框架对高校教师的科研情感进行研究，

认为情感调节策略可分为先行关注调节策略和反应关注调节策略两大类。其中，先行关注调节策略指某一情感反应发生前的调节策略，包括情境选择、情境修正、注意分配、认知重构。反应关注调节策略则指产生某一情感反应后针对情感所做出的调节策略，在教师科研情绪中表现为适应、采取行动、交流、抑制和放松等具体的反应调节操作。（古海波、顾佩娅，2019）

韩晔、许悦婷（2020）则在佩克伦（Pekrun）（2006）学业成就情绪调节策略框架的基础上，将学生在处理 WCF 过程中的情感策略分为情感导向策略、评估导向策略和情境导向策略三种类别。根据他们的定义，情绪导向指分散负性情绪的注意力，评估导向指调整修改作文的价值评估，情境导向指回避引发负性情绪的情境。由其定义可见，这三类调节策略实质上与格罗斯（1998a）和古海波、顾佩娅（2019）情感调节策略框架中的注意分配、认知重构和情境选择一一对应，属于先行关注调节策略。

综合前人文献可见，尽管学者们对情感投入的操作定义各不相同，但是，所有定义均从情感投入的根本内涵出发，并未偏离情感投入的本质。情感投入的本质可以归纳为个体与学校或与其所开展的学术活动（如课堂教学）、与所处学科语境（如数学）及环境中的其他个体（如教师）的联结。在写作反馈投入的研究中，情感投入的本质意味着作者与审稿反馈处理、与其目标学科及处理反馈过程中所处的环境（包括修改过程中所处的社会文化语境、反馈给予者等）之间的情感联结。本研究将作者情感调节策略归入情感投入的维度进行探究，个体所使用的情感调节策略是情感投入和认知投入的重合部分。

三、行为投入

根据韩和海兰德（2015）界定的修订，反馈研究中的行为投入包括文本修改行为和修改行为调节两个方面，前者为反馈投入在文本呈现上的结果，后者指向学生落实文本改动的过程。

1. 文本修改行为

在既往反馈处理研究中，基于稿件对比的文本改动分析较为常见。韩和海兰德（2015）在其对 WCF 行为投入的研究中，主要针对形式层面的纠错反馈处理，基于海兰德（1998）和弗里斯（Ferris）（2006）文本改动的分析框架，以改动内容是否符合语法规范为依据，将修改行为（revision operations）分为正确修改、错误修改、未修改、替换和删除五类。然而，这样的划分并不适用于本研究审稿反馈处理的语境。

如本书第二章第一节所述，在审稿反馈处理语境中，除了涉及形式层面语言准确度的改动，还需要针对内容、修辞等非形式层面的问题进行处理。因此，我们需要借鉴其他框架对文本改动操作进行分析。其他文本修改分析框架的区分标准和类别存在差异，主要围绕修改行为类型、改动的语言单位类别、改动内容、改动的功能等方面展开。（Min, 2006）

从作者修改行为方面分类，作者修改行为可包括增加、删除、替换、重述①（permutation）、分散②（distribution）和整合③（consolidation）（Faigley & Witte, 1981），或包括正确修改、不正确修改、删除、替换、不修改（Ferris, 2006; Han & Hyland, 2015）等。

还有研究者对改动内容的语言单位也做出了区分，包括语法层面、词汇层面、短语层面、句子层面的改动（如 Flowerdew & Wang, 2016），或从符号、单词、短语、从句、句子、段落几个方面进行分析（如 Goldstein, 2006; Min, 2006）。对改动内容从语言单位上进行区分，一定程度上可以有助于研究者辨识修改的程度。

从文本修改内容方面进行分类，修改行为包括形式上的表层改动、保留原义的表层改动、微观结构的意义改动和宏观结构的意义改动（Faigley & Witte, 1981; Min, 2006）。法尔维（Falvey）（1993）对改动内容的分类与其基本相似，都从意义上对改动进行了区分，但更细致地提出了文本流畅度、简洁度、清晰度方面的改动功能。由于修改的功能与作者理解的写作目标和功能有直接关系，因此难以形成可以普遍适用的功能类别，在特定语境下，只有结合对作者写作与修改目标的分析，才能够进一步对修改的功能进行界定与分类。

为从各个角度全面反映作者的修改情况，上述几种分类方式可能在同一写作修改研究中同时出现。如闵（Min）（2006）通过分析反馈在学生改动操作中的使用比率，并结合对修改前后文本质量高低的分析，从

---

① 重述：在同一句话中将相同信息重新表述。
② 分散：将同样的信息扩展成超过一句话来写。
③ 整合：将分散的信息合并到一起。

而评估学生处理反馈的质量。但由于闵（2006）的研究语境为实验性的课堂写作教学，因此适合采用与写作测评相结合的方法，对学生的反馈使用进行分析。

2. 修改行为调节

在行为投入研究中，除了文本层面的改动分析，韩和海兰德（2015）还指出，应将学生可观察的策略使用作为行为投入的一部分。本研究认为基于社会认知视角，作者的实际行为不应仅仅表现于个体认知的结果，也应体现于个体如何以实际行动实现与社会环境的互动，这正可以通过作者寻求他人帮助等策略而体现。为了将作者所采取的修改调节行为与作者的认知操作和元认知操作加以区分，需要基于策略的可观察性与否，判断某策略的使用属于认知投入还是行为投入；同时，为使研究具有可操作性，应进一步明确修改行为调节类别。

韩和海兰德（2015）的实证研究发现，学生主要采取的修改行为调节为求助于教师或使用线上资源，这属于对语境外部资源的使用；除此之外，张和海兰德（2018）主张将作者花费在修改上的时间作为研究行为投入的内容之一。修改时间的投入作为修改行为调节分析的一部分，可以较为直观地反映出作者行为投入的程度，因此，本研究将其纳入行为投入的分析框架。

需要指出的是，由于行为投入与认知投入的密切关系——修改行为是作者落实认知层面的修改计划的结果，因此，对行为投入进行分析时，无法完全脱离对作者认知过程的分析，如在自然的写作反馈与修改语境下，研究者需要结合质性案例研究中的学生反思或访谈数据，才能解读学生针对某项反馈进行文本改动的思路，从而分析其回应反馈的程度。这也符合投入构念内部各维度之间交互作用的本质属性（Fredricks et al., 2004）。例如，戈尔登施泰因（Goldstein）（2006）在探究学生修改学科性写作对反馈的使用情况时，从学生修改的结果入手，分析学生成功或不成功修改的内容，较为深入地剖析了学生某些特别的修改行为，如对于教师关于内容知识方面的反馈，学生可能并未进一步研究再做出替换或重写的修改行为，而是对原来不合适的内容直接执行了删除的操作。这种针对个别特殊修改行为的个案研究，有助于研究者发现修改行为的特异性，了解学生行为投入的个体差异性及其背后的原因。

需要指出的是，在反馈投入研究中，还有学者在传统投入研究认知、情感和行为三维度的基础上增加了其他维度的投入构念，如以学业投入（academic engagement）或社会投入（social engagement）来替代或补充行为投入的概念内涵（Svalberg，2009；Finn & Zimmer，2012；徐锦芬、范玉梅，2019），或新增能动性投入（agentic engagement）的维度来界定学生主动采取的改变所处教学环境的行为（Reeve，2013；郭继东、李玉，2018），等等。但是，由于学业投入等新增维度与传统的三维度投入的划分标准并不相同（前者指向的是与投入相关的语境，而后者皆为个体发展的维度），并且本研究并非以作者的能动性或社会性行为作为关注焦点，而是力求深入地聚焦体裁知识对作者修改行为的影响，因此，在当前反馈投入研究中，我们主张继续沿用反馈认知投入、反馈情感投入和反馈行为投入的三维构念，并强调基于本研究的实际数据分析结果，厘清各维度投入的子范畴及相关概念。

第三节　反馈投入的实证研究

在明确反馈投入概念构成的基础上，学者们展开实证研究，探究学生在各个维度投入反馈的复杂性及其中的各类影响因素，这部分的专门研究目前还为数不多。但是，本研究可以借鉴反馈处理过程研究的诸多成果，分析和总结二语写作反馈处理的影响因素，从而为反馈投入的研究提供借鉴。

一、反馈投入的影响因素研究

影响因素研究是学习者投入理论建构的重要环节，也是反馈投入理论建构的重要环节。本小节首先对学习者投入的影响因素进行简要回顾，进而展开对反馈投入影响因素的回顾。

在学习者投入理论的建构中，探索语境对学习者投入的影响，是由学习者投入这一构念的本质属性决定的。在学习者投入理论发展之初，费恩（Finn）（1989）便以有效干预学生辍学为根本出发点，肯定影响因素的存在，这意味着学习者投入并非学习者的固有静态属性，而是一个允许变化发生的过程性构念。例如，研究发现，学习者投入深受学校、家庭和同伴的影响，有赖于他们的期望和支持（Reschly & Christenson，

2006)。有学者（如 Wylie，2009）强调投入是一个具有互动性的概念，描写的是个体与教师、与课堂学习机会之间的互动，因此个体和语境层面的因素都至关重要。

与此同时，一些学者在认同语境因素和学习者投入之间的相互关系的同时，表达了对当下学习者投入影响因素研究的两点担忧（Fredricks et al.，2016）。他们认为，"大多数研究都采用以变量为导向的方法，考察投入、预测变量和结果变量之间的整体关系。这种分析方法尽管可以深入了解'一般'学生在'一般性特征'中的关系，但也可能隐藏特定学习者亚群的投入特征"（Fredricks et al.，2016：2）。这一认识是对当前学习者投入影响因素的审慎思考，符合学习者投入这一构念本身所强调的个体性和过程性的本质特征。此外，他们还指出，学习者投入和语境因素的双向影响在当前影响因素的研究中未被凸显，研究者多聚焦环境影响投入，忽略了成年人和同龄人对学习者投入的反应也不尽相同这一事实。（Skinner & Pitzer，2012）

学习者投入影响因素的研究打破了对学习者个体性和主观性的片面关注，强调了学习环境与主体认知的互动性，具有社会认知视角的色彩。按照传统认知视角的学习观，个体的主观认知和心理活动对学习者的行为和学习效果产生重要影响。学习者投入理论的影响机制研究则表明，环境因素和个体因素均能构成对学习者投入的影响。同时，影响因素是一个复杂的系统，环境对学习者投入的影响往往并非单向的，而是双向互动的。学习者投入的影响机制研究为教学效果和学生学习体验的有效干预提供了新视角，影响因素研究成为我国教育界学习者投入研究的热点。国内研究大量聚焦具体教学环境和不同个体因素对学习者投入的影响，如建构网络学习投入影响因素模型（周琰，2018），考察教师教学行为对学习者投入的影响（马婧，2020）。除了学校机构、教师和学习者个体因素，学习者投入影响因素研究也涉及对家庭影响因素的关注，如家庭文化资本（王伟宜、刘秀娟，2016）、家庭社会经济地位（程利娜，2016）、家庭背景（周菲、余秀兰，2016）、父母教养方式（李永占，2018）等。总体而言，国内学界对学习者投入影响因素的研究较多呼应了西方学界21世纪初期对于影响因素的研究方式和关注焦点，重视环境因素对个体学习者投入的单向影响，重视考察各个变量之间的统计关系，但缺少对环境因素与投入的双向影响关系的关注。

反馈投入的影响因素研究经历了与学习者投入影响因素相似的轨迹。研究者发现，学生在收到反馈后，修改的内容和方式受到一系列因素的影响，主要包括个体因素和语境因素（Ellis，2010；Zhang & Hyland，2018）。其中，学习者个体因素包括年龄、语言学能、动机、语言焦虑度、学习者信念等（Ellis，2010），语境因素包括学习条件、师生关系等（Zhang & Hyland，2018）。

已有纠错反馈投入研究证实了二语水平和学习者信念对投入的影响。学生的二语水平被视为反馈处理的重要影响因素，在语言水平较低的情况下，学生的改错能力欠缺，情绪上会感到受挫，投入也会因此减少（Zhang & Hyland，2018）。学习者信念，如对自我和教师及同伴的信念、对WCF价值和有效性的信念等，对他们的反馈认知投入、情感投入和行为投入有着直接和间接的影响（Han，2017）。

不过，在非纠错反馈处理中，语言本身的正误并不是影响成功写作与修改的唯一因素。库提瓦（Kuteeva）和内格雷蒂（Negretti）（2016）指出，在人文学科领域，作者需要通过微观及宏观层面的学科性话语，以符合学术体裁规范的方式来建构和传播知识。作者对"格式、媒介、体裁、写作任务、写作话题和读者的熟悉度"皆属于能够影响学生修改类型和数量的"情境性变量"（Faigley & Witte，1981：410-411）。

前人研究发现，在学术论文写作反馈中，教师反馈的目标多为评估学生对目标体裁的掌握能力、给予学生相应体裁写作的指导及通过写作巩固他们的学科性知识。例如，海兰德（2013）分析了来自8个不同学科的20名教师给予学生课堂论文的反馈，并就反馈的价值和目标对教师进行了访谈。有教师表示，尽管希望学生在语言上"尽量少出错"，但他的关注点在于文章的"内容"，包括研究发现、建议和背后的逻辑等（Hyland，2013）。李（Li）等（2017）发现在教师对学生论文的541条反馈意见中，64.1%的反馈试图促进学生参与学术界的话题实践。教师在给予反馈时所考虑的是这一学科背后的话语团体对文稿的期待，比起语言规范，学科规约更为重要。而对自然科学的教师来说，通过反馈进行的知识学习比写作本身的论证和解释更为重要。（Nuemann et al.，2002）

因此，对于学生作者处理审稿反馈这种情况而言，个体因素差异不仅要从语言层面考虑，还需要考虑学生体裁知识方面的不同。塔蒂

(2009)以一名博士生在其导师指导下修改会议论文的个案为例,发现除语言层面之外,作者对学科内容、写作目标和与读者关系的把握都体现在文本修改之中,如学生拒绝导师的反馈意见,其原因可能在于学生本身没有进入学科话语社团的意识。相应地,学生体裁知识的储备会影响其处理反馈的方式。例如,根据学生对学科领域知识的掌握程度的不同,学生或认为教师的反馈有内在说服力,或仅将其视为权威性话语,从而采用直接使用、部分采纳等不同的修改策略;当学生对某种学术体裁完全不熟悉时,更容易在接受反馈后对文本所有权完全放弃,全盘接受教师反馈;随着学生不断融入学科话语社团,他们会加深对学科性知识和写作的了解,更能够理解教师反馈,并认同其内在说服力。(Tardy,2006)阿特金森和塔蒂(2018)呼吁,写作研究亟须从体裁知识、师生关系、学生投入等多个方面来探究反馈与修改中的问题。

由此可见,体裁知识与学生处理反馈并完成修改有诸多关联。读者在给予反馈时也表达了对体裁知识的期待,在某种程度上代表当时情境下机构性话语的体裁规约;作者在处理反馈时,从其体裁知识的资源库中有意或无意地进行选择和利用。

在写作课堂之外的反馈投入过程中,作者所处的语境可以包括作者所在的机构性语境、读者与作者沟通的语境、目标期刊与读者语境等。读者给予反馈时,也常常代表学科话语团体的立场,试图引起作者对学科话语规范的注意。在处理反馈的过程中,学生经过反思和练习,从给予反馈的专家型学者处获取了学习体裁知识的机会。(Devitt,2015)例如,计算机科学的导师在指导硕士生修改学位论文的过程中,不仅给予了语言、结构方面的反馈,还对写作的目标读者、写作目标、内容等多个方面进行评价;而学生在做出相应修改时,也加强了自身的体裁知识建构。(Tardy,2009)尽管塔蒂(2009)提及体裁知识对学生处理反馈的调节作用,但未将研究生作者学位论文写作的反馈投入作为研究重心,没有对导师反馈进行明确有效的分类,也未对学生的修改进行系统描述。因此,尽管作者与读者关于体裁知识的磋商构成反馈投入的一部分,对反馈投入的过程和结果皆有影响,但作者的何种体裁知识究竟如何在其投入反馈中产生影响,尚未得到明确和深入的分析。

二、英语期刊审稿反馈及其处理研究

本研究从较为常见的英语教学相关的写作课堂语境转向国际期刊发表的审稿反馈与修改语境。在国际发表语境下，语言不再成为唯一或首要的焦点。国际发表语境属于一种学科性语境，与学科性课堂、期刊投稿与发表、研究项目申报书撰写等不单纯以语言提升为目标的写作情境相似，但其属于高风险的体裁写作。而这一语境下的反馈给予者可能包括但不限于学科性课堂的教师、硕士或博士研究生导师、课堂的同伴或学科领域的同行。相较于纠错反馈对语言形式的明确关注，国际发表语境下的反馈则关注其他层面的内容；由于反馈目标、内容和行为上的相似性，这种类型的反馈与本研究中的审稿反馈最为相关。

审稿反馈对作者的稿件起到筛查和评估的双重作用，"由于书面文本的持久性和物质性，作者很容易受到批评性检查和负面评价"（Leki，2003：104），审稿人扮演了期刊的"守门人"角色，从而确保稿件质量达到期刊发表标准。更重要的是，提供评审意见的审稿人多为与作者同行的专家型学者，在给予反馈时，审稿人必须具备专门学科领域的专业知识。（Tardy，2019）审稿反馈的重要目标之一是协助作者提高论文质量，这是"确保学术文献的可读性、完整性和总体延续性的有效机制"（Mulligan et al.，2013：149）。因此，尤其"对于缺乏国际发表经验的学者来说，合作型和指导型的评审意见是非常宝贵的"（徐昉，2017a：31）。

在上述反馈目标的前提下，学生在学科性课堂中收到的反馈内容多为关于学科内容的掌握程度、学科性的修辞论证手段。在海兰德（2013）的研究中，尽管反馈给予的对象是母语为非英语的学生，但比起他们写作中的语法准确度，教师更关注论证中修辞和体裁层面的特征及学科性的辩证逻辑。即使学生在语言表达上不尽如人意，教师在分析原因时，也常将这种表达上的困难归结于学生对该体裁写作经验的缺乏，而非他们的二语背景。

当审稿人提供反馈时，他们也传递了与作者就文章修改方向进行沟通的意图。例如，蒙戈拉（Mungra）和韦伯（Webber）（2010）指出期刊审稿人给予反馈背后的意图：有些需要作者在用词上进行表层上较小的改动，有些需要作者对信息组织、文本语步进行较大的改动。此外，反馈投入的结果包括成功修改稿件、语言意识与修辞策略方面的发展、论文成功发表等。在一个由 17 篇母语为非英语的作者稿件反馈组成的语料库（Mungra & Webber, 2010）中，56% 的反馈聚焦科研内容或方法，44% 的反馈聚焦词汇、句法、话语层面的语言形式。在国际发表语境下，读者在给予反馈时，期待作者加强对自己所在学科领域的理解，而这种理解一方面是概念认知层面的知识，另一方面是修辞表达层面的知识。

事实上，即使在非学科性语境下的反馈内容分析中，反馈内容也常关注学生的话题内容知识和修辞知识在文本中的呈现。例如，刘（Liu）和萨德勒（Sadler）（2003）在对二语写作本科生的同伴反馈进行研究时发现，除了微观层面的文本编辑校正，反馈内容还包括宏观层面的观点发展、读者和目标、组织结构。尽管这一层面的反馈比例小于微观层面不改变意义的语法修正，这部分反馈内容说明，不同语境下的反馈焦点虽有所不同，但体裁知识往往是不可避免的要素之一。

在实证研究中，鉴于各学科或写作话题领域差异的复杂性，研究者对反馈中非语言层面的内容分析具有较大的差异性，尚无明确的分类标准。例如，塔蒂（2009）提及教师在指导二语研究生学位论文写作时，就内容、组织、读者意识、写作目标、表格设计等方面给予了反馈。海兰德（2013）则将学科性课程论文反馈分为语言、格式、内容和学术规约四个类别，其中学术规约代表了相应的学科话语团体建构知识的文本呈现方式，相较于前三类反馈内容，学术规约涵盖的范围较为笼统，例如工程类的论文和化学类的实验报告会表现出不同的论证逻辑、观点组织方式等，这些都属于学科特有的话语规约，也正是不同学科的体裁。

蒙戈拉和韦伯（2010）在关于医学研究类期刊论文的同行评议的研究中，将内容层面的评议标注为"文献不完整，论证与数据之间缺少关联，程序上存在缺陷或不严谨，解释为何数据特别，自身数据科学论证错误，术语或定义、统计谬误，对其他作者错误阐释，论点与前人研究缺少联系，抽样错误"，又将语言使用层面的评议分为词汇句法评价和话语修辞评价两大类，后者则包括"提高信息流畅性，加强论证或使新颖特征更显著，弱化论证或进行模糊限制"（Mungra & Webber, 2010: 48）。这种分析方法的子类别划分过于精细复杂，在实际比例分析时，容易造成各子类别差距不明显、反馈内容分析的重点不够突出的问题。同时，由于反映作者的学科性理解的内容与作者呈现这些理解的文字表达密不可分，对反馈研究者来说，文稿的内容与形式两个层面确实较难区分。这是非语言类别的反馈研究所面临的共同问题，而现有体裁知识的研究已经针对写作情境下的作者的写作能力进行了较为明确的分类，可为包括审稿反馈在内的内容分析提供参考。

就反馈行为而言，课堂语境下的反馈给予者常表现出对反馈的对话性和人际沟通性的意识（Hyland，2013；Li et al.，2017），这与审稿反馈语境下的审稿人与作者沟通本质相似。例如，在内容、话题和观点方面，教师给予较多称赞性评价；在研究方法与设计方面，教师给予较多建议性评价；而批评性反馈是所有反馈中比例最低的。（Liu & Sadler，2003）这反映出教师为学生修改文本进行的支持与沟通，无论是称赞还是批评，都暗示了权威的不对等性（Hyland & Hyland，2001）。这也在审稿反馈中有所体现。审稿反馈可使作者察觉到文本中的错误或缺陷，开启作者、审稿人和编辑围绕研究话题的讨论（Paltridge，2017），审稿人在给予反馈的过程中，实际上通过作者的文本对作者进行了一定的身份和声音建构，话语特征为他们对读者的身份建构提供了依据，而他们自身的不同经验也会投射到他们对稿件的反馈中（Matsuda & Tardy，2007），可能会对研究话题提供新的见解。

本质上，审稿反馈的过程是作者与作为读者的审稿人的动态意义磋商和互动的过程。而从上述反馈内容来看，这种意义磋商又是围绕审稿人和作者的体裁知识差异展开的。对读者反馈的探究，有助于我们从读者视角了解读者所代表的学科话语团体对作者的期待。

因此，从国际发表语境的反馈给予者角度来看，作者的体裁知识是他们评估文稿的重要出发点，反馈给予者希望通过对作者文本形式和意义的磋商，作者能进入目标学科话语团体。这与学科性写作情境下的作者目标基本相同。前人研究发现，在学科性体裁的写作中，除了语言知识，二语写作者还需要面对个人声音与学科思维的挣扎（You & You，2013）、学科亲缘与个体定位的协调（Hyland，2012）、遵守体裁传统和实现体裁创新的权衡（Tardy，2016），以及导师、编辑与作者之间的意义磋商（Flowerdew & Wang，2016），等等。

这些特征在落实到写作文本的呈现之后收到读者的评判，通过读者评估写作的优缺点，要求解释或论证、指出修改方向，或直接提供改动内容（Liu & Sadler，2003），进行体裁知识方面的沟通，读者反馈使作者产生读者意识，并了解读者对文本意义构建的价值，为作者提供理解目标话语团体规约的渠道。

审稿反馈不同于学术英语写作课堂中的英语写作教师反馈或硕博求学阶段的学科导师反馈，它不仅涉及语法词汇层面的内容，还涉及期刊要求、研究方法、期刊读者期待等不同层面的内容，反映出审稿人作为作者目标话语团体的成员，对作者综合的学术期刊论文体裁知识的期待。但目前对审稿人反馈的研究主要停留在对其话语本身的语言学特征、语用学特征的分析（Paltridge，2017）或关注审稿人对作者的身份与声音建构上（Matsuda & Tardy，2007）。

这些研究对分析审稿人反馈的特征和目标有所启示，有助于对审稿人反馈的本质与交际效果增加了解，但难以展现其对反馈使用者产生的实际效果及其影响因素。现有审稿人反馈下的作者研究更多关注二语新手作者在英语国际期刊发表过程中与导师、编辑和审稿人的意义磋商（如 Li，2006），较少关注作者基于学科性反馈的修改与回应对作者英语学术写作发展的影响，更鲜少研究深入探究体裁知识在其中的作用。

在期刊写作与发表的场合下，作为审稿人的反馈者审核稿件是否符合学科话语的规范并推动相应领域的发展，以期刊"守门员"的身份与作者沟通，代表着学科话语团体的态度，在此基础上协助作者完善稿件。而作者处于与体裁创作目标直接相关的社会语境中，通过审稿反馈，他们了解到读者期待、语境价值和目标话语团体的期待，在处理审稿反馈时，作者要利用修辞知识关系，即关于作者与读者关系的知识等。

鉴于审稿人的反馈既可能是建设性的，也可能是批评性的（Paltridge，2017），二语新手作者可能会发现审稿人的反馈既有促进作用，又具有挑战性。审稿人的反馈被认为是促进二语新手作者解决修辞问题和弥补其修辞经验不足的重要来源（Gosden，1995；Tardy，2019；Zhang & Hyland，2021）。与语言编辑（Flowerdew & Wang，2016）或文本润色者（Luo & Hyland，2017）的反馈不同，审稿人的反馈代表了期刊的要求和学科读者的期望，鼓励作者构建学科论点（Hyland，2013）。例如，二语新手作者可能会从多个审稿人带来的互补观点中受益，并学会将原文与新获得的观点并置（Mochizuki，2021）。

此外，关于二语作者对审稿反馈的看法的研究表明，在国际学术期刊论文发表的语境下，与审稿人的期望保持一致可能在修辞上具有挑战性（如彭玉洁、徐昉，2021）。丰富的修辞知识在写作者深入理解审稿人评论及对修改过程进行有效、灵活的认知控制方面的关键作用，尤其是对引言、结果和讨论等部分的有效修改，需要二语作者具备丰富的修辞结构操作知识，以及识别研究成果对学科知识潜在贡献的能力（Gosden，1995；Luo & Hyland，2017）。

总之，虽然审稿人的"守门员"角色被解读为"只守住学术共同体依据其特定规范及其成员的应用惯习所构建之门"（Demeter，2022：140），但对于二语作者如何看待这些规范并将其转化为他们的文本修改，研究仍然不足。与之前关于有抱负的新兴知识产权作家在满足目标社群的修辞期待方面的需求和挣扎的研究（如 Li et al.，2017）相一致，需要更多的研究来了解在国际学术期刊论文发表的语境中二语作者如何投入审稿反馈，以及他们的多维度体裁知识，尤其是修辞知识，如何发挥作用。

第四节　体裁知识的理论流派

本节追溯体裁知识理论的发展历程，指出 ESP 学派的体裁知识理论视角符合本研究目标。由于话题领域和理论背景的不同，现有研究中关于体裁知识的基本观点和概念内涵理解存在明显差异，呈现出不同的研究侧重点。体裁知识的理论视角包括 SFL 学派、RGS 学派和 ESP 学派三类不同的视角，每个视角对体裁知识的解读有不同的内涵和侧重点。（Hyon，1996）

国外相关研究中，因西方修辞学的深厚理论渊源和作文修辞学科在北美高校长期以来的稳固地位（Matsuda，1999），故体裁知识相关研究起步早，视角多元丰富，理论背景与写作实践联系紧密。20 世纪 80 年代起，过程写作教学法兴起，体裁知识的研究者将其视为传统修辞五艺中的"发明"（invention），主张应关注写作前的沟通阶段。与此同时，米勒（1984）将以伯克（Burke）等为代表的新修辞学派的主张作为理论背景，关注修辞情境的特征，如文本目标、读者、写作场合等。20 世纪 90 年代，以约翰·斯韦尔斯（John Swales）为代表的 ESP 学派（Bhatia，1993）认为应注重修辞功能的文本实现手段。这些研究主要围绕文本和意识两个层面解读体裁知识的表现形式。例如，传统修辞学派的研究通过话语标记语、连接词等修辞手段，判断作者对目标体裁的认识和使用能力；新修辞学派主张的体裁知识强调作者的读者意识和话语团体知识（Beaufort，2004），能够采取合适、有效的修辞行为；ESP学派主张作者须掌握目标体裁的修辞语步知识（Swales，1990）。

国内相关研究中，20世纪90年代起，邹爱民（1999）等以西方修辞学为理论基础，指出修辞五艺（发明、谋篇、记忆、文体、发表）构成英语写作知识的要素，其研究内容可包括写作材料的效度与真实性、文章引言等布局、文体的清晰性和适切性、写作的规范性、语言的准确性等。21世纪起，徐昉（2015）、齐曦（2017）、邓郦鸣和肖亮（2020）将体裁理论融入二语学术写作能力的研究与讨论，这些学术英语写作知识与能力的相关讨论为后续研究指明了重要的研究方向，即将体裁理论与二语习得理论有机结合（徐昉，2021），但由于国内二语写作研究长期聚焦语言习得问题，因此，国内的写作体裁知识研究尚有广阔的探索空间。

在SFL视角（Martin，1993）下，"genre"一词常被译为"语类"，用以表示可以实现某种目标的社会过程，这种潜在的文本特征被视为学术或职场语言能力的重要元素。SFL学派不同于RGS学派和ESP学派的地方在于，尽管SFL学派肯定语类与语境的密切关联，但偏好以语言学手段分析语类。例如，SFL学派着力于对不同类型的文章（如说明文、议论文、记叙文）的组织结构和语言学特征的分析，而在RGS学派和ESP学派中，说明文、议论文、记叙文并不被视为一种"体裁"，而仅被视为体裁中的部分元素，这是SFL学派与其他两个学派对体裁的认识中较为明显的一处不同，因此，SFL学派的语类分析并不适用于本研究的情境。

RGS学派起源于关注北美学术和职场语境的作文与修辞研究，在对体裁的分析方法上与ESP学派有诸多相似之处。RGS学派将体裁视为一种社会实践，关注社会情境如何影响人们的修辞行为。（Miller，1984，1994；Bawarshi & Reiff，2010）相较于另外两种视角，RGS学派更突出社会修辞语境的重要性，将体裁视为社会语境的一部分，关注个体的体裁实践与其所处语境的互动。在该视角下，体裁不仅受到社会语境的影响，也会参与、塑造、改变社会语境。尽管RGS学派对社会修辞语境的关注值得借鉴，但相较于对语境的关注，本研究更侧重于对作者期刊论文写作的话语和文本特征分析，因此，该视角并不适合于本研究。

斯韦尔斯（1980/2011）的专著《文章引言面面观》(*Aspects of Article Introductions*) 的出版标志着 ESP 学派 (Swales, 1990; Bhatia, 1993) 体裁研究的开启。在 ESP 学派视角下，体裁被视为一类交际事件 (Swales, 1990)，是一定交际语境下文本所呈现出的共同特征。体裁不仅寓于文本的形式与功能之中，还反映出社会语境对文本的塑造。斯韦尔斯通过分析 48 篇不同学科领域期刊论文的引言部分，指出这些文本共有的特征，提出"语步"的概念，用以表示"发挥连贯交际功能的话语或修辞单位"(Swales, 2004：228)，引发了学者对学术英语写作共有文本模式的热烈讨论。尽管 RGS 学派和 ESP 学派都指出语境的重要性，但是 ESP 学派更倾向于将重心置于语境对文本特征的塑造作用上，相较于语境分析，更关注体裁的话语和文本特征分析。在本研究中，作者通过利用国际期刊论文这一体裁所共享的话语和文本特征，达成他们进入各自的学科话语团体的目标，因此 ESP 学派视角下的体裁知识理论适于本研究的目标。

第五节　体裁知识的实证研究

本节介绍体裁知识使用、发展与教学的相关实证研究，从而为本研究对体裁知识的分析提供借鉴。随着体裁这一概念在学界引起的不断探讨，研究者们越来越关注教学或写作实践过程中体裁知识的培养、发展及与二语写作能力之间的关系等话题。塔蒂（2009）的体裁知识模型也得到了广泛关注，在理论层面根据不同语境针对不同类型作者的实证研究结果，被反复讨论和不断完善（如 Gentil, 2011; Kim & Belcher, 2018; Driscoll et al., 2020），在应用层面也为二语写作课堂中的体裁教学提供了重要依据（如 Kuteeva & Negretti, 2016; Tardy, 2019）。

一、作者体裁知识的使用研究

作者使用体裁知识的相关研究主要包括使用的体裁知识类型、体裁知识的策略转化和元认知作用等。

首先，作者开展研究性文章的体裁创作时，使用体裁知识中的形式与修辞知识实现知识创造，从而参与学科实践（Kuteeva & Negretti，2016）。博福特（Beaufort）（2004）认为，作者所使用的体裁知识可以被理解为一种话语团体知识，该类知识是写作过程知识、学科内容知识及修辞知识的统领性知识。

其次，作者须将体裁知识转化为不同学科领域相关的修辞策略，从而获得进入目标话语团体的社会化过程的途径。体裁知识——尤其是二语体裁知识——是关系学生写作能力与语言水平的复杂构念，对这一概念的讨论离不开对学生学习过程和机制的讨论。作者在面对不同类型的体裁写作任务时，需要有一个使已有体裁知识与写作策略实现转化的过程，这一过程在现有研究中被广泛讨论（Cheng，2007；Negretti & Kuteeva，2011；Reiff & Bawarshi，2011）。学者还讨论了这种策略转化的学科差异，人文学科的知识建构比自然学科更需要作者具有体裁意识和修辞灵活性，语言本身在人文学科和社会科学领域发挥着更加重要的作用。（Kuteeva & Negretti，2016）

最后，体裁使用的相关研究重点关注元认知在其中的作用。元认知与语言学习者的策略使用关系密切（Gao，2007），研究表明，元认知知识可以促进体裁知识在不同语境或写作任务中的迁移（Reiff & Bawarshi，2011）。元认知活动强调以某个目标为导向，但是，目标的形成与作者身处语境的读者期待密切相关。所以，这决定了元认知并非完全个体层面的，也受到了社会语境的塑造。写作是思想的"外在符号表征"（Hacker et al.，2009：159）；研究性期刊论文这一体裁本身为这种符号表征塑形，审稿反馈进一步提供细节上的纠正与确认。文本修改同文本写作一样，是"被应用了的元认知"（applied metacognition）。

哈克（Hacker）等（2009）在对写作过程的元认知模型建构中，提出了如下核心观点：① 写作的心理过程包括认知和元认知两个层面，这两个层面彼此关联；② 元认知层面包含了认知层面的动态模型；③ 二者的关系主要为元认知层面对认知层面的控制和认知层面对元认知层面的监测。在该理论模型中，元认知层面涉及元陈述性知识（meta-declarative knowledge）和元程序性知识（meta-procedural knowledge），同时包含认知层面的动态模型；文本修改被视为一种由元认知层面出发、落实到认知层面、进而直接体现于实际意义产出的控制策略和行为，而这一控制策略的产物同时也处在监测之下，以确保其与作者在元认知层面所建立的预期目标相一致。

体裁知识的发展蕴含着元认知的发展（Negretti & McGrath，2018），元认知本质上扮演着调节作者所处语境与作者写作认知活动的中介者角色（Gao & Zhang，2011）。内格雷蒂（2017）为充分体现二语学术写作中作者通过元认知活动提高修辞有效性这一复杂过程，借鉴了教育心理学中的"校准"（calibration）构念，指出学生作者一方面基于对自我体裁知识的元认知判断，通过一系列认知活动和元认知策略实现文本的计划、创作和修改，另一方面，他们根据语境中的读者对体裁的期待，调整自己对体裁的认识和对自身体裁知识的评估，实现元认知判断与语境期待的协同（alignment）。

内格雷蒂（2017）还新增元认知与社会和语境期待的协同部分，从而体现写作过程的语境因素。体裁知识本身代表了作者对学科性体裁的认知程度。该研究中，在考量学生的元认知判断是否准确时，研究者邀请三名写作教师根据体裁分析模型（Swales，1990）对学生作品修辞的有效性进行评分，但以这种评分方式作为衡量标准不足以反映真实语境下的读者期待。这一不足也常出现在当前元认知视角下的其他体裁知识研究中，研究者干预体裁任务设计或体裁教学的手段，虽然便于研究者观察和记录，但可能难以复制自然、真实的写作语境下作者元认知活动与体裁知识互动的复杂性。正如内格雷蒂（2017：521）所指出的，尽管这一框架被用于实验语境下的元认知过程描述，但它很好地"解释了元认知如何通过监测和控制过程动态地投入写作文本"。

二、作者体裁知识的发展研究

学生个体的体裁知识发展是现有实证研究关注的又一重要话题。在该话题的研究中，学者常采取历时的案例研究方法（如 Tardy，2009；Kim & Belcher，2018）或主动的教学干预方式（如 Negretti & Kuteeva，2011；Negretti & McGrath，2018），观察学生在不同类型或不同语境的体裁创作中使用了哪些层面的体裁知识，或如何实现跨语言、跨语境、跨体裁的体裁知识迁移。

例如，塔蒂（2009）分析了写作课堂和学科性课堂中，在面对从求职信、实验报告等常规写作体裁到研究性文章、学位论文等高阶学术体裁的写作时，四名硕士研究生表现出不同层次的体裁知识类型，成熟的作者更容易呈现出复杂多维的体裁知识，而这些学生在反复接触各类体裁的积累过程中，通过教学活动、教师反馈等机制，不断获取相关体裁的修辞策略，充实体裁知识相关的语言资源，也不断加深对各类特定体裁的理解。这一研究为体裁知识的发展提供了较为全面丰富的图景。

又如，德里斯科尔（Driscoll）等（2020）采用混合研究法分析了四家不同机构的教育类写作课堂，以求在塔蒂（2009）对体裁知识本质探索的基础上，进一步解读体裁知识的内涵。研究发现，简单和复杂的体裁知识均能促进写作发展，而统计数据显示，在为期一个学期的写作课堂中，复杂的体裁知识与学生的写作能力呈正相关。

除了关注作者体裁知识与写作能力的历时发展，作者如何将已有的体裁知识应用于新的体裁创作，也是研究者们关注的话题。例如，研究者通过以语篇为基础的访谈，分析了大学一年级学生如何基于以往接触信件、简历、议论文、诗歌、书评等40种不同体裁的经历，在大学的写作课堂中完成第一篇议论文和第一篇课程论文的写作任务，从而区分了体裁边线的捍卫者（boundary-guarder）和越界者（boundary-crosser）这两种类型的学生。后者在面对新体裁的写作时表现出更为灵活的写作策略，其原因在于他们擅长将以往的体裁接触经历抽象成可普遍适用的写作策略，在新语境下将旧知识赋予新意义。（Reiff & Bawarshi，2011）

尽管与体裁知识发展相关的研究大多聚焦以本科生群体为主的写作课堂，亦有少量研究关注学科性语境下作者的体裁知识发展，修辞情境理解与元认知知识两个核心要素的协同与互动。学生的二语写作语境重构（recontextualization）能力本质上是一种元认知能力，其中，学生的修辞情境理解与元认知知识是该能力的核心要素，因此，这两种要素如何协同互动，从而促进学生二语写作语境重构能力的发展，是一个重要的研究话题。例如，博士生在被要求对体裁知识、体裁概念本身进行反思时，汇报了自己如何将体裁知识作为写作策略的工具或元认知的资源，从而满足读者期待，通过写作遵守研究性文章的规约，或在这一体裁的变异性之内尝试可能的选择。（Negretti & McGrath，2018）

在讨论体裁知识的发展时，研究者多不可避免地探讨作者使用已有体裁知识的方式、体裁知识向写作策略的转化问题，这些研究发现说明体裁知识在促进学生完成写作任务、提高学生写作水平、进入目标话语团体中发挥了一定作用，但是这部分的研究不具有系统性和完整性。根据塔蒂（2009）特定体裁知识的框架图，当四个维度的体裁知识完全融合时，则达到"专家知能"的水平。专家知能的概念最早常见于教师发展的研究中，学者常采用新手教师、熟手教师、专家教师来表示教师发展的不同阶段（徐碧美，2003）。在二语写作研究中，新手作者（novice writers）、专家作者（expert writers）的术语也常见于学术发表（Habibie & Hyland，2019）、学科性写作（Wette，2017）等相关的实证研究中，用以指代写作或发表经验不同的二语学术写作者。

三、体裁知识的教学研究

体裁知识的研究者较为注重研究结果与教学实践的紧密结合，或直接以写作课堂为研究情境，在教学环境中设置相应的体裁知识学习任务，从而探究对学生的写作能力发展的影响，或通过研究提出指导体裁教学实践的具体建议，或根据现有研究成果提供体裁教学的教材和教学大纲。（Cheng，2007；Devitt，2009；Tardy，2019）

真实的目标社会语境是判断某一写作文本是否属于一种体裁类型的关键因素（Tardy，2019）。国外写作教学与研究者提倡在写作课堂中引入具有真实社会交际目标的体裁类型，以培养学生的体裁驾驭能力。（Caplan & Farling，2017）《中国英语能力等级量表》（中华人民共和国教育部、国家语言文字工作委员会，2018）在对学生的书面表达能力进行分级描述时，学生撰写不同类型体裁文本的能力也被提及，这些体裁包括社会事件新闻报道、产品说明书、晚会流程、商务活动指南等。因此，体裁教学法的引入对提高学生的写作语境知识有促进作用。内格雷蒂和库提瓦（2011）在学术写作课程中采取了不使用教科书的教学干预，仅使用斯韦尔斯（1990）的体裁分析框架作为教学工具，指导学生发起对修辞策略使用的反思。内格雷蒂和麦格拉斯（2018）专门为博士生设计了两种元认知任务，提取学生关于体裁的元认知知识，而这些任务本身也使学生有意识地关注自己对体裁的认识。德维特（Devitt）（2009）关注教学语境下的学生批判性体裁意识的发展，区分了将体裁视为事物、过程和语境这三种不同类型的体裁教学法，主张扩展学生的体裁资源库，从而提高学生的批判性体裁意识，增强学生对于不同体裁会影响作者潜在写作方式的意识，培养其面对新体裁时的敏感度。

另外，语境重构能力日渐引起二语写作教学实践人员的重视（Cheng，

2007; Negretti & Kuteeva, 2011; Tardy et al., 2020),该能力关乎学生能否将其已有写作体裁知识投入新的写作修辞语境,本质上属于一种写作相关的元认知知识,塔蒂等(2020)将其列为体裁知识发展理论框架的重要元素之一。二语写作语境重构能力指学习者在新的二语写作修辞语境下灵活恰当地使用体裁知识的能力。该能力与二语作者的元认知发展密切相关,这一点在以体裁教学为基础的写作课堂中得到证实。例如,入职前的英语教师在学术读写课程中对斯韦尔斯(1990)体裁分析进行学习后,通过发展体裁相关的陈述性、程序性和条件性知识(Schraw & Dennison,1994),建构元认知体裁意识,从而能够有效地将修辞意识转化为有意识的写作策略。(Negretti & Kuteeva,2011)又如,留学生在从其母语国家到英语国家进行交换学习时,能够利用已有母语体裁知识中的过程知识和特定学科的内容知识,建构新的二语体裁知识。(Kim & Belcher,2018)

在应用语言学实证研究中,多使用语料库分析、语言测试的方式评估句法、词汇、语法等层面的语言教学效果,而学生对修辞和过程知识的理解与使用能力往往难以评判。学生修辞和过程知识及其使用策略的评判过程复杂。二语写作语境重构能力发展变化特征的动态追踪,作者的修辞情境意识、读者意识、写作目标意识等如何发生动态变化,对于二语写作教学实践中的体裁意识培养提供实证依据至关重要。

例如,德里斯科尔等(2020)以塔蒂(2009)的体裁知识四维模型为基础,提出体裁知识的扩展认识,认为可以在本科生的写作教学大纲中融入体裁知识、读者意识和文献引用方面的具体设置,从而提高学生的体裁意识。例如,以非课堂情境中的读者为目标进行写作,明确使用文献从而加入目标学科对话,培养使用写作策略来完成具体任务的意识,培养、评估自己不同维度体裁知识发展程度的意识。程(Cheng)(2018)特别关注了研究生群体的特定领域研究性体裁的写作,为促进对研究生的学科性写作提供了具体的体裁练习的建议与指导,强调了读者意识的重要性,以及反思对提高写作水平的重要意义。

第六节　相关研究评价

基于对反馈投入的理论视角、概念构成和实证研究的文献梳理，本节对现有研究主要贡献做出如下小结。

第一，反馈投入研究的出现使得学界从聚焦语法纠错反馈对学生二语习得的影响转向对学生个体处理反馈过程的复杂性的关注。反馈投入研究的社会认知视角凸显了反馈处理过程中个体认知因素和社会环境因素的重要性，反馈投入本身既是结果，也是过程。这些认识使得反馈处理研究跳脱出反馈处理对语言学习和写作能力发展效果的探索，更具深度和广度。

第二，现有反馈投入的三维构成分析成功将教育心理学的投入概念内涵引入反馈处理的过程分析，使得反馈处理研究在研究内容上不再只关注修改策略、文本改动、反馈吸收程度等某个单一维度的话题，而是可以从多个维度综合考量反馈处理过程，从研究方法上使得反馈处理研究中学生的认知、情感和行为分析具有操作性。

第三，现有反馈投入实证研究已经证实了反馈投入受到一系列个体因素和语境因素的影响，写作教学课堂之外的非纠错反馈处理研究说明，作者的反馈处理受到作者对目标话语团体、读者期待、学科内容知识等的掌握程度的影响。这为从体裁知识的角度探讨反馈投入提供了理据。

通过对上述文献的梳理，笔者形成三个基本观点。

第一，体裁知识是作者差异性个体因素中的一项核心内容，不仅由作者认知层面的知识发展程度决定，还与作者的历史实践经验和当下社会修辞情境的要求密切相关。

第二，作者通过投入审稿反馈，实现了作者的差异性个体因素与复杂的社会修辞语境之间的动态互动。

第三，在社会认知视角下对反馈投入进行研究，需要同时关注个体认知中的社会修辞情境期待及社会文化语境调节下的个人认知、情感和行为反应。

尽管近年来国内外反馈投入研究的发展令人瞩目，取得了一定成绩，但是这些研究尚存在以下不足之处。

第一，在描述性研究中，现有研究多聚焦学生如何投入纠错反馈，较少关注他们如何投入内容、修辞等层面的反馈，如审稿反馈。现有研究多描述二语写作课堂中的学生反馈投入，较少关注课堂之外的真实写作环境，如在英语期刊国际发表中学生如何处理反馈。学术体裁知识实证研究较少关注课堂之外的英语写作修改情境，现有反馈投入研究的参与者多为本科生，较少聚焦具有一定写作和科研经历的硕博研究生。

第二，在阐释性研究中，现有研究多从学生的二语水平、学习者信念等因素出发，分析这些个体差异因素影响各维度反馈投入的效果和方式，鲜少从体裁知识的角度探究反馈投入特征的本质。在国际发表语境下，作者处理审稿反馈，需要作者具有英语学术期刊论文的相关体裁知识，对该体裁熟悉程度不同的作者如何在认知、情感和行为的不同层面处理审稿反馈，是重要的研究空间。具体来说，作者对国际学术期刊论文体裁熟悉程度不同时，他们的反馈投入是否存在差异？具体有何体现？这些差异产生的根源是什么？要解答这些问题，需要基于社会认知的视角，对作者投入审稿反馈的个体和社会语境进行综合探索。

总之，现有研究未能解答的一个核心问题是：二语作者的学术体裁知识发展程度具体如何影响他们在认知、情感和行为上的审稿反馈投入？本研究基于前人研究的贡献与不足，期望通过对这一问题的质性个案研究，丰富二语学术写作反馈投入领域的研究成果。

第三章 理论背景与概念框架

本章主要介绍本研究的理论背景和概念框架，由四个小节组成。首先，介绍当前研究的理论背景；其次，分别说明反馈投入的概念框架和体裁知识的概念模型；最后，基于前两节的内容，提出探究体裁知识对反馈投入影响的概念框架。

第一节 理论背景

本研究以社会认知视角（Batstone，2010）为理论背景，强调社会语境和个体认知对二语作者反馈投入和体裁知识使用与发展不可分割的作用，基于社会认知的视角展开研究，研究者可以关注体裁知识对反馈投入的影响机制中社会因素和个体认知因素之间的协同与互动。（Atkinson，2010；Batstone，2010；Negretti，2017；徐锦芬、范玉梅，2019）本节说明该理论背景下的研究范式和研究方法。

该视角下的研究秉承社会建构主义的研究范式，将学习理解为一种社会过程，认为有意义的学习发生于个体投入社会活动的过程中。社会建构主义的研究范式主张个体通过与其他个体及其所处环境的互动创造意义，在人类活动中理解社会现实和建构知识；个体认识不独立于社会语境而存在，知识是个体在社会语境中的体验和互动产生的。该研究范式同样强调个体能动性（徐昉，2021），主张"社会文化对个体的影响难以消除，但其影响方式有赖于个体对社会文化语境的认知与体验"（彭工沛、徐昉，2018：78）。遵循这一研究范式，社会认知视角同时考虑个体认知和社会环境因素（徐锦芬、范玉梅，2019），强调在实证研究中要考虑这两个维度之间的不可分割性（Batstone，2010）。一方面，社会语境对于学习的发生至关重要，"知识的结构方式反映了知识的多重社会目的"（Batstone，2010：12）；另一方面，该视角认为学习者在动态的交流环境中创造意义（Larsen-freeman，2010），且知识的泛化对学习和适应至关重要（Sfard，1998）。由于这种视角将学习视为"体验式、参与式、引导式"（Atkinson，2010：611），它使我们能够解释二语作者在具体处理期刊论文审稿反馈的情境下，其体裁知识对反馈投入的影响。

社会认知视角对反馈的认识不同于认知视角对反馈的认识。认知视角下，反馈被视为认知活动的触发机制，研究者关注反馈处理过程中作者的认知和元认知活动。尽管认知视角的研究有助于学者直观地描写投入的程度，也使得针对大规模样本的研究成为可能，但是，此类研究在解释投入的原因和影响因素方面存在一定的局限性。例如，认知视角下，研究者难以解释社会环境对学生认知与行为的塑造作用。另外，对投入程度的量化标准容易造成对投入概念多维性的简化处理，如各量表的描述项较为单一，难以体现投入概念的复杂性和动态性。反馈投入的研究需要关注社会语境，如果忽略读者提供反馈和作者处理反馈过程中的人际互动与社会文化语境，则无法反映真实情况下的反馈处理。（Lee，2014）因此，认知视角下的投入研究可以为我们探究学生反馈投入的深浅程度提供参考，但无法用于解释反馈投入与周围环境等诸多因素的真实互动过程，难以围绕对单个个体投入反馈的变化发展过程和复杂影响因素展开研究。

社会认知理论视角下，二语作者对审稿反馈的投入可以被视为一个学习者动态适应反馈情境且以社会语境为中介的过程。描述和阐释学习者个体如何投入写作反馈，须同时从社会维度和认知维度两方面来考察（Batstone，2010），由此可以体现学生投入反馈过程的复杂性。二语作者理解、感受和使用反馈的方式，既有赖于将自己的体裁经验带入反馈情境，也离不开语境因素的中介。（Goldstein，2006；Han & Hyland，2019b）因此，一方面，二语作者对反馈的认识是通过以往的写作和体裁经验由社会建构起来的，在审稿反馈投入中，这些认识可能得到强化或发生变化；另一方面，二语作者投入审稿反馈的方式受到了反馈情境中与期刊审稿人、编辑等人互动的影响。

广义的社会认知视角并没有具体、单一的理论框架，自我调控学习理论（Bandura，1991）、社会文化调节理论（Lantolf，2000）、二语习得的社会认知协同理论（Atkinson，2010）等理论均可使研究者从不同角度突出投入的动态性和情境化特征，有利于研究者探究学生的认知活动、元认知活动、情感和行为等如何受到社会文化语境的调节（Han & Hyland，2019b）。例如，自我调控的投入本质上属于一种认知投入，学生的认知活动很大程度上被当下情境对个体的要求所影响，个体的自我效能、目标、兴趣和环境因素对个人情感和行为等共同起作用（Cleary & Zimmerman，2012），突出学生认知对情境的依赖性和语境的特定性（Christenson et al.，2008）。采用社会文化调节理论对学生投入进行分析时，研究者则需要关注他人或工具对学生认知发展的调节作用（Han & Hyland，2015），同样能说明学生投入的情境性特征。从社会认知协同的角度分析反馈投入，可以解释文本挪用的对话性，反映机构性话语的社会政治维度、当下的任务环境和师生关系等对文本的多重塑造作用；复杂系统（Complex System）理论有助于揭示深度投入与学生身份发展的多维互动，说明深度投入对话语团体具有依赖性，受到多种整体语境、社会语境和个人语境的复杂影响，可解释学生的写作能力、身份和能动性的发展历程（Crick，2012）。

该视角主张采用质性研究探究自然发生的现象，从而揭示语境和个人认知互动的复杂性。该视角下的研究常采用个案方法，对个体的认知发展过程展开历时性的追踪，具体研究方法可包括回忆性报告、有声思维法、刺激回忆、访谈（Sachs & Polio，2007），通过个体详细的自我汇报，学生可以充分解释他们语言使用或反馈处理的原因（Han & Hyland，2015），帮助我们挖掘个体差异中不为人知的一面。该视角下，研究者还可以开展历时性的追踪研究，或考察不同语境对学生个体行为的影响差异，从而深入描写学生认知与社会因素交互作用的复杂性，使我们对其处理反馈的过程有更为清晰和全面的了解。

总之，社会认知的理论背景适于分析学生认知活动与社会情境之间的动态互动过程。考虑本研究的目标是以体裁知识为切入点，探究反馈投入的影响因素，而体裁知识这一构念本身具有社会认知属性，反映的是社会修辞情境作用下反复出现的文本特征，因此，本研究选取从社会认知视角考察研究生的反馈投入及体裁知识对其产生的影响。

第二节 反馈投入概念框架

在现有的反馈投入研究中,主要聚焦教师 WCF 和自动写作系统线上反馈(Ellis,2010;Han & Hyland,2015,2017;Zhang & Hyland,2018;Han & Hyland,2019a,2019b)。教育心理学领域中,学生投入的语境可包括家庭、同伴关系、师生关系等(Christenson et al.,2012),学生投入的结果包括知识学习、技能发展、学业或社会成就等(Reeve,2013),学习者投入是语境影响和学习结果的调节者(Appleton et al.,2006)。

埃利斯(2010:337)以投入的构念提出研究纠错反馈的框架,同时也说明,该框架并非关于纠错反馈的理论,而是便于开展研究的启发性框架,如图 3-1 所示。

图 3-1 纠错反馈研究启发性框架(基于 Ellis,2010:337)

根据埃利斯(2010:339)的进一步解释,个体差异因素包括年龄、学习风格、语言学能等,语境因素包括学习发生的情境等,投入则包括认知、情感和行为三个维度。郑(Zheng)和于(Yu)(2018)则聚焦于学生对教师 WCF 投入的组成部分,构建学生对反馈投入的分析模型,明确将认知投入、情感投入和行为投入三个维度列为反馈投入的组成成分(图 3-2)。

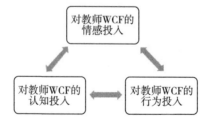

图 3-2 反馈投入的概念框架(基于 Zheng & Yu,2018:14)

在该模型图中,三个维度的投入彼此关联,这充分反映出反馈投入各维度之间的相互影响。例如，学生具备较多认知和元认知策略时，如能有效计划、评估、控制情绪等，则有助于其反馈投入。（Zhang & Hyland, 2018）而语言资源和修改策略二者相辅相成，对写作经验不足的作者来说，如果缺少语言资源，而只掌握了一定的修改或学习策略的话，仍然难以成功修改。（Min, 2006）

由于认知和情绪都会影响人类行为，这三个维度的投入彼此关联，同时发挥作用，动态存在于同一个生态社会系统。（Zhang & Hyland, 2018）例如，作者的情感反应会影响作者对反馈的认知投入与行为投入。情感因素对反馈的吸收起着重要的作用（Storch & Wigglesworth, 2010），不仅影响作者在处理反馈时所采用的策略类型，还影响他们愿意接受反馈的程度。情感会影响一系列认知过程，包括判断、决策、记忆等（Parrott & Spackman, 2000）。很多新手作者会被评论挫败而放弃处理反馈（Hyland, 2012），甚至有经验的作者也会因为审稿反馈而感到不安（Bozalek et al., 2019）。因此，只有综合考虑学生处理反馈过程中的意愿、情绪、态度等因素，而不仅仅局限于单一维度的研究，如学生认知层面对反馈的吸收或行为层面所做出的文本改动，才能全面反映出学生投入反馈的状态，从而为剖析学生最终的修改行为做出深入合理的解释。

现有反馈投入研究中，海兰德（2003）提出了反馈投入的构念，埃利斯（2010）宽泛界定了认知投入、情感投入和行为投入的基本概念，认知投入指学习者如何关注他们收到的纠错反馈，情感投入指学生对纠错反馈态度上的反应，行为投入指学生在多大程度上采用反馈进行改动。韩和海兰德（2015）则首次基于学生对 WCF 投入的实证数据，总结出了较为具体的分析框架（表 3-1）。本研究将基于韩和海兰德（2015）的框架开展关于反馈投入构念的批判性分析，从认知投入、情感投入和行为投入三个维度逐一梳理反馈投入的概念构成。

表 3-1 书面纠错反馈投入的分析框架（基于 Han & Hyland, 2015: 43）

投入维度	子类别	概念描述
认知投入	理解深度：注意	学生注意到 WCF，认识到教师的纠错意图，关注到语言准确的程度
	理解深度：理解	学生成功诊断错误，能够提供准确的元语言解释的程度

续表

投入维度	子类别	概念描述
认知投入	元认知操作	学生用来管理心理过程、实践行为和情绪反应的策略与技能
	认知操作	学生用来处理和回应 WCF 的认知策略与技能
情感投入	情绪反应	学生对 WCF 的情绪反应，以及修改过程和修改后的情绪反应变化
	态度反应	学生修改过程中对 WCF 的总体态度
行为投入	修改行为	正确的改动、不正确的改动、删除、替换、无修改
	可观察的策略	用于提高稿件准确性、提升未来写作和二语能力的可观察的策略

第三节　体裁知识概念模型

基于 ESP 理论视角，本研究采用塔蒂（2009，2019）的体裁知识理论模型。本节分析、总结体裁知识具有的社会认知属性、动态性和可迁移性，这些属性为作者在二语反馈投入阶段的体裁知识应用研究提供了理论依据。

在 ESP 学派下，塔蒂（2009）通过研究作者求职信、实验报告、学位论文、学术期刊论文等不同体裁的写作，对体裁知识的概念内涵进行了较为全面的分析。她建构了特定体裁知识概念模型（图 3-3），用以分析作者对不熟悉的体裁的知识构成，包括形式知识、内容知识、修辞知识和过程知识四个不同的维度；她还指出，这一模型处于动态的发展之中，在从作者的初始知识（nascent knowledge）到发展为专家知能（expertise）的过程中，四种类型的知识不断融合。

这方面的研究较为丰富，不论何种分类框架，基本内涵相似，涵盖的主要元素基本相同，且各个维度的特定体裁的知识并非彼此分离，而是相互重叠的。

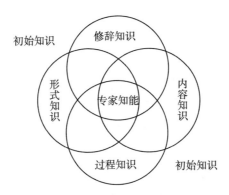

图 3-3　特定体裁知识概念模型（基于 Tardy，2009：22）

根据塔蒂（2009）对体裁知识的分析，体裁知识具有社会认知属性、动态性和可迁移性三个主要特征，这些特征为本研究中对不同作者的体裁知识发展程度及其对反馈处理的影响分析奠定了基础。

第一，体裁知识具有社会认知属性。体裁知识的这一特征源自体裁本身的社会认知属性（Johns，2008）。体裁知识学习本质上是社会修辞学视角下的任务，具有目标性，需要一系列的认知和交际过程（Swales，1990）。一方面，作者对体裁概念本身的认知体现于其产出的文本和塑造的体裁之中；另一方面，体裁的社会功能需要作者突破基于文本类型的固化认识，理解体裁背后的社会实践和话语团体规约，从而参与目标社会话语团体的实践。

在学习体裁的过程中，作者便参与他们所处的目标话语团体的实践（Russell，1997）。同样，体裁知识处于社会语境之中，是社会相关的知识；只有在社会群体中的互动和实践中，才能获得体裁知识（Berkenkotter & Huckin，1995；Tardy，2009）。学术体裁知识既包括社会实践的知识，也包括高度专门化的学科主题内容知识（Tardy，2019）。约翰斯（Johns）（2008）将体裁意识视为激发学生的社会认知知识在不断变化的语境中的适应能力，是学生发展修辞灵活性的一个重要工具。当他们在操控和利用体裁特征，以实现他们的修辞目的时，才会调取体裁知识，体现出体裁意识。（Negretti & McGrath，2018）发展体裁知识时，作者需要反思他们的目标读者、体裁目标和修辞情景是否及如何塑造他们的写作。（Beaufort，2004）作者参与修改，与目标期刊的审稿人、编辑、读者发生互动，实际上是对双方的体裁意识或体裁知识差距进行沟通，其背后的复杂性有待探明。

第二，体裁知识具有动态性，其动态性体现在以下2个方面：① 不同维度的体裁知识的相互交融；② 处于不同发展阶段的各维度体裁知识的不断融合。前人研究发现，学生在二语写作的过程中使用了不同维度的体裁知识（Gentil，2011）。例如，质性案例研究表明，自然科学、社会科学和人文学科的多语研究生在撰写论文引言时，使用了体裁的形式知识和修辞知识来创造研究空间，这两个层面的知识关系作者在各自学科领域进行的知识创造。（Kuteeva & Negretti，2016）

学生的体裁知识使用与他们的学科性知识创造实践之间产生关联，不同学科领域学生的修辞策略在其对体裁知识的使用中表现出两种相关的体裁意识：对形式知识维度和修辞知识维度的意识，前者包括体裁的结构性元素，后者包括体裁的目标、社会修辞语境和说服的动态性（Kuteeva & Negretti，2016）。又如，母语为非英语的二语学生在留学后，使用了原有的过程性的体裁知识和学科相关的内容知识来完成写作课堂中的写作任务。（Kim & Belcher，2018）

另外，学生体裁知识掌握情况的不同会导致他们所花费的努力程度也各不相同。有些学生下意识地使用了体裁知识，并非刻意为之；有的学生需要特别的努力才能调取体裁知识，完成任务。（Kim & Belcher，2018）

在作者从新手到成熟过渡的阶段，不同维度的体裁知识亦处于不断交汇和融合的过程之中，不同维度的知识的融合程度在不同阶段呈现出不同特征。理解、参与、塑造体裁知识对写作专家知能的发展很重要（Bazerman，2013；Driscoll et al.，2020）。在新手作者阶段，他们还在适应和学习不同知识的融合。不同维度的知识之间并非潜意识地自然发生联系，而是需要有意识地思考与练习，从而形成可以随时调取的资源。（Discoll et al.，2020）

当作者进入学位论文和期刊论文写作的阶段时，才表现出各类体裁知识的融合，逐渐形成复杂、多维的体裁知识（Tardy，2009），而学位论文和期刊论文都代表了学术研究的高阶体裁。例如，由于修辞知识反映的是作者文本背后的读者意识与写作目标认识，因此，内容知识和形式知识都可能与修辞知识有重叠之处。（Kim & Belcher，2018）

就体裁知识的四个维度而言，随着体裁知识的发展与融合，作者越来越意识到形式知识在特定的修辞语境下的功能，将语言使用与对应的学科内容、社会修辞情景包括自己的体裁目标和特定的读者及对体裁创作过程的理解结合起来。(Negretti & McGrath，2018)

由此可见，当学术体裁知识程度不同、学科领域不同时，作者使用不同维度的体裁知识；随着作者学术写作能力发展阶段的不同，这些维度的体裁知识融合情况也各不相同。特定体裁的知识处于动态发展变化之中。这也意味着，当作者进入反馈处理和文本修改阶段时，体裁知识的使用情况也可能存在特殊性；但尚未有研究深入探究在修改阶段，二语学生如何使用体裁知识来完成修改任务。

第三，体裁知识具有可迁移性，这种可迁移性的根源在于作者在元认知层面对体裁的有意识的认识与理解。内格雷蒂和麦格拉斯（2018）的研究表明，博士生在二语学科性写作中，在元认知层面使用了不同维度的体裁知识，从而做出策略性的、有意识的选择，回应读者期待，遵守学科规范，适应学科多样性。德里斯科尔等（2020）在讨论体裁知识与写作发展之间的关系时也提及元认知意识的重要性。德维特（2004：202）指出："我希望，即使只在一种体裁中学习写作，他们也能使用他们的体裁意识去更加深入地、有目的性地、有修辞性地进行这一过程。"这些研究结果都指向了元认知在体裁知识与写作能力发展中的重要地位。内格雷蒂和库提瓦（2011）将体裁分析与元认知理论框架（Schraw & Dennison，1994）相结合，分析元认知体裁意识的概念，所有与研究对象学术文本相关的陈述性体裁知识和程序性体裁意识都得以发展，但只有一些人表现出条件性体裁意识。他们认为，在新的修辞语境下，特定体裁的知识和体裁意识都发挥了作用，元认知使得作者在接触不同的语言和任务时，将体裁知识转化成不同的策略，在新的语境下赋予体裁新的意义，即将其进行语境重构。

体裁意识反映了作者对修辞语境的了解（Devitt，2009），它不直接指向某个特定的体裁或某个特定的语言。有了这个意识，作者会利用如体裁分析这样的策略来了解、学习某个体裁的知识。由于修辞情境不同，每一个体裁的每一种实例都需要再次与当时的语境相关联。而这种能力并非所有学生都具备，研究表明，具有条件性的元认知体裁知识的学生才更可能利用体裁知识的这种可迁移性（Reiff & Bawarshi，2011）。这意味着，作者在写作阶段使用的体裁知识也可在反馈和修改阶段使用。

这种可迁移性体现在教学实践中,即可教性。在基于体裁的教学课堂中进行体裁相关的教学,从而使学生可以将课堂中的体裁知识迁移到真正的职场或学科性写作语境之中。在教学场合,元认知层面的支持能够促进学生体裁知识的发展,鼓励学生构建批判性的体裁知识,能够通过分析、批评、创造、操纵、研究体裁,并在学科性语境中面向真实读者使用体裁,从而掌握体裁知识,发现不同体裁之间的关联。(Bawarshi & Reiff, 2010)

塔蒂(2019)直接基于其(2009)体裁知识的四个维度,对二语写作课堂中四个维度的体裁知识教学提供了具体指导(表 3-2)。其中,形式知识包括语言使用的规范、组织结构、语步、设计等,内容知识包括特定的学科知识,过程知识包括如何写作、修改、传播、阅读和使用体裁的知识,修辞知识包括对修辞语境、体裁使用者的价值观、作者与读者的关系的理解等。该分类方式也将被应用于本研究的数据分析之中。

表 3-2 二语写作课堂中体裁知识的教学参考(基于 Tardy,2019:20-21)

维度	类别
形式知识	—语步 —语法、词汇特征 —设计
内容知识	—特定学科或话题的知识
过程知识	—体裁创作过程知识 —体裁关系网知识 —体裁传播发布与分享过程知识
修辞知识	—话语团体知识 —修辞情境知识 —作者身份知识

第四节 本研究概念框架

基于对前人研究的综合理解,本研究将塔蒂(2009)的体裁知识理论模型融入埃利斯(2010)的学生写作反馈投入理论框架中,形成本研究的概念框架(图 3-4)。

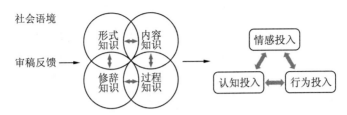

图 3-4　本研究的概念框架

如图 3-4 所示，本研究框架主要包含三个部分，分别是审稿反馈、体裁知识和投入。本框架图与埃利斯（2010）的反馈投入框架图相比，存在若干异同点。与埃利斯框架原图相似，这三个构念之间以单向箭头相连接，用以说明：审稿反馈经过体裁知识的影响之后，作用于作者投入。与埃利斯框架图有以下两方面不同。① 本图中，体裁知识替换了埃利斯原图中个体差异因素和语境因素的位置，用以专门表示体裁知识对学生投入反馈的影响。② 本图新增"社会语境"作为背景，这体现了本研究的社会认知理论视角：一方面，审稿反馈直接来源于社会语境，因此没有在"审稿反馈"周围使用任何框线；另一方面，作者的体裁知识和认知投入、情感投入和行为投入都具有个体认知属性，分别以圆形和方形框线围绕这些构念，但同时体裁知识和认知投入、情感投入和行为投入兼具社会属性，会受到社会语境的影响，因此处于社会语境的背景之内。

本图中对体裁知识的图示是基于塔蒂（2009）的特定体裁知识的框架图设计的，基本沿用了塔蒂框架原图的内容，即以四个圆圈分别表示形式知识、内容知识、修辞知识和过程知识四个维度，四个圆圈彼此有相交之处，体现了四个维度体裁知识的相互作用。但是，该部分与塔蒂（2009）的体裁知识框架图存在两处不同：① 塔蒂框架原图中，四维体裁知识图外部为初始知识，四维知识交融之处为专家知能，但由于初始知识和专家知能这两个构念并非本研究的重点，因此并未标注在本图中；② 为仍然体现出各维度知识之间的动态融合，本图在四个维度的知识之间新增了双向实心箭头。

本图中对认知、情感和行为的三维投入的图示与郑和于（2018）的投入框架图基本相同，即每个维度的投入以双向箭头连接，表现认知投入、情感投入和行为投入既相互独立又彼此关联的关系。这体现出，本研究遵循教育学领域被广泛接受的学生投入的三维模型（Fredricks et al.，2004；Zhang & Hyland，2018），从认知投入、情感投入和行为投入三个方面来探究学生的反馈投入。

  总之，本研究框架说明，在一定的社会语境之下，作者四个维度的体裁知识对三个维度的反馈投入产生影响。在本研究框架指导下，本研究需要从认知投入、情感投入和行为投入三个方面一一呈现不同维度的体裁知识对作者反馈投入的影响。

第四章 研究方法

基于第二章梳理的文献回顾和研究评价及第三章提出的概念框架，本研究提出三个研究问题，并选取质性个案研究方法对这些问题进行探究。本章阐述本研究所采用的研究方法，包括数据收集类型与方法、数据分析过程与分析框架、效度保障和研究者的角色等。

第一节 研究问题

本研究探究国际发表语境下研究生作者在对审稿反馈进行认知投入、情感投入和行为投入的过程中体裁知识所产生的影响。本研究的场景为英语国际期刊发表语境，研究参与者为四名中国高校博士和硕士研究生。为探析体裁知识如何在二语研究生作者的审稿反馈投入中产生影响，本研究通过一系列子问题来进一步解答这三个问题。

（1）研究生作者个体的学术体裁知识怎样影响他们对审稿反馈的认知投入？

① 作者怎样理解审稿反馈提出的问题？其理解深度怎样受其体裁知识的影响？

② 作者是否和怎样调节认知投入？该过程怎样受其体裁知识的影响？

（2）研究生作者个体的学术体裁知识怎样影响他们对审稿反馈的情感投入？

① 作者对审稿反馈产生何种情感反应？这些反应怎样受其体裁知识的影响？

② 作者是否和怎样调节这些情感反应？该过程怎样受其体裁知识的影响？

（3）研究生作者个体的学术体裁知识怎样影响他们对审稿反馈的行为投入？

① 作者采取了哪些文本修改行为？这些行为怎样受其体裁知识的影响？

② 作者是否和怎样调节修改行为？该过程如何受其体裁知识的影响？

第二节 个案研究

本节将研究方法选择、案例选取和数据分析与阐释三方面说明贯穿于本研究设计的基本逻辑。

首先，在研究方法的选择方面，个案研究并不以结果的推广性为目标，而是旨在揭示过程的复杂性和动态性，可以体现定量研究难以描述的个体经历与感受，使研究者对研究现象有深入的、整体的、语境化的理解。（Yin，2018）本研究尝试探究研究生作者个体在投入审稿反馈的过程中体裁知识如何产生影响，需要深描与阐释个体的经历、感受与行为，因此选取质性研究方法。

本研究所涉及的具体问题适于以质性研究方法进行解答。投入本身即为一种过程，其中的认知投入和情感投入均非研究者可直接观察的，探究起来具有挑战性（Sachs & Polio，2007），既往研究均须借助问卷调查、访谈等手段进行观察分析；而体裁知识的构念复杂，具有动态性和社会认知性（详见本书第三章第三节），同样需要通过访谈等方法进行研究。

其次，在案例选取方面，不同于量化研究常使用统计方法分析大规模样本数据中各类变量之间的关系模式，质性个案研究仅聚焦于少量个体，并深度挖掘这些个体在特定的社会和教育语境下的经历、表现及遇到的问题等，可以对个体提供语境化的深度描写。（Duff，2014）本研究选择的四名研究生作者在性别、年龄、教育背景、科研经历、论文发表经验、处理写作反馈经历上均存在个体差异，他们的个体差异性对反馈投入或体裁知识使用的影响可能会在研究过程中自然浮现。

最后，在数据分析和阐释方面，本研究无意总结所有二语作者在反馈投入中体裁知识会如何产生影响，或推测处于不同发展阶段的二语作者在处理审稿反馈时有何不同之处，而是旨在探究体裁知识对审稿反馈投入的影响模式和特征，促进我们理解体裁知识对审稿反馈投入影响的复杂性。这符合案例研究的根本目标，即研究者不以对二语作者这个群体的行为做出概括性结论为目标，而旨在对理论假设的建立或扩展做出结论。（Yin，2018）

本研究的每个参与者在各自身处的校园和学科情境下完成处理审稿反馈的全过程，彼此独立。另外，他们的体裁知识发展程度存在较大跨度的差异，反馈投入的结果有成功和失败之分。因此在案例分析中，遵循多案例研究论证的差别复制逻辑，可提高研究的严谨性。（Yin，2018）

具体来说，本研究采取案例内研究（within-case analysis）和跨案例比较（cross-case comparisons）（Creswell & Poth，2018）相结合的方法进行数据分析。本研究针对每名参与者开展的研究都是完整的，即每一名参与者的体裁知识分别对他们各自的认知投入、情感投入和行为投入的影响都得到了深入具体的分析，从而归纳每个个案的关键特征，再进行跨案例的比较分析，并对每个研究问题做出回答。这种以建立或扩展理论假设的思维贯穿研究论证的始末。

第三节　研究参与者

本研究的四名参与者为来自中国不同的"双一流"高校、不同专业且英语为第二语言的博士研究生或硕士研究生，以下介绍选取他们作为本研究参与者的过程和他们的个人信息背景。

一、参与者的选取方法与过程

本研究采取了质性研究方法中常用的目的性抽样（purposeful sampling）和滚雪球抽样（snowball sampling）方法来选取研究参与者，遵循最大差异抽样（maximum variation sampling）原则（Creswell & Poth，2018），招募并筛选有意向参与研究的潜在研究参与者。本研究计划招募来自不同的学科领域、处于不同的求学阶段、具有不同的发表经验的研究参与者，以求能够比较全面地反映研究生作者英文期刊发表中的审稿反馈投入这一过程的多样性和全貌。

笔者自2017年上半年开始接触并选取合适的研究参与者，选取标准为英文论文已成稿、准备或业已向英文国际期刊投稿的硕士或博士研究生，招募方式包括：在"小木虫"（国内知名学术科研在线互动平台）上发布招募广告，委托若干朋友在其所在高校的线上论坛、院系或课题组微信群中发布招募信息，通过已有研究参与者直接介绍符合标准的其他潜在参与者。

直到最终确定本研究汇报的全部四名研究参与者时，笔者前后共接触过16名符合标准且有意参加研究的各学科硕博研究生。但是，在接触这些潜在研究参与者的过程中，由于各种主观和客观的原因，经历了一些波折。如由于笔者与潜在研究参与者尚未能建立起较强的信任关系，考虑到隐私问题，潜在研究参与者不愿提供尚未发表的文稿；由于潜在研究参与者学业繁忙，无法配合完成长时间的访谈，选择中途退出；由于潜在研究参与者虽未明确拒绝，但总是联系不通畅，未继续提供修改进展情况，笔者不得不放弃联系；由于潜在研究参与者虽已成稿，但忙于其他研究项目，或对文稿仍不满意，迟迟未将文稿投递出去，未收到任何审稿反馈，虽然笔者已对其进行初步背景访谈，但针对审稿反馈进行修改是成为本研究参与者最基本的前提条件，因此笔者为了如期开展研究，不得不另行选取其他研究参与者。虽然笔者因研究参与者确定和数据收集过程中的这些波折而倍感焦虑和迷茫，但是这也是质性研究，尤其是长期追踪研究中常见的问题，需要研究者积极应对（杨鲁新、王素娥、常海潮等，2019），确保研究能够顺利开展。

另外，在接触研究参与者的过程中，笔者从潜在的研究参与者处了解到，鉴于英语期刊发表常为多名作者共同署名合作发表，因此论文成稿及修改存在至少两种情况：由第一作者或通讯作者独立执笔写作和修改，其他共同署名作者仅在实验阶段或修改阶段提供辅助或不提供实质性辅助；由导师统一分配安排参与实验的学生分章节分别撰写再最终合并成稿。虽然后者有一定的特殊性和研究价值，但因为涉及合作写作的复杂情境，并非本研究的研究主题，因此笔者仅选取了前一种写作和修改经历的研究生作者进行研究和汇报。

二、参与者的人口统计信息和教育背景

在与研究参与者最初的接触中,作者通过问卷表和开放性访谈的方式,大致了解他们的性别、年龄、教育背景及学术写作与发表经历(表4-1)。塔蒂(2009)依照作者对体裁的熟悉度判断他们的体裁知识发展程度,基于此,本研究按照各位参与者对学术期刊论文体裁熟悉度的不同,将他们分为熟手作者和新手作者两类,其中郑彬为熟手作者,冉晶晶、刘婷和孙小蓉为新手作者。这种划分的目的仅为体现作者学术论文发表经验的程度差异,并不存在严格的界限划分标准,属于体现作者发表经验差异程度的连续统。本节将分别对四位作者的这些基本信息做简要介绍。

表4-1 参与者的人口统计信息和教育背景

化名	性别	年龄段	专业	学校①	求学状态	学术写作与发表经历②
郑 彬	男	25~30	化工类	理工类"双一流"高校	博三—毕业后半年内	中文学术期刊论文5篇,英语学术期刊论文8篇
冉晶晶	女	30~35	语言类	综合类"双一流"高校	博三	英语学术期刊论文1篇
刘 婷	女	25~30	经管类	理工类"双一流"高校	博二—博三	中文学术期刊论文1篇
孙小蓉	女	25~30	医药类	医药类"双一流"高校	硕三—毕业后一年内	无

1. 郑彬的教育背景

论文投稿期间,郑彬为国内某"双一流"建设高校化工专业的博士生。他本科毕业后直接攻读博士学位,曾于2016年前往北美某国家参与博士生联合培养项目。2015年托福考试成绩为105分,其中写作单项为

---

① 本项根据参与者所在高校的办学层次和特色进行分类;办学层次分类参照2017年9月21日教育部、财政部、国家发展改革委联合发布的《关于公布世界一流大学和一流学科建设高校及建设学科名单的通知》。
② 此处均指第一作者或独立作者发表经历。

24分。截至本研究所聚焦的此次稿件投递，他已于中文学术期刊发表第一作者署名论文5篇，于SCI①和EI②期刊发表英文论文8篇，于2017年初开始受到国际期刊审稿邀约，共担任6家SCI期刊、2家EI期刊和1家开源期刊的匿名审稿人。除此之外，他还参与国家自然科学基金等项目5项，主持校级科研项目1项。由于出色的学术表现等，他获得博士研究生国家奖学金、省级优秀学生等各级荣誉奖励共30余项。

2. 冉晶晶的教育背景

论文投稿期间，冉晶晶为国内某"双一流"建设高校外国语学院的博士生。她曾在硕士求学阶段以第一作者身份在非本专业领域的SSCI③期刊上发表1篇英语论文；硕士毕业后于高校任教5年；后攻读博士学位，博二前往欧洲某国家公派留学。2015年雅思考试成绩7.0分，其中写作单项为6.5分。

3. 刘婷的教育背景

论文投稿期间，刘婷为国内某"双一流"建设高校经济与管理学院的博士研究生。她本科毕业后直接攻读博士学位，在投递本研究关注的论文之前，她曾于中文学术期刊发表第一作者署名论文1篇，曾参与导师课题组的中文项目申报书写作。2014年雅思考试成绩6.5分，其中写作单项为5分。

4. 孙小蓉的教育背景

论文投稿期间，孙小蓉为国内某"双一流"建设高校医药学的硕士研究生，计划申请海外高校的博士项目，没有任何学术期刊发表经历。最近一次参加的英语语言水平类测试为本科期间的大学英语六级考试，分数为480~490分。

三、参与者的体裁知识背景

学术体裁能力的发展程度是一个连续统，不存在严格的界线划分标准。为研究讨论起见，本书依照塔蒂（2009）从作者对体裁的熟悉度来

---

① SCI：科学引文索引（Science Citation Index），由美国科学信息研究所创办的期刊文献检索工具。

② EI：工程索引（Engineering Index），由美国工程师学会联合会创办的综合性检索工具。

③ SSCI：社会科学引文索引（Social Sciences Citation Index），由美国科学信息研究所创办的期刊文献检索工具。

判断他们的体裁知识发展程度，将四位研究生参与者分为熟手作者和新手作者两类，其中，郑彬为熟手作者，冉晶晶、刘婷和孙小蓉为不同程度的新手作者。

本节根据参与者的第一次背景访谈，汇报四名参与者的体裁知识背景，从而铺垫本书主体部分对作者体裁知识所产生的影响的分析。

1. 郑彬的体裁知识背景

关于内容知识，郑彬主要表现出学科领域、引用、论证逻辑、选题、研究方法等方面的知识。例如，学科领域方面，郑彬在访谈中提到了自己所在学科及其他亲缘学科之间的关系及分类，提及采用其他相关学科领域的理论工具开展研究的可能性。郑彬也提到了论文选题意义的重要性，他认为针对英语学术期刊论文，"只要里面有一个点是创新的就可以，或者解决一个问题（就可以）"（郑-访谈）。除了在学科领域内部深度挖掘具有创新性的话题，他还进一步思考其所在学科在论文发表中的局限性。

关于形式知识，郑彬表现出对英语语言、修辞语步、设计及与论文篇幅相关的认识。郑彬对于学术期刊论文本身的语言和投稿过程中的英语语言使用目标有着较为清晰的认识，即不引起歧义，不引起读者误会，让读者能够读懂即可。他格外重视修辞语步的重要作用，强调通过写作手法来展现论文的研究意义和水平，且将这种能力贯穿于文章始终。郑彬也重视图表这一论文形式层面的设计，他认为图表的数量和质量也能反映文章的水准。

郑彬还表现出了丰富的修辞知识，他在背景访谈中提起了多种不同的读者群体，包括编辑、审稿人、非专业领域的期刊读者及同专业方向领域的读者，并指出面向这几类不同的读者群体所应展现的形式知识与内容知识。

郑彬表现出较为丰富的过程知识和对过程知识的重视，这些知识包括对期刊信息背景的了解、与体裁使用者和读者的交流及与审稿人的沟通技巧、对体裁关系网的信息掌握等。郑彬对期刊的了解不仅限于对此次投稿的目标期刊的认识，他对整个行业的期刊都有较为丰富的认识。郑彬还提及与英语学术期刊论文的读者和使用者在论文之外的交流的重要性。

2. 冉晶晶的体裁知识背景

关于学科内容知识，冉晶晶主要谈及论证逻辑、理论框架、选题价值、专业领域、研究方法方面的认识。论证逻辑方面，冉晶晶认为其评判标准为："论文的论证非常充分有力，而且最后的结论让人感觉水到渠成。"（冉-访谈）理论基础方面，冉晶晶认为"理论框架一般会分几个层次"。

冉晶晶对形式知识格外重视，主要体现在其对修辞语步的关注之上。她强调学术思维的重要性，并将学术思维比作"讲故事"，进而具象为论文的结构框架和语步。除了修辞语步，冉晶晶也表达了对英语语言水平的重视，"因为毕竟要用英语来发表，那么英语语言水平也是语言能力，也是不能够忽视的"（冉-访谈）。

冉晶晶还多有谈及英语学术期刊论文发表的过程知识，包括审稿流程、目标期刊信息和体裁关系网三个方面。冉晶晶的第一次 SSCI 期刊发表经历也使她开始了解审稿反馈的流程；冉晶晶所具备的体裁知识除了来自自己国内的导师和访学期间外方导师的指导，也来自她之前第一篇成功发表的论文的投稿经历，以及这篇论文修改和投稿的前期工作。

3. 刘婷的体裁知识背景

关于内容知识，刘婷表现出对其学科热点、难点问题的关注，对研究方法的了解。访谈中，她主要谈及选题价值与意义、研究方法、论证科学性和理论基础四个方面的内容。关于选题价值与意义，刘婷在访谈中具体谈及当下学科所追踪的热点问题，如"'一带一路'、雾霾"等，还谈到了研究方法，指出"为了解决这个问题"，需要进行研究的设计，她以自己所采用的"问卷和案例"方法来举例说明这一步骤。

关于形式知识，刘婷具备一定写作相关的修辞语步知识，注重写作的论证逻辑。在谈及讨论研究结果的写作时，她也提到了理论基础对这部分写作的重要性，指出需要思考如下问题："你拿到了你的 results（结果），你怎么去分析？有没有什么理论基础去支撑它？"（刘-访谈）提及英语期刊的研究性论文应做到简洁清晰，她认为"需要把科学问题用最少的字数表达清楚"（刘-访谈）。

关于修辞知识，刘婷对读者群体的认识与其文章的内容紧密结合。她表示："你写的同时，还要保证读者的是，要假定读者是不知道这个领域的，你要把所有的事情解释清楚，并且还有一定的可读性。"（刘-访谈）这种读者意识也与刘婷所提及的使用图表来帮助读者理解这一认识相吻合，其文稿的图表呈现具有一定的修辞意义。

刘婷也谈及她所具备的过程知识，具体表现在体裁关系网、目标期刊信息和与期刊沟通技巧三个方面。刘婷从其学院老师处获得对其目标期刊级别、口碑和收稿难易度的认识。刘婷的体裁知识还可能来自发表中文学术期刊论文的经历——"我有写过（中文的文章），都比较'水'"（刘-访谈），或其与导师的沟通经历，如在撰写课题申报书时与导师的辩论，外方导师在这一论文撰写过程中的直接指导。

4. 孙小蓉的体裁知识背景

关于内容知识，孙小蓉主要谈及论证充分性、实验过程和选题价值三个方面，强调实验过程和结果本身的重要性，表现出对实验结果真实性的重视。

关于形式知识，孙小蓉的认识涉及修辞语步、语言及格式三个方面。关于修辞语步，孙小蓉表示，她大概仅花费一周时间便将初稿完成，这主要得益于她前期对写作套路的积累。孙小蓉具备关于英文期刊学术论文篇章结构分布的基本知识，她对于论文语言的认识局限于对语言的语法准确度的要求，站在以审稿人为代表的读者视角下，将语言的准确度仅与作者的态度相关联。

关于修辞和过程层面的体裁知识，孙小蓉在其访谈中所表现出的读者意识多来自其导师和其他老师所给予的直接指导，她之所以选择投递该期刊，则完全是因为其导师的建议："老师一直都是建议的，就是先投一投它们家试试。"（孙-访谈）孙小蓉关于过程方面的知识较多来自其导师或师兄师姐的信息传递。她表示自己曾参加过学术写作的课程，但是她表示："那个是大堂课，硕士上课也很'水'，只上了一学期的课，基本上每个老师只能排一两节课这样子，也不是很系统。"（孙-访谈）因此，该学术写作课程并未对其学术期刊论文写作与修改提供实质性的帮助。

四、参与者收到的审稿反馈信息

本节汇报四名参与者所收到的审稿反馈情况，从而铺垫本书主体部分的作者投入研究。尽管审稿反馈并非本研究的重点，但由于它构成了研究参与者反馈投入的具体情境和重要前提，因此，有必要对反馈的具体内容进行分析（如 Han & Hyland, 2015；Zhang & Hyland, 2018）。在文本层面，审稿人的反馈内容也能够体现他们就英语学术期刊写作的相关体裁知识与作者进行的沟通，以文本评价的方式逐条或分段反馈的方式，不对原文进行任何标注，且内容远远不仅限于语言层面。

1. 郑彬收到的审稿反馈信息

本研究关注的英语学术论文是郑彬第 9 篇由其本人主笔的英语期刊论文，共投稿 5 家 SCI 期刊：前 3 家期刊因与期刊收稿范围不符，未送审；第 4 家期刊送审，但因认为该论文缺乏实例和创新而被拒稿；投递到第 5 家期刊（本研究将其匿名为 Journal Z）后，经历一次大修和一次小修，被接收录用。在前 4 次论文被拒后，他未做任何改动，其反馈投入仅出现在第 5 次投稿中，本研究关注他对这次投稿时所收到的审稿反馈的投入。

第一次反馈中，两名审稿人均给出大修的意见；第二次反馈中，审稿人 1 给出小修的意见，审稿人 2 则给出同意接收的意见。第一次反馈中，除了一条审稿人 1 关于论文整体内容的概述，其他均为关于论文问题的讨论、修改建议等；第二次反馈中，除了审稿人 2 对于第一次修改的整体归纳肯定，其他均为关于论文问题的讨论、修改建议等。第一次反馈中涉及选题、论证逻辑、理论背景、修辞情境与话语团体相关的内容，均没有出现在第二次反馈中；在语言问题、设计、过程知识、文献和研究方法这五类细节上，第二次反馈中不降反升。

2. 冉晶晶收到的审稿反馈信息

本研究关注的英语学术论文是她的第 2 篇英语期刊论文，这篇论文她共投过 4 家期刊：前 3 家期刊均以与期刊收稿范围不相符的理由直接拒稿，在投第 4 家期刊（本研究将其匿名为 Journal R）后，分别收到一次大修和一次小修建议，以及一次主编的文字编辑与校正。在投稿期间，尽管前三次遭遇拒稿后，她都对文稿做了一些改动，但主要改动仍集中于收到 Journal R 的审稿反馈，因此，本研究将重点关注她对该期刊的审稿反馈投入。

第一次反馈中，审稿人 1 和审稿人 2 提出了较多修改意见，主编定夺之后，做出了给予稿件大修机会的决定；第二次反馈中，审稿人 1 和审稿人 2 在同意接收的基础上提出了进一步小修的意见。第一次内容层面的反馈明显为针对形式层面和过程层面的反馈；第二次内容层面反馈仅略高于形式层面反馈。综观两次反馈，内容层面的反馈明显高于形式层面和过程层面的反馈。形式层面的反馈包括语言和设计两类，以语言为主。内容层面的反馈包括选题、文献、论证、理论背景和研究方法，第一次反馈中提及的选题、文献和理论背景问题未出现在第二次反馈中。第二次内容层面的反馈以论证为主，论证常涉及语言表达。过程层面的反馈则为审稿人1关于论文不适合发表的说明。

3. 刘婷收到的审稿反馈信息

本研究关注的英语学术论文是她的第一篇英语期刊论文，她原本以SSCI期刊为目标投稿，但两次被拒后，她决定转投一家"虽然是EI，但业界口碑很好"（刘-访谈）的国际期刊（本研究将其匿名为 Journal L）。该期刊审稿人分别提供了一次大修反馈意见和一次小修反馈意见，后文章被接收录用。幸运的是，这家期刊不久被列入SSCI期刊，刘婷通过这篇文章的发表也一次性达到了她博士毕业的发表要求。她的主要改动集中在针对 Journal L 的返修建议中，因此，本研究重点关注刘婷对该期刊的审稿反馈投入。

第一次反馈中，内容层面反馈多于形式层面反馈，第二次反馈中，形式层面反馈多于内容层面反馈；综观两次反馈，内容层面反馈和形式层面反馈的比重基本持平。第一次形式层面的反馈包括修辞语步、语言和设计三类，以修辞语步为主，这可以反映出作者在修辞语步方面存在较多问题。第一次内容层面的反馈包括标题、文献、论证、理论和研究方法五个方面，其中，文献和研究方法方面的问题较多。第二次形式层面的反馈以修辞语步为主、格式为辅，并有少量语言问题方面的反馈。在第二次内容层面反馈中，收到的负面反馈数量明显下降，内容层面的负面反馈比重明显降低。

4. 孙小蓉收到的审稿反馈信息

本研究关注的英语学术论文是她的第一篇期刊论文，目前向同一家SCIE期刊（本研究将其匿名为 Journal S）共投递过2次，均遭到了拒稿。第一次投递后，在收到拒稿信的同时，也收到了两位匿名评审人的反馈。时隔半年后，她将修改后的稿件再次投递到同一家期刊，再次收到了拒稿信，且由编辑直接拒稿，未送审，无审稿反馈。

在孙小蓉收到的唯一一次审稿反馈中，两名审稿人未直接提供接收或拒绝的意见，而是期刊副主编根据审稿反馈，给出了拒稿决定。其反馈内容较多聚焦于内容层面,如研究方法和论证逻辑。

孙小蓉收到的反馈中,仅有两条为归纳肯定,其余反馈均为具体意见,且以指出问题和提供建议为主,仅有少量直接修改和说明。形式层面和内容层面的反馈基本持平,仅有一条修辞层面的反馈,没有过程层面的反馈。形式层面的反馈聚焦于修辞语步、语言和格式,其中,修辞语步占主要部分。内容层面的反馈则围绕论证逻辑和研究方法,以研究方法为主。

第四节 数据类型和收集程序

本研究收集了多种来源的数据,包括访谈,作者收到的审稿反馈,作者的修改稿,作者致审稿人的回应,作者与导师、同学或其他论文合作者的书面沟通邮件,作者自发撰写的反思日志,等等,其中访谈包括基于文本的刺激回忆访谈和半结构化访谈等,详见表4-2。本研究的数据收集和分析工作均本着参与者的保密原则和自愿公开原则(陈向明,2000),笔者将研究目的、研究过程及数据使用等方面的内容书面告知参与者,并承诺对参与者的真实姓名和核心论文信息(如标题、主题词、发表期刊名称)等任何可能直接关联参与者真实身份的信息均以化名、代称等方式做保密处理,得到参与者的同意之后,才开展数据收集和分析工作,以确保研究符合研究的基本伦理。

表 4-2 数据收集总览

化名	时间跨度	论文稿件	书面与口头汇报	致审稿人的回应信	其他资料
郑彬	2018年1月—2019年5月	3份,共16983词	访谈3次,共151分钟,转写文字共31159字	2次,共4829词	审稿人评审意见、编辑修改说明、期刊技术检查结果、作者投稿信(Cover Letter)、作者关于技术检查结果的回应信

续表

化名	时间跨度	论文稿件	书面与口头汇报	致审稿人的回应信	其他资料
冉晶晶	2018年2月—2019年6月	3份，共25894词	访谈3次，共132分钟，转写文字共31692字	2次，共2281词	审稿人评审意见、编辑文字校对稿、作者与编辑的邮件往来、作者导师对稿件和回应信的批注
刘婷	2017年7月—2018年5月	3份，共23993词	访谈3次，共181分钟，转写文字共31912字；书面反思日志1份，共2720字	2次，共9707词	审稿人评审意见、编辑修改说明、作者的投稿信、作者与其老师的邮件往来、作者导师对稿件的批注
孙小蓉	2018年9月—2019年12月	2份，共7455词	访谈3次，共148分钟，转写文字共26815字	无	审稿人评审意见、期刊拒稿信

一、文本数据收集

由于本研究收集的文本数据频次和类型较多，为汇报方便，本研究对主要文本数据进行简称编码（见附录1）。各主要文本数据的发生时间与篇幅见附录2，主要文本数据总词数为96902词，数据自然发生的时间跨度为2017年7月1日至2019年12月4日。

四名研究生作者基本都在投稿的3个月内收到了审稿反馈，在随后的1个月至3个月内完成了首次修改；三名研究生作者在第二次提交稿件的1个月内收到了第二次审稿反馈，并在随后的1个月内完成了第二次修改。论文稿件的篇幅从3456词到9400词不等，致审稿人的回应信篇幅从433词到7384词不等，两名社会科学领域的研究生作者冉晶晶、刘婷的稿件篇幅相对较长，两名自然科学领域的研究生作者郑彬、孙小蓉的稿件篇幅相对较短。冉晶晶的文稿在第二次修改后词数增幅较大，其他作者的几份稿件词数变化幅度较小。

二、访谈数据收集

本研究的访谈类型包括半结构化访谈和基于文本的回溯性访谈。笔者采取逐步聚焦方式（progressive focus approach）（Woods, 1985）与每位研究参与者分别进行了三次访谈，第一次为半结构化访谈，第二次为基于文本的回溯性访谈，第三次为笔者分析已有数据后的补充访谈。

第一次访谈主题为作者既往学术研究与写作经历，涉及三个话题，分别为：① 作者的求学、二语学习和学术写作背景；② 作者英语论文写作与投稿的动机；③ 作者对于英语论文写作和修改的认识。本次访谈的目的为引入性的研究参与者背景调查及对作者已有体裁知识的了解。具体访谈问题见附录3。本次访谈的时间为研究参与者将修改稿和审稿反馈发送给笔者之前，对每位研究参与者的平均访谈时长约为45分钟。

第二次访谈主要基于作者收到的审稿反馈、论文原稿、修改稿及致审稿人的回应这四类文本进行，涉及三个话题，分别为：① 作者对审稿反馈的整体认识与印象；② 作者认知、情感、行为层面的具体修改过程；③ 作者对本次改稿的整体认识。本次访谈的目的是全面、深入地探究作者的审稿反馈投入。具体访谈问题见附录4。考虑访谈问题有可能成为刺激作者反思审稿反馈投入的干扰因素，为避免破坏作者处理反馈与修改文稿的自然状态与情境，本次访谈在笔者收到作者完整的审稿反馈、修改稿和致审稿人的回应之后开展，对每位研究参与者的平均访谈时长约为90分钟。

第三次访谈主题为作者基于初步数据分析之后的补充访谈，主要针对以下几种情况询问作者对审稿人期待的认识、采取或未采取改动的原因：① 笔者认为某条具体改动可能反映出作者某个层面的体裁知识使用，而之前的访谈中未提及，笔者需要向作者求证；② 作者未采纳的审稿反馈；③ 审稿反馈中未提及，但作者仍做出改动；④ 审稿反馈中虽然提及但未具体表明如何修改的地方，而作者做出了改动。本次访谈的目的是重点研究作者的某些具体修改行为及其背后的认知操作、元认知操作等，从而进一步揭示作者反馈投入中体裁知识使用的情况。具体访谈问题见附录5。本次访谈的时间为研究参与者将修改稿和审稿反馈发送给笔者之前，对每位研究参与者的平均访谈时长约为45分钟。

笔者在开展数据分析之前，对所有口头汇报的数据录音进行了转写，访谈录音转写稿总字数为 121578 字（访谈转写稿示例见附录 6）。为便于后续追踪和引用，笔者对每次的访谈转写稿按行数进行数字标注。

三、日志及其他数据收集

本研究本着不对作者投入审稿反馈的过程进行任何研究者人为干预的原则，并未要求研究参与者在返修过程中进行任何的被动反思记录。但是，其中一位研究参与者刘婷表示自己有在网络社交媒体上撰写生活和学习日志的习惯，因此，笔者将这一自然发生的、有关其论文修改经历的反思日志（见附录 7 选段）同样作为文本数据进行收集。

为方便对用于分析的文本和访谈数据进行三角论证，笔者还收集了其他所有与他们的这篇论文修改相关的任何形式的数据，如所有研究参与者在稿件投递前的数次草稿，导师或其他老师、同学对这些稿件的书面反馈，研究参与者与编辑或其他人关于此篇论文修改的社交媒体（如微信、邮件）通信记录，研究参与者辅助其投稿过程的期刊和科研选题记录，目标期刊对稿件的技术核查（Technical Check）记录及研究参与者对此的回复，等等。

第五节　数据分析

如上节所述，本研究的主要数据分为：① 自然发生的书面形式的文本数据，如审稿反馈、修改稿、致审稿人的回应及研究参与者的书面反思日志等；② 笔者通过刺激回忆法和半结构化访谈，从研究参与者处获得的口头数据。本节的数据分析主要针对以上六种主要数据来源，而用于三角论证的辅助性数据，如研究参与者与导师、同学、编辑的各种形式的文字沟通记录，将不列入本节数据分析的范围之中。

笔者先单独分析了每种类型的数据，然后再将各类型数据比对分析，以求发现其之间的关联，从而确保质性研究的真实性和可信度（Guba & Lincoln，2005）。

一、数据分析总思路

本研究对访谈转写数据采取类属分析模式（陈向明，2000），首先基于文献阅读的基础确定意义单位，整合若干主题的编码分析框架，再通过反复循环的数据阅读、标注和分类，将意义相近的单位和主题进行聚合，对反复出现的现象进行归类（Miles & Huberman，1994）。基于此，本研究继续进行轴向编码，通过推导和演绎不断挖掘各因素之间的逻辑关系，提炼、润色各维度和各子类别及它们的性质与具体描述等，直到在数据中没有发现新的子类别，由此验证、补充和完善初始编码框架。具体来说，笔者对各类主要数据来源的分析路径如图4-1所示。

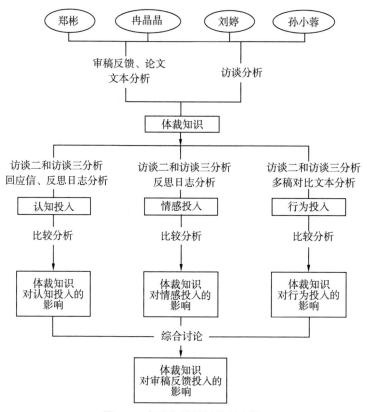

图4-1　本研究的数据分析路径

首先，由于体裁知识具有社会认知性和动态性，这意味着，作者对体裁知识的掌握情况无法单纯从研究者视角的文本分析中获得，还需要通过作者本人对修改的解释才能够体现。

因此，笔者一方面对审稿反馈和修改内容进行文本分析，挖掘作者形式和内容体裁知识层面的文本呈现；另一方面，从作者本人关于修改所做出的口头或书面解释中获悉作者的体裁意识，尤其是修辞体裁知识和过程体裁知识层面的意识，这些对修改做出的说明包括致审稿人的回应、作者本人自发撰写的改稿日志和访谈数据。需要特别指出的是，审稿反馈这一文本数据虽并非来自本研究参与者，但是刺激本研究其他数据发生的重要起源和语境因素，因此，也需要对审稿反馈本身进行分析。

再者，本研究利用反馈投入的认知投入和情感投入分析框架对作者的访谈数据进行分析，利用行为投入框架对作者的文本修改进行分析，再与体裁知识层面的各类别对比，从而发现它们之间的内部关联。故而本研究中同一段数据可能出现多个类型的编码标注，这也恰恰体现了各类别编码之间的内在关联（杨鲁新等，2019），说明本研究中反馈投入与体裁知识两大主题之间存在联系。基于数据的语境、条件和结果，笔者进一步分析各类别之间的内在关系，从而进一步探究作者审稿反馈投入中体裁知识的使用情况。

二、认知投入的数据分析

根据本研究的操作定义，对认知投入的分析主要包括两个维度：一是作者对审稿反馈中所指出的问题的理解深度，包括注意问题和理解问题两个层级；二是作者的认知调节，包括认知操作和元认知操作两个维度。

1. 理解深度分析

如表 4-3 所示，以下编码框架基于韩和海兰德（2015）中对问题理解深度的编码框架所设计。

表 4-3　审稿反馈理解深度编码框架（基于 Han & Hyland，2015：43）

类别	描述	示例
注意（noticing）	作者注意到反馈中审稿人所指出的问题	什么叫没有 properly reviewed（合适地回顾）？是没有涵盖，我是漏掉了主要文献，还是说我没有对它进行点评？（冉-访谈）
理解（understanding）	作者能够成功诊断问题的本质，能够提供准确的解释	审稿人提出来的时候，是属于一个交流性质的。（郑-访谈）

需要指出的是，这两个编码类别是存在层级关系的，理解问题一定包含了注意问题，而注意问题不意味着理解问题。在本研究数据分析中，

为做出明确分类,注意问题特指作者注意到问题却不理解问题的情况。

2. 认知调节分析

现有反馈投入研究中,并未对认知操作和元认知操作的具体类型做出分类,而关于语言学习者的认知操作类别,研究者(Oxford,2017)指出其主要包括运用感官理解和记忆、激活或调用已有知识、基于已有知识和反馈进行逻辑推断、对细节进行深入剖析或归纳概括、基于事实和逻辑对事件的发展进行预测等。其中,如运用感官理解和记忆,与体裁知识没有直接关联,因此不列入本研究的数据分析范畴之内;而激活或调用已有知识、基于已有知识和反馈进行逻辑推断与本研究话题直接相关,也属于格林(2015)所界定的"深度投入"范畴之内。

对于本研究而言,分析作者投入中具体采用的认知操作并非本研究的最终目标,本研究的核心在于探究体裁知识对他们的认知操作有何影响。而根据格林(2015)等学者对认知操作的定义和分类,认知操作——尤其是深度投入中的认知操作本身已经包含了对已有知识的积极使用和对新知识的建构与发展。可见,为探究体裁知识对认知投入的影响,则需要分析在作者的认知操作中,包含了对哪些类型知识的积极使用,以及建构和发展了哪些类型的新知识。因此,笔者据此对认知操作进行编码。同样地,元认知操作本身内涵丰富,可以包括计划、监测、评估等多个环节,而出于本研究目的,我们仅关注与体裁知识使用或发展相关的元认知操作,即基于某维度的体裁知识做出的计划、监测和评估。最终本研究形成认知调节编码框架(表4-4)。

表4-4 认知调节编码框架

类别	子类别	描述	举例
认知操作	利用已有体裁知识	将反馈与作者已具备的知识建立联系,从而理解反馈	他说没有用任何的……对,但是这个我们可以解释,因为有[数值]%来提的话,就是为了保证让它的[术语A]和[术语B]都可以提出来(孙-访谈)
	发展新体裁知识	针对某种缺少的体裁知识,建构和发展新知识	你写的同时,还要保证读者的是,要假定读者是不知道这个领域的,你要把所有的事情解释清楚,并且还有一定的可读性(刘-访谈)

续表

类别	子类别	描述	举例
元认知操作	计划	计划自己的修改步骤、修改方案等	我会先回答问题，我不会先去改论文（郑-访谈）
	监控	对改动过程进行有意识的监测和控制	这些错误到出版过程中都是能解答出来的，所以在客观上是把那个当作最后一关。（郑-访谈）
	评估	对改动的效果、优缺点进行自我反思和评价	到底 meaningful（有意义）是什么，其实我也并不——我理解得不好（刘-访谈）

对研究参与者的口头报告或访谈数据进行分析时，同一段数据可能既能体现作者对问题的注意或理解，也能体现某种认知操作或元认知操作。同样，由于致审稿人的回应、书面反思日志、刺激回忆报告和半结构化访谈这四种数据均展现了研究参与者本人对其自身反馈投入的解释，因此，该分析框架用于这四种数据的分析。

三、情感投入的数据分析

本研究基于已有情感反应分析框架（Pekrun & Linnenbrink-Garcia, 2012；韩晔、许悦婷，2020），对四名作者的情感反应进行分析；基于关于高校教师科研情感策略的分析框架（Gross, 1998a；古海波、顾佩娅，2019），对四名作者的情感调节策略进行分析。访谈转写和反思日志的数据分析主要采取编码标注、主题整合的方式，用于：① 情感反应分析，② 情感调节策略分析。

1. 情感反应分析

基于已有情感反应分析框架（Pekrun & Linnenbrink-Garcia, 2012；韩晔、许悦婷，2020），本研究根据情感的指向目标、效价和活跃度，对情感反应进行编码，分析示例见附录8。同时，结合本研究访谈转写和反思日志的数据，笔者采取编码标注、主题整合的方式，整合出作者情感反应的新分析框架，如表4-5所示。

表 4-5　情感反应编码框架

分类		具体情绪	示例
结果相关情绪	回顾性结果相关情绪	崩溃 （负性高唤醒）	我（被拒）一开始**非常崩溃**（刘-访谈）
		绝望 （负性高唤醒）	经过两次论文的拒稿，然后**绝望**的时候去找她（刘-访谈）
		惊吓 （负性高唤醒）	主要是在文献回顾部分，他认为我缺失了文献或某某一块的——因为这是很致命的，以及研究方法问卷这一块，**最吓人**就是问卷，特别致命，所以当时其中一个审稿人直接要求拒稿，就是因为我的问卷（冉-访谈）
		沮丧 （负性低唤醒）	第二个 reviewer（审稿人）他就会有一些非常否定性的词汇，就是——这个肯定是**非常沮丧**（刘-访谈）
		失望 （负性低唤醒）	（收到拒稿信时，）还是觉得是**有一点点失望**，因为我一开始是想用这篇文章毕业的（孙-访谈）
		委屈 （负性高唤醒）	我是觉得**委屈**，因为我觉得我所有关键的文献都回顾到了，我没有漏掉任何的点，我不知道这一点该如何修改（冉-访谈）
		平静 （正性低唤醒）	……属于专业交流性质的意见，这种通常就会**态度比较平和**，因为我毕竟论文是自己写的，自己在这方面是不能说最权威，也是最起码比他了解的，所以说这方面的意见没有什么太难了（郑-访谈）
		幸福 （正性中唤醒）	……然而，（没有被拒的）幸福感是短暂的（刘-反思日志）
		高兴 （正性高唤醒）	（拿到审稿反馈的时候，）心情其实是**高兴**的，因为我没有被拒掉（冉-访谈）
		欣慰 （正性中唤醒）	对比来说，看到第一个 reviewer（审稿人）给我的 yes（接收），还是挺**欣慰**的（刘-访谈）
		受到鼓舞的 （正性高唤醒）	两个 Major Revision（大修）！两个审稿人都是大修！没有拒！**还有希望**！（刘-反思日志）
	前瞻性结果相关情绪	忧虑 （负性高唤醒）	实验方面……就目前这么点东西，就觉得**不足以支撑自己的理论**，然后你知道吗——就是科研**怎么这么难**（孙-访谈）
		漠然 （中性低唤醒）	我毕业的硬性条件已经达到了，我**不在乎**——我毕业不等于——不急用这一篇文章（郑-访谈）

续表

分类	具体情绪	示例
活动相关的情绪	满足 (正性低唤醒)	修改的过程当中，虽然很难，很不好改，但是就**觉得自己还行**，就那种感觉，有一点点自信（刘-访谈）
	放松 (正性低唤醒)	（博二就达到毕业的发表要求了）之后对审稿人，就是我比别人更**轻松**，完全是以交流的态度给他们进行回复了（郑-访谈）
	抵触 (负性低唤醒)	就是**拖着迟迟不想修改**，真的就是迟迟不想修改（郑-访谈）
认识性情绪	焦虑 (负性高唤醒)	我就觉得**难的是可以静下心**来去写（孙-访谈）
	疑虑 (负性高唤醒)	我特别怀疑我自己论文的创新性，就是意义性，就是 meaningful（有意义）这种——我说我这个论文到底有没有啊（刘-访谈）
	高兴 (正性高唤醒)	但是**我很高兴的**是，我自己通过学习英文写作，自己给自己润色（刘-访谈）
	困惑 (负性高唤醒)	他们说我的句子不够 formal（正式）……很困惑（冉-访谈）
	惊讶 (负性高唤醒)	我真的是在意料之外的点就是语言，虽然我知道我的语言不如本族语使用者的好，但是我也**万万没有想到**他们会提出 style 方面的问题，因为我始终觉得自己的句式结构都是属于很 formal（正式）的语言，但是他们仍然觉得不够（冉-访谈）
	烦恼 (负性高唤醒)	我整篇论文其实很简单，所以他让我写一个很 meaningful（有意义）的 conclusion（结论），确实**让我头痛了一阵子**（刘-访谈）
社会性情绪	认同 (正性中唤醒)	我感觉审稿人审得还蛮仔细的，没有敷衍了事那样子（孙-访谈）
	感激 (正性高唤醒)	从题目、摘要、引言、文献综述、方法论、研究设计、结论、讨论、总结到图表的使用、英语语言的表达，每一部分都有审稿人深刻、犀利、直指人心的批评。就好像我的两位匿名的导师，在恨铁不成钢（刘-反思日志）
	畏怯 (负性中唤醒)	我不敢……我没有学术自信，我不敢说这块是研究空白，而且在国内汉语的论文国外他们是看不到的（冉-访谈）

续表

分类	具体情绪	示例
社会性情绪	敬佩 （正性中唤醒）	这点出论文的薄弱点，比较难改的意见是比较重视的，也**很敬佩**审稿人——是专家，所以说对他的意见也会比较重视（郑-访谈）
	抱怨 （负性高唤醒）	觉得审稿人他其实——我甚至认为他没有什么可说的，就是硬是鸡蛋里挑骨头……我就**一肚子抱怨**，所以越想越觉得不是我的错，**是对方的错，就是对方在故意在刁难我**（冉-访谈）
	共情 （正性中唤醒）	我是给他（指审稿人）一点心理安慰，**照顾一下他的情绪**（郑-访谈）

该分析框架中所列出的情感分类与前人研究中的编码框架主要存在两处不同：一是原框架中"结果相关情绪"和"活动相关情绪"被列入"学业情绪"的范畴之下，但由于本研究语境并非针对校园环境中的学业表现，因此，本研究编码框架并未使用这一类别的命名，而是直接用"结果相关情绪"和"活动相关情绪"指代审稿反馈投入的结果和过程相关的情绪；二是根据本研究参与者所表现出的实际情绪反应，该分析框架中所呈现的具体情绪类别与前人的框架存在差异。另外，需要指出的是，在不同的情感指向目标类别之下，可能会出现相同的具体情绪，如"高兴"同时出现在回顾性结果相关情绪和认知情绪中，二者存在区分，前者指因为已达成预想目标而高兴，后者指因为自己在认识上的增长而高兴。

2. 情感调节策略分析

尽管古海波、顾佩娅（2019）的研究对情感调节策略进行了进一步具体划分，囊括了适应、交流、抑制、放松、采取行动等一系列具体的调节行为，但其中采取行动和交流已属于修改行为调节，在本研究中属于作者的行为投入，因此，为避免对数据的重复讨论，本研究仍沿用了早期的五类基本情感调节策略（Gross，1998b）。这种分类方式上的可重叠性也恰恰反映出情感投入与行为投入的重合交融。

结合本研究访谈转写和反思日志的数据，笔者采取编码标注、主题整合的方式进行数据分析，并对原有框架进行了一定调整。例如，由于在本研究中没有发现与隔离、放松等类别相对应的数据，因此，笔者将这些类别从本研究的情感调节分析框架中删除，最终形成的情感调节策略分析框架如表 4-6 所示。

表 4-6　情感调节策略编码框架

类别	具体策略	示例
先行关注调节	情境选择	因为感觉不好改，可能会**一直拖到最后期限（deadline）的前几天**，感觉再不改就来不及了。然后这种情况下，我也不追求一个完美的修改和完美的回复了，只要有个回复就行，**这种情况下才会修改得下去**，要不然一直会想着不好改、不好改，怎么改也改不好，这种还没有动力（郑-访谈）
先行关注调节	注意分配	看到审稿意见的那么一瞬间，会有一点点沮丧，但是看完再调整一下，很快地就能够**把注意力放到它的修改上面去**，就不会再去纠结我怎么又被拒了，我怎么写得不好，怎么怎么样，这种沮丧的情绪会很快地过去（冉-访谈）
先行关注调节	认知重构	如果是其他人为了发表论文而去改，他可能去外面找一个很快速的，一周之内我就改完了，对吧。但是他少了自己学习的一个过程。所以，**我的克服就是**，不要想那么多，然后**把它当成一个学习**，然后就不会去讲到底浪费了多长时间什么的（刘-访谈）
反应关注调节	反应调节	时间就这样流逝，我没有新的成果，第一篇论文写完后好不容易建立起来的自信心消失殆尽，距离我完成初稿已经有差不多一年。这也是导致我去**求助心理医生**的直接原因（刘-反思日志）

四、行为投入的数据分析

根据本研究的理论和分析框架，行为投入维度的数据分析包括文本改动数据分析和修改行为调节分析两个方面。前者主要为多稿文本对比分析，用于：① 文本改动的语言单位分析；② 修改行为的分析；③ 文本改动的体裁知识呈现分析。

如表 4-7 所示，在改动语言单位上，本研究删除原研究中的"段落"类别，新增"其他"类别，因为段落的整体改动在本研究数据中不明显。另外，在本研究的文稿中，经常出现对页面设计、图表设计的改动，这不属于任何一种语言单位，因此将其列入"其他"这一类别。

表 4-7　文本改动语言单位的编码框架

类别	举例（改动处加粗标注）	
	修改前	修改后
标点符号	Where z—is the distance from [TERM] to [TERM], [x]; [Y] is coefficient determined by [TERM] and [TERM]. (郑-稿2)	Where z is the distance from [TERM] to [TERM], [x]; [Y] is coefficient determined by [TERM] and [TERM]. (郑-稿3)
单词	You two don't know each other very well and have met only a few times. (冉-稿2)	You two don't know each other very well and have met only **for** a few times. (冉-稿3)
短语	**To alleviate the difficulty of [TERM] and proposal,** [TERM] is adopted in [TERM]. (郑-稿1)	[TERM] is adopted in [TERM]. (郑-稿2)
从句	Moreover, the second question allows a respondent to identify the importance of each [TERM], marked as 'Very important', 'Important', 'Moderately important', 'Less important' or 'Not important'. (刘-稿1)	Moreover, the second question allows a respondent to identify the importance of each [TERM] **if it is adopted in a meaning way**, marked as "Very important" (5-point), "Important" (4-point), "Moderately important" (3-point), "Less important" (2-point) or "Not important" (1-point). (刘-稿2)
句子	**Because** our experience seemed to indicate that [SUBJECT] use [TERM] usually according to their respective [TERM], **they** are quite likely to be very sensitive to the [TERM ES] difference between each other. (冉-稿1)	**The first two factors are the main variables, for** our experience and observation seemed to indicate that [SUBJECT] use [TERM] usually according to their respective [TERM], **and** are quite likely to be very sensitive to the [TERM] difference between each other. (冉-稿2)
其他	Table 1 横向、纵向类别排列调整 (冉-稿1)	Table 1 横向、纵向类别排列调整 (冉-稿2)

1. 文本改动操作的分析

根据本研究关于反馈行为投入的操作定义，对反馈行为投入的分析主要指对文本修改情况与反馈内容的对比分析。修改的操作或行为与作者的修改策略和意识直接关联，反映出作者在修改上投入的精力，是作者使用体裁知识和进行反馈行为投入的实际手段，因此有必要纳入反馈行为投入的研究中。由于本研究旨在通过分析学生的修改探究体裁知识在其中的使用情况，因此为充分探索体裁知识与作者修改可能存在的关联，本研究将从改动操作和改动的语言单位两个层面对文本修改进行分析。由于张和海兰德（2018）的研究更适用于纠错反馈下的修改分析，而闵（2006）对修改的研究超越了单纯的语言形式层面，因此本研究对文本改动操作和改动语言单位的分析基本沿袭了闵（2006）的分类框架。

如表4-8所示，在改动操作上，本研究将原来的重组、扩展、合并项删除，原因在于，这不仅涉及形式上的改动操作，还涉及对原文的意义理解，而本研究对文章意义的变动将从体裁知识角度进行分析，本研究结合数据分析的实际情况，新增了"位移"这个类别。

表 4-8 文本改动操作的编码框架

类别	描述	举例（改动处加粗标注）	
		修改前	修改后
增加	增加了新的语言单位，且未取代任何原有语言单位	The present study was not designed to analyze any [TERM] with specific [FACTOR] or [FACTOR] of a particular area in [COUNTRY]. (冉-稿2)	**However,** the present study was not designed to analyze any [TERM] with specific [FACTOR] or [FACTOR] of a particular area in [COUNTRY]. (冉-稿3)
删除	删除了旧的语言单位，且该信息未在其他地方出现	The [TERM] is strong and effective **and [TERM] in the [CASE] is reduced over [NUMBER]%**. (郑-稿1)	The [TERM] is strong and effective. (郑-稿2)
替换	在相同位置用新的语言单位替换旧的语言单位	So, [TERM] is **effective in the** [TERM] **of** [TERM] in high [TERM]. (郑-稿2)	So, [TERM] is **still an effective measure to** [VERB] [TERM] in high [TERM]. (郑-稿3)
位移	改变原语言单位的位置	第六部分"讨论"，第四段中：As [AUTHOR] and [AUTHOUR] (2011) studied, most people are willing to pay more for [TERM], but they are also very price sensitive. (刘-稿1)	第二部分文献综述2.2.3节段首：as [AUTHOR] and [AUTHOUR] (2011) studied, most people are willing to pay more for [TERM], but they are also very price sensitive. (刘-稿2)

2. 修改行为调节分析

基于前人的研究发现,本研究对修改行为调节的初始编码框架包括两个类别:① 利用语境资源;② 管理修改时间。随着对数据的反复阅读和数据分析的深入,每个类别下的子类别不断得到充实,如表 4-9 所示。

表 4-9 修改行为调节编码框架(基于 Han & Hyland,2015;Oxford,2017)

类别	子类别	举例
语境资源的利用	查阅资料	我把这个书从头到尾看了一遍(刘-访谈)
	使用软件	用 *Grammarly* 把语法再……(刘-访谈)
	求助于有发表经验的同伴或教师	没有具体的问题,就是自己非常绝望的时候。经过两次论文的拒稿,然后绝望的时候去找她(刘-访谈)
	求助于与论文发表不直接相关的社交关系	这也是为什么导致我看心理医生的原因(刘-访谈)
修改时间的管理	文档整理	反正导师的每一稿的反馈,我都有一个习惯,保留下来,然后记上日期(冉-访谈)
	集中时间修改或学习	我就是这个论文,我大块时间在做这一件事情,所以集中火力在攻这篇论文(冉-访谈)
	安排片段时间修改或学习	我一般是按段落去改,可能我今天改第一部分(section 1),然后明天改文献回顾(literature review)之类的(刘-访谈)
	利用碎片时间	比如在食堂吃饭的时候,我不把手机掏出来,或者手机我不带的话,这张纸我都是在的。不管怎么样,不管在纸上、在手机上,我都是随身带着(冉-访谈)

五、体裁知识的数据分析

由于本研究旨在探究研究参与者体裁知识对各个维度反馈投入的影响,因此,在访谈和文本等各类型数据中,对体裁知识的分析将贯穿始终。塔蒂(2019)结合体裁为基础的二语写作课堂实践,对各维度的体裁知识的子类别做出详细描述和举例。其中,形式知识包括修辞语步、语言特征、设计和多模态元素,语言特征还可进一步分为语法特征、词汇特征和词汇语法特征;修辞知识包括作者对修辞情境、话语团体、身份的认识；过程知识包括对体裁关系网、体裁创作和体裁发布与分享过程的认识。

需要说明的是，考虑体裁知识的动态性，各维度知识之间仍彼此关联。例如，修辞语步虽被划分于形式知识之内，但同时与相应体裁的内容规约和修辞知识密切相关；同样被划分入形式知识之内的词汇语法特征也隐含了作者的修辞目标（Tardy，2019）。但出于研究的便利性，我们仍将这些知识进行独立分析。

1. 文本改动的体裁知识呈现分析

本研究关注审稿反馈投入过程，这意味着作者需要对文本中所出现的体裁知识问题进行修改，因此，本研究将塔蒂（2019）原体裁知识分类中的"语言特征""语法特征""词汇特征""词汇语法特征"改为"语言问题""语法问题""词汇问题""词汇语法问题"。

由于内容知识维度关系特定的学科领域规约，因此对内容知识层面的进一步分类和描述需要结合体裁使用的具体语境才可明确。本研究语境为国际期刊英文发表，因此，本研究结合前人研究中国际期刊英文发表语境下的反馈内容分析（Mungra & Webber，2010），对国际学术期刊论文这一特定体裁的知识类别和具体描述进行调整，将反馈内容概括为文献、论证逻辑、理论背景或基础、研究方法四个类别。据此，本研究整合两个框架，形成审稿反馈和文本修改的内容分析框架（表4-10）。

表4-10 文本改动的体裁知识呈现编码框架

类别	子类别	描述	举例
形式	修辞语步	具有某种模式化交际功能的"话语或修辞单位"（Swales，2004：229）	第7节"结论"中"Further research could use a larger [TERM] and more rigorous [ANALYSIS] to explore the synergies among the identified [FACTORS]."改为："Besides, the basic framework could help the further research to use a larger [TERM] and more rigorous [ANALYSIS] to explore the synergies among the identified [FACTORS]."（刘-稿2、稿3对比）

续表

类别	子类别	描述	举例
形式	语言	语法问题：语法规则、语态、缩写、句子结构、从句、停顿等（Tardy, 2019: 49） 词汇问题：术语、俚语、首字母缩写等（Tardy, 2019: 51-52） 词汇语法问题：模糊限制语、语气增强语、评价性形容词、人称代词元话语、引述动词等（Tardy, 2019: 54）	第三节"结果与讨论"中 the ration of ［X］and ［Y］volume 改为：the ratio of ［X］and ［Y］volume（郑-稿1、稿2对比）
	设计	页面布局、图表设计（Tardy, 2019: 54）	稿2增加行号（郑-稿1、稿2对比）
	格式	字体字号、文献引用规范	"文献列表"中［25］［AUTHOR 1］,［AUTHOR 2］,［AUTHOR 3］,［AUTHOR 4］,［AUTHOR 5］,［AUTHOR 6］,［AUTHOR 7］,［AUTHOR 8］. Development and design of …改为：［25］［AUTHOR 1］,［AUTHOR 2］,［AUTHOR 3］, et al. Development and design of …（郑-稿2、稿3对比）
内容	选题	话题的研究价值和意义	第一节"引言"中，增加句子：However, there has been a lack of empirical studies exploring the ［FACTOR］ influencing ［TERM］ in the ［COUNTRY］ context. The findings derived elsewhere cannot apply to ［COUNTRY］ as the ［FACTOR］ for ［TERM］ vary according to different ［A］,［B］ and ［C］ contexts.（刘-稿1、稿2对比）

续表

类别	子类别	描述	举例
内容	文献	文献不完整,对其他作者的错误科学阐释,论点与前人研究缺少联系(Mungra & Webber,2010:48),与前人研究不符	在第二节"文献背景"中,增加段落:Studies on [TERM] used in [SETTING] are mainly concerned with those used to [do Y]. For instance, while [AUTHOR] (2008) studies how and why …, most scholars direct their attention to [TERM Z] to …, [doing X] (e.g. [AUTHOR] 2014) or [doing Y] (e.g. [AUTHOR] & [AUTHOR] 2007). (冉-稿1、稿2对比)
	论证逻辑或论证充分性	论点与论据之间缺少联系,存在程序上的缺陷或不严谨(Mungra & Webber,2010:48),论证偏离主题	删除稿1第一节"引言"中的句子:"Current [TERM] in the main cities, especially [COUNTRY], have identified a need to improve [TERM] and incorporate [TERM] in [TERM]."(刘-稿1、稿2对比)

考虑在从体裁知识(Tardy,2009,2019;Tardy et al.,2020)角度对文本进行分析时,不改变文本意义的改动往往反映了作者基于形式知识进行的改动,而改变意义的改动反映了作者基于内容知识进行的改动,因此,对文本改动内容的类型区分能够直接体现体裁知识使用和反馈行为投入的结果。此外,由于体裁知识在文本中可能体现在标点符号、单词、短语、从句、句子等语言单位的各个层面,语言单位同时是作者体裁知识和反馈行为投入的实际载体,因此,对修改的语言单位的统计分析可以反映体裁知识落实到文本层面的具体体现。而本研究体裁知识的分析框架中,形式知识维度和内容知识维度的具体类别既可体现文本改动内容,又可体现修改的实际载体,因此,这两个维度的内容将用于文本修改的分析。

2. 口头与书面汇报中的体裁知识分析

依照上述分类框架类别,在参与者的口头与书面汇报中,同样对作者所表现出的体裁知识进行编码(表4-11)。

表 4-11　口头与书面汇报中的体裁知识编码框架

类别	描述	举例
形式知识	语步、语法、词汇特征、设计方面的知识	我觉得（［TERM 1］和［TERM 2］）是有差别的。另外一个还有原因是因为我在 Y 国的时候，他们都是用的［TERM 1］……我的 Y 国外导他就自称是，我是你的［TERM 1］，也可以是你的［TERM 3］（冉-访谈）
内容知识	学科相关知识	这个已经是做过的实验了……因为有［数值］%的话，就是为了保证让它的［要素 1］和［要素 2］的都可以提出来。这个是我们当初的一个理论根据（孙-访谈）
过程知识	学术期刊论文创作、修改、发表的过程知识	这个期刊的出版服务非常好，我们在 proof 过程中，它会做一遍很细致的检查，这些错误到出版过程中都是能检查出来的（郑-访谈）
修辞知识	目标学科话语团体、修辞情境、作者身份等知识	这个描述写的在［术语］这个方面，这不算一个专业术语，这相当于我自己组的一个专业术语，别人可能看不懂。所以就把它改成一个别人能看懂的（郑-访谈）

第六节　研究效度保障

笔者从多个方面保证数据的真实有效性及数据分析的严谨性。

第一，本研究的数据包括多种来源、多样形式，实现数据的三角论证。除了作者向期刊投递的原稿和修改稿，笔者还请研究参与者尽可能提供在修改过程中的数次修改稿，包括作者自行修改的稿件和经导师或其他老师修改批注的稿件。这些稿件虽未用于本研究的直接数据分析，但为作者投入审稿反馈的过程提供了书面佐证，在研究参与者提及其修改过程中向他人寻求修改帮助，或谈及对某条内容的反复修改时，这些稿件为他们的口头报告数据提供了查验依据。

不可否认，由于被访者出现记忆偏差这一可能性的存在，这种回溯性的访谈和自我汇报存在一定的局限性（Reiff & Bawarshi, 2011）。但是，本研究的研究目标并非追踪学生写作的具体认知过程，而是了解学生对自己处理反馈并进行修改的过程的认识（Negretti, 2017），因此，这种数据收集方法是符合本研究的研究目标的。同时，考虑学生对自己认知过程的回溯性报告存在的这一局限性，笔者在访谈中要求被访者基于文本，根据其回溯性报告的内容，找出文中相对应的具体位置，进行支撑和佐证。

第二，笔者先单独分析每种类型的数据，然后再将各类型数据比对分析，以求发现其之间的关联，从而确保质性研究的真实性和可信度。（Guba & Lincoln，2005）本研究邀请两名博士研究生对10%的数据进行编码分析，以检验各编码框架，结果达到90%的一致性，对于不一致的地方，通过协商，与两名研究者达成一致。

第三，笔者还采取参与者查证的方式来确保数据的准确性。在完成初步数据分析后，笔者将初始报告发送给研究参与者，请他们进行查验，如果他们提出异议之处，则进行调整和补充。

第七节　研究者的角色

笔者作为研究者发挥着工具作用（陈向明，2000），例如，在访谈中避免提出引导性问题。如本章第三节部分所述，尽管笔者在确定最终研究参与者的过程中经历了很多挫折，但是，在接触这些潜在的研究参与者过程中，笔者的访谈技巧也在不断成长。由于本研究的研究参与者大多与笔者年龄相近、学历背景相似，因此，笔者在访谈和反思的过程中，容易将自己的经验带入，或是基于自己的学习和生活经历产生某种偏见。笔者反思自己存在的这些偏见之后，有意识地放下偏见，更真诚和客观地与研究参与者沟通。一方面，笔者需要摈弃偏见，将自己投入研究参与者的生活与学术经历，站在他们的角度去真正理解他们看待问题的视角；另一方面，笔者也需要将自己从他们的经历与自己的直观感受中抽离出来，发挥好自己作为研究工具的作用，在接触访谈对象和分析数据的过程中，保持客观、冷静和理智的态度。另外，笔者注意到了自己研究能力的不足，在第九章第三节反思了自己的个人背景对解释研究发现的影响。

第五章
二语作者体裁知识对认知投入的影响

认知投入是学生投入审稿反馈的维度之一。本章回答第一个研究问题：四名研究生的学术体裁知识如何对他们的认知投入产生影响？本章第一节汇报体裁知识对作者理解审稿反馈中所指出问题的深度的影响，第二节汇报不同维度的体裁知识对作者处理审稿反馈过程中认知操作和元认知操作的影响，最后一节为本章总结。

第一节 体裁知识对理解深度的影响

通过对作者文本改动的类别和访谈数据的分析，本研究发现，作者在认知上投入审稿反馈时，理解审稿反馈的深度各不相同。熟手作者能够调用多层面的体裁知识，因此既可以注意审稿反馈中所指出的问题，也能够理解审稿人意图；新手作者或由于缺少与审稿反馈相匹配的形式知识和内容知识，无法理解反馈中的问题，或由于缺少修辞知识和过程知识，无法准确理解审稿人意图。

一、注意问题

本研究中，作者"注意问题"，是指作者尽管注意到审稿反馈中所反映的问题，但未能完全理解审稿人为何提出某一问题，无法独立解决这一问题。这种情况可能说明作者需要依赖修改所需的过程知识，对自己的体裁知识储备重新评估与反思，基于对读者期待的理解，才能准确调用已有内容知识和形式知识，发展欠缺的相关内容知识或形式知识。

例如，基于审稿人关于语言方面的反馈，"按领域的技术语言标准衡量，这篇文章词不达意"（The paper does not express its case when measured against the technical language of the field.）（刘-大修-审稿人2），刘婷意识到文章的语言表达存在问题，使用了 Grammarly（"语法校正软件"）对全文的语法错误进行了校对。但是这些改动并未令审稿人满意，在第二次反馈中，审稿人表示："文章所用的语法并不像作者（们）声称的那样得到了改进。"（The grammar used has again not been improved upon as claimed by the author/s.）（刘-小修-审稿人2）即使作者意识到问题的存在，也并不意味着他们可以采取正确的解决方案。成功地处理反馈，除了需要作者通过元认知评估操作，调整对自身体裁知识发展程度的判断，还需要补足缺失的内容知识或语言知识。

仅注意问题而无法理解问题这种情况常出现在间接的评价性反馈中，可能意味着作者形式知识或内容知识方面的缺乏，也可能意味着需要作者调用一定的过程知识才能理解。

例如，冉晶晶收到审稿人1的反馈"相关重要文献没有被很好地回顾"（Relevant key studies are not properly reviewed.）（冉-大修-审稿人1），她表达了不解："什么叫没有 properly reviewed？是没有涵盖，是我漏掉了主要文献，还是说我没有对它进行点评？"（冉-访谈）基于这条反馈，冉晶晶对文献回顾方面的内容知识重新进行了自我评估，但是当她否定了自己对文献的把握程度存在问题后，便无法接受审稿人的这一评价。

之后她求助导师，她的导师并未继续评价她的论文本身究竟是否存在问题，而是分析了审稿人提供该条反馈的意图：

人家之所以说得很笼统，也许有两个原因。一个原因是你真的问题太多，人家已经没有办法挨个跟你讲——你自己去想；也有可能是有很多种改法，但是他也不确定哪一种改法更好，所以他就是提出来你文献回顾得不好，但是具体要怎么回顾，你可以自己去做——但是你只要有相应的修改，对方应该都能够接受。（冉-访谈）

导师对审稿人意图的解释使冉晶晶的疑惑得以消除，她根据自己对文献的理解，在研究背景和讨论部分各自补充了若干条文献回顾与评价，完成了改动。可见，冉晶晶不理解这条反馈，根源并非在于她缺少文献搜索的技能或缺乏对学科文献的理解，而是不了解审稿人提出该问题的用意。

二、理解问题

当作者能够完全理解审稿反馈时,则意味着作者不仅理解反馈中所指出的论文本身的文本呈现形式或研究内容方面的问题,还理解审稿人提出某条反馈的真实意图。

例如,郑彬面对反馈"等式1考虑[术语A]和[术语B]之间的……效应了吗?"(Does equation 1 considers the ... effect between [Term A] and [Term B]?)(郑-大修-审稿人2)时,一方面,基于对其研究内容的了解,他认为自己已经考虑该耦合效应,因此在回应信中对审稿人2的疑问做出解释。另一方面,他基于审稿人2提出的所有反馈,对审稿人2的身份和审稿态度做出推理:

第二个人的意见并不是很专业,他是一个比较外行的,但是他虽然外行,他还是仔细看了文章——他理解可能没理解到位,然后有一些疑问。总体来说,两个审稿人都属于审稿人里边比较负责的了。(郑-访谈)

谈及审稿人2提出这一问题的根本目的,他推断:"审稿人提出来的时候呢,是属于一个交流性质的。"(郑-访谈)

基于郑彬所具备的与研究相关的内容知识和与审稿人沟通相关的过程知识,他做出一系列的推理和判断,最终在文本改动中并未针对这条反馈做出任何修改。在审稿人2的再次反馈中,也没有针对这一问题继续发问,可见郑彬的理解与解释均为审稿人2所接受。郑彬对这条反馈的处理过程说明,扎实的内容知识与丰富的过程知识对完全理解审稿人反馈缺一不可。

另外,如果审稿人针对某一问题提供了直接反馈,既解释了问题的原因所在,又说明了修改方法,这种情况下,作者往往不需要额外调用其他资源,便能够完全理解问题。

例如,在刘婷收到的反馈中,审稿人1指出问卷回收率有效性的问题:

尽管本文汇报了问卷发放数量和回收数量(即X/Y)、百分之N的回收率,但需要进一步解释这个数值是低了还是正常的(即是否可以被接受)。关于回收率数值的可接受范围,需要引用前人文献。或者,可以与关于［术语 X］的已有研究中的问卷回收率作比较，从而论证这个回收率足够了。〔Although the number of questionnaires administered and returned (i.e. X out of Y), the actual response rate of N percent is reported, there should be a need of further explanation as to whether this is low or normal (i.e. acceptable). Reference to previous studies should be provided as to the acceptability of this response rate. Alternatively, some evidence of its adequacy through comparison to previous studies in［TERM X］could be highlighted here.〕（刘-大修-审稿人1）

对于这条反馈，审稿人1既详细说明了为何需要进一步解释问卷的回收率，又提供了两条具体的修改方案，因此，刘婷无须额外采取其他认知操作，仅通过阅读该条反馈便能完全理解。

由此可见，本研究的四名参与人体裁知识发展程度各不相同，因此，在处理反馈时，出现了不同层次的理解程度。在作者的体裁知识发展程度足够的情况下，作者不仅可以注意审稿反馈中所提及的问题，还能够理解这些问题。作者如果要达到理解问题的程度，则不仅需要具备形式知识和内容知识，还需要掌握一定的修辞知识与过程知识，从而能够准确理解审稿人提出反馈的真实意图，做出符合审稿人预期的回应。如果审稿人在提出问题时，同时对理解该问题所需的修辞目标或写作与发表相关的过程信息做出明示性的解释，便填补了作者与审稿人体裁知识之间的差距，使作者发展了相应修辞知识或过程知识，从而使作者达到完全理解反馈的程度。

第二节 体裁知识对认知调节的影响

本节汇报作者在处理反馈时，各维度的体裁知识具体如何对作者的认知操作和元认知操作产生影响。本研究发现，熟手作者和新手作者采取了不同的认知操作与元认知操作。熟手作者直接调用已有知识，可以在对审稿人期待做出准确推断的基础上，更加灵活高效地监测认知策略的使用。新手作者则表现出复杂性：为处理不熟悉的问题，他们需要调用已有体裁知识，并发展新知识，以形成解决方案；为处理未能完全理解的问题，他们需要通过他人对审稿人意图的直接解释，补充相关修辞知识和过程知识，并据此调整评估和判断，做出合适的修改计划。本节将根据四位作者对具体问题的处理，汇报他们的体裁知识对认知调节产生的影响。

一、认知操作

本研究发现，在认知操作中，郑彬在摘要、修辞语步和数据验证方法问题处理方面，已有的形式知识、修辞知识、过程知识和内容知识彼此融合，促进他达成修改；冉晶晶在研究设计问题处理方面，利用已有的修辞知识和形式知识完成修改；刘婷在语言表达和文献回顾问题处理方面，利用已有的形式知识、内容知识和过程知识，同时发展了新的修辞知识；孙小蓉在语言表达问题处理方面，由于形式知识与内容知识的缺失，无法达成修改。

1. 认知操作实例汇报

以下详细汇报四名作者在应对具体问题时，如何不同程度地利用已有体裁知识发展新知识，从而说明体裁知识对他们认知操作的影响。

（1）郑彬的摘要修改：已有语言知识提供改动所需的话语资源。

当反馈的内容处于作者理解和处理能力范围之内时，作者可通过调用形式层面的已有体裁知识做出改动。

在第一次反馈中，审稿人1提出其摘要写作简洁度的问题："摘要应该改得更简洁。"（The abstract should be modified to be more concise.）（郑-大修-审稿人1）这属于一条间接的反馈，需要作者思考出具体的修改方案。

针对此条反馈，郑彬需要开展推理和调用已有形式知识的认知操作，将"简洁"这一抽象的反馈落实到具体的词句修改中，具体体现于郑彬的以下改动：① 删除摘要中修饰性成分的词句，如删除原稿摘要"[X], which makes the [TERM] and [TERM] confronted with risk, mitigate [Y] for its high [Z]..."中修饰主语的非限制性定语从句"which makes the [TERM] and [TERM] confronted with risk"；② 将词数较多的短语以词数较少的短语替换，如将"conducts research on"改为"studies"。这些改动说明，郑彬所具备的英语句法结构知识和词汇储备量为他的修改提供了认知基础。

（2）郑彬的修辞语步修改说明：充分的修辞语步知识和过程知识促成有效沟通。

郑彬在处理审稿人关于其修辞语步问题的反馈时，其修辞语步相关的形式体裁知识为其理解反馈和完成修改提供了认知基础，同时，郑彬与审稿人沟通的过程知识也体现在他对审稿反馈的书面回应之中。

在第一次审稿反馈中，郑彬收到一条关于研究结果部分修辞语步的评价："［公式］里，有参数没出现，但出现在其下方的解释里。"（Some parameters do not appear in ［EQUATION］, but is put under ［EQUATION］ in the paper.）（郑-大修-审稿人1）

对于此条反馈，他认为："虽然我觉得这不是大问题，但我没必要跟他争执。"（郑-访谈）可见，基于郑彬所具备的修辞语步方面的知识，他完全理解审稿人的意图，但同时认为其原稿的写法也可接受，审稿人的建议亦可采纳，但他选择了后者，而非固执己见。而早在郑彬的首次访谈中，谈及其论文发表过程方面的认识时，他就表达了对"固执己见"的否定态度："我还感觉有一种情况下更难发表，即使你论文写得很好，你外语也非常好，就是在学术问题上固执己见。"（郑-访谈）这是郑彬基于自己的发表、投稿和审稿经历总结出的过程知识，在自己处理具体的审稿反馈时也得到充分体现。

因此，他在致审稿人的回应信中，首先对原稿中参数呈现方式的合理性做出解释："这些参数是用来解释如何计算初始［术语］的，这个［术语］也是一个参数。"（These parameters are used to explain how to calculate the original ［TERM］, which is also a parameter.）（郑-回应信1）接着，他进一步肯定了审稿人的此条反馈对其论文改进的价值：

你的评论使我们意识到，这样的安排不妥当，所以我们将初始［术语］的计算放入了等式中。（By your comment, we realized such arrangement is not suitable, so we put the calculation of original ［TERM］ into the equation.）（郑-回应信1）

可见，在处理此条反馈时，一方面，郑彬调用了修辞语步和等式内容相关的知识对文本做出改动；另一方面，尽管他并不完全认同审稿人的建议，却在回应信中对他的改动做出周全、详细的说明——先向审稿人解释自己原稿意图并肯定审稿人所提供的反馈的价值，而非简单直接地汇报自己如何改动，这反映出他所具备的关于与审稿人交流方面的过程知识。郑彬在对此次投稿的修改过程总结时，也谈及了他这方面的认识："把审稿人（reviewer）也要当成人，人能容忍你犯错，但不会容忍你不认错。"（郑-访谈）

（3）郑彬的数据验证方法问题处理：内容知识、修辞知识和过程知识的使用。

在第一次审稿反馈中，审稿人1建议作者使用分析模型或田野数据对研究结果进行验证，并态度坚决地表示如果作者不进行验证，则"不推荐发表"。然而，在实际修改中，作者尽管尝试进行了验证，但并未使用审稿人1提及的任何一种方法，而是采用与自己的研究类似的他人实验数据进行类比，间接论证研究方法的可靠性。

对此，审稿人1在第二次反馈中明确表示"不能接受"，但同时，审稿人1也做出了一定让步，指出作者原稿件中关于一个参数的运算部分的方法是比较"经典的"，指出"作者至少可以对这部分运算使用分析方案进行验证"（[T]he authors can at least validate this part of calculation with analytical solutions.）（郑-小修-审稿人1），同时提供了2条相关的参考文献。在随后的修改稿中，如表5-1所示，郑彬引用了审稿人1所提供的2条文献，并按照其中的验证方法，采用了模拟软件，对运算部分的方法进行了直接验证。

表5-1 郑彬稿2和稿3选段对比

修改前	修改后
As shown in Fig.6, the experimental study also indicates that ... decreases as ... increases while the decrease rate gradually slows down, especially after ... is over [PERCENTAGE]. The trend of curves in Fig.5 nicely coincides with the experimental research, which indicates that the ... analysis is reliable.（郑-稿2）	The accuracy of calculation model is the foundation of analysis and evaluation. Because ... brings about ... and ... is ..., we compare ... result with ... and ... based on related researches. ... is verified by ... and ... is widely applied in .... Fig.4 shows the comparison of ... when .... It can be seen that .... The result calculated by this paper is the largest while result of ... is the smallest. The relative error decreases as ... increases. The largest error compared with ... is [PERCENTAGE] and the largest error compare with ... is [PERCENTAGE]. This indicates that ... obtained by this paper can be used to calculate ... and keep relatively high reliability.（郑-稿3）

根据笔者对郑彬的口头汇报的分析，在第一次修改过程中，他虽然对验证问题进行了修改，但未按照审稿人 1 所建议的修改方向进行修改，主要存在两个原因：① 作者与审稿人的体裁知识发展程度存在差异；② 作者缺少审稿人 1 所提议的验证方法相关的体裁知识。

第一次改动内容和致审稿人的回应显示，在第一次修改时，通过审稿人 1 的反馈建议，郑彬注意到了自己在研究方法可信度方面的问题，并理解这一问题的存在会对文章潜在读者群体造成困惑。他在致审稿人的回应中表达了自己对这条审稿反馈的看法：

为了提高论文可信度并且方便读者更好地理解，我们完全同意研究方法应该被验证。（We fully agree that method should be verified to improve reliability of the paper and give readers better understanding.）（郑-回应信 1）

尽管审稿人 1 在反馈的表述中未提及"读者"，但郑彬专门强调了读者对这一研究方法的理解。郑彬之所以能够产生这种程度的意识，是因为他根据以往的投稿经历中与审稿人的沟通及自己成为审稿人之后的审稿经验，发现"大多数审稿人和论文作者之间并不是小同行，而顶多是大同行"（郑-访谈）。这一认识在内容上属于关于体裁使用者（Tardy, 2019）及其背景的修辞层面的体裁知识，也涉及体裁发布与分享相关的过程层面知识。

基于这样的体裁知识，他才能够做出推理和判断，即审稿人 1 之所以会提出这样的修改建议，是因为他不属于自己领域中的"小同行"："我觉得他不了解我们这个领域，所有做我们这个领域的几乎都没有验证，因为它验证起来有一定的难度。"（郑-访谈）他提及了自己所在领域的学科特殊性，表现出了自己所具备的与目标话语团体相关的内容知识与修辞知识，即其所在学科的特殊性决定了田野数据验证方法的难度，这种体裁知识也反映出他的修辞知识，即在他的目标学科团体的语境下，不需要对其研究方法进行验证，这与审稿人 1 认知中的修辞知识是存在差异的。

他也认识到了自己与审稿人在这一问题理解上的差异，并接受了这种差异的存在："虽然他让我验证，我觉得不太科学，但他提的方向是正确的，因为任何东西都要验证一下。"（郑-访谈）基于这一认识，他难以说服自己完全认同审稿人的修改建议，但同时，为了说服这部分与自己不是"小同行"的读者，他不得不做出验证。郑彬在修改行为上的投入也与他口头汇报的认知投入保持了一致，即同意修改，但并未完全按照审稿人1所提供的修改方向进行修改。

尽管在关于验证问题的第一次反馈中，审稿人1明确提供了相关的条件性体裁知识，即如果要验证研究方法的可信度，则需要使用分析方案或田野数据。但郑彬并不认同审稿人1的这种修改方案，并解释了自己的看法：

> 他所提的去用数据模拟去验证，这是没有意义的。除非用field data去验证才有意义，因为你任何模拟的背后也是数学方法。然后论文的本身也是一种数学方法，你用一种数学方法来验证另一种数学方法是正确的，但它没有意义。这是为什么我在第一遍修改里，我不想去验证的原因，我只想拿一些侧面的证据来证明它可以。（郑-访谈）

郑彬解释了自己为何使用间接的论证手段来验证其研究方法的有效性。他提及数据模拟验证方法的本质内涵，表现出学科性研究方法相关的内容知识，即对"数据模拟验证是什么"的认识。

然而，由于郑彬在处理此次审稿反馈之前，从未使用过审稿人1所建议采用的数据模拟软件，故仍缺少关于如何使用该模型软件的过程知识。同时，他也没有如何通过文本写作来呈现这一模拟软件验证方法的经验。因此，在处理审稿人1关于验证问题的第一次反馈时，他缺少使用新方法的过程知识和呈现新方法的形式知识；如果要完成这一验证，则需要花费较大的认知投入，填补自己这一体裁知识的空白。换言之，他实际上缺少使用模拟软件解决这一验证问题的具体程序性知识，既缺少如何使用这一模拟软件对研究方法进行验证的经验，也没有通过文本写作来呈现这一模拟软件的验证过程的经验。因此，在处理审稿人1关于验证问题的第一次反馈时，他存在这一层面的元认知上的障碍。

可见，尽管郑彬具备关于数据模拟验证的知识，但是由于他没有使用这一模拟软件进行实践的经验，且不同于审稿人1，他并未将自己的研究与写作语境视为适于使用这种验证方式的合理条件，因此，最终郑彬选择了采用间接的验证方法来修改这一方面的内容。在做出这样的决定时，他已经意识到这种间接拒绝审稿人建议的风险："我感觉我的回答应该是不会让审稿人满意的，有一半的可能会被审稿人拒，或者再次返修。"（郑-访谈）

（4）冉晶晶的研究设计问题处理：修辞知识和形式知识的使用。

对于冉晶晶而言，完全在她意料之内的审稿反馈，是关于其研究方法设计，尤其是问卷调查方法上的问题。在理解关于审稿人 1 所指出的研究问卷数据的有效性方面的反馈时，冉晶晶表现出与审稿人相同层面的内容体裁知识。审稿人 1 指出：

我主要的担忧是，这篇文章是基于多选题问卷收集的描述性数据的，这会破坏研究质量。(My main concern is that the paper is based on descriptive statistics of data collected via multiple-choice questionnaires, which undermine the quality of the study.)（冉-大修-审稿人 1）

对此，冉晶晶评论道：

当时我在做问卷设计的时候在 Y 国，我回到国内把这个论文拿给导师看的时候，导师就提出这个方法现在已经——他没有说不好，他说现在我们都使用真实的语料，你这种收集来的数据比较容易站不住脚。所以我就已经知道可能会有问题……在收到审稿意见时，他们去集中火力谈我的问卷调查（questionnaire），我是一点都不意外的。（冉-访谈）

可见，基于与导师的沟通，冉晶晶在投稿前已经产生了问卷收集数据的方法可能会遭到质疑的认识。尽管在投稿前冉晶晶已认识到问卷调查方法的局限性，但她在原稿中未以文字形式呈现自己对这一局限性的认识。

审稿人 2 在关于问卷方法的问题上，同样给予了反馈：

第一点是关于使用问卷调查的选择：在 3.2 部分的开头，对这一方法的选择解释仓促，缺少批判性。(One first point concerns the choice to use questionnaires: This methodological choice is quickly and much too uncritically explained at the beginning of Section 3.2).（冉-大修-审稿人 2）

另外，审稿人 2 指出，答题人的回答与实际行为之间的差异不可避免，影响研究结果的"观察者悖论"可能存在。

与审稿人 1 略有不同的是，审稿人 2 并未直接指出作者的研究方法本身存在缺陷，而是从文稿的呈现形式方面给予评价，指出作者还须在文字呈现上做出修正和补充的内容。这为冉晶晶最终落实于文本之上的修改提供了更具体的建议。

冉晶晶在致审稿人的回应中也承认了这一问题的存在：

我们认同这个研究本应采用［研究对象］在……中的［术语］，但是我们放弃了这个想法，因为收集足够量的［术语］太难，几乎不可能。(We agree that this study should have used the ［SUBJECT］'s ［TERM］ in …. However, we gave the idea up because it was difficult, if not totally impossible, to collect an adequate amount of ［TERM］.)（冉-回应信1）

在承认问题的基础上，冉晶晶进一步从可操作性方面解释了她为何未能选用另一更为合适的研究方法，即另一方法不具有可操作性。冉晶晶还在回应信中介绍了自己在修改稿中做出的形式层面的改动："我们在3.2节开头增加更详细的解释。"(We add a more detailed explanation in the beginning of Section 3.2.)（冉-回应信1）

这种对研究方法上确实存在的问题公开承认并进行解释和讨论的做法，是冉晶晶原本没有调用的一种体裁知识，它涉及内容知识与形式知识的融合，而冉晶晶在审稿人2明确指出的研究方法中的3.2部分做出了语句增加：在3.2节新增了3个自然段，用以解释选取问卷方法的原因。除了明确承认问卷调查相较于自然语境下真实发生的数据确实有劣势，还指出后者的不可操作性。她在原本仅有一条对该问卷有效性的原因解释之上，新增4个句子共3条内容来论证这一方法的有效性。为了解决自己在研究方法缺陷上存在的问题，作者新增的论证中，其一，引用前人文献说明，近年该学科领域中该方法仍然被使用。其二，强调该问卷设计已得到改进，足以反映真实的场景。其三，表明作者确实从日常观察中有所收获。其中第二点和第三点均来自审稿人提供的具体反馈建议。

此外，冉晶晶在"调查结果"(Results of the survey)中的4.2部分也做出相关改动，用以回应可能存在的"观察者悖论"的质疑，将审稿人2直接传递给她的修辞语步和论证充分性的信息应用于文本修改之中。在这个过程中，冉晶晶的体裁知识也得到进一步改进：

在研究方法部分，因为不断地被质疑或者说攻击我的问卷的设计，所以我后面在写每一篇论文的时候，在研究方法的部分，我都会不断地站在审稿人的角度去思考，他们可能会在哪一个部分、哪一个点攻击我，有哪一个漏洞没有说清楚，我有哪一个点没有讲明白。所以我的新的研究方法的部分，我都写得非常地仔细、非常地详细。我会不断地去思考。不像以前我就觉得按照传统的模式研究收集数据、分析数据这样写就行了。但现在我会事无巨细，把所有可能的点都交代清楚，这是对我影响比较大的一点。（冉-访谈）

在审稿反馈的理解基础之上，冉晶晶对研究方法的认识得到了进一步补充。在新知识的学习过程中，原有的体裁知识与新知识形成类属关系，从而使得在形式知识和修辞知识层面上，新知识得以被利用，新知识和旧知识有机结合，形成新的体裁知识。

在本例中，当审稿反馈中所涉及的体裁知识为冉晶晶的已知信息时，她能够轻松地理解反馈；如果涉及的体裁知识为新信息，但能够与已有体裁知识储备发生一定逻辑关联时，她需要投入脑力进行思考和处理，甚至会产生情绪上的变化。虽然后一种情况造成一定的理解难度，但经过思考仍可解决。

事实上，在回应审稿反馈之外，关于所使用的数据是否需要来自真实场景，冉晶晶原本有一定的批判性认识，这种认识来自她的外方导师与该期刊审稿人观点的不一致："他说他做主编时，他主编了一本论文集，其中有 J 国、B 国和 M 国的三位学者，他们的数据都不是真实的①，但仍然能够很好地论证他们的观点。"（冉-访谈）

冉晶晶联系自己的既往经历，从自己在实际接触的学术圈中得知，她所采用的问卷调查方法，确实为一部分学者所接受。在此基础上，她进一步寻找文献予以佐证。不同学科领域的学者对这一方法持有不同态度，这一学科内容方面的知识原本并未通过文字呈现在其原稿中，但在作者投入审稿反馈的过程中，冉晶晶的这一认识得到调用，并结合她关于文献引用的已有知识，转化为修改策略，呈现于文本改动之中。

（5）刘婷的语言表达修改：过程知识的利用与修辞知识的发展。

与冉晶晶相比，刘婷对语言反馈的投入程度更为深入，即使遇到无法独立解决的语言问题，仍然充分调用语境中可用的辅助性资源，通过

---

① 此处指非自然交际语境下发生的数据，如来自文学作品的数据。

系统深入的学习，补充缺失的语言知识，从而完成修改。除了研究结论部分的修改，刘婷遇到的另一大难题是语言方面的修改。

刘婷在第一次反馈中收到审稿人 2 语言方面的负面评价：

> 尽管这篇文章包含了一些关于……的新信息，但是这些信息的呈现方式很糟糕……这篇文章在专业术语方面，没有能够很好地表达清楚想要说的问题。文章中有些叙述重复、曲折、冗长，需要适当修改。文中的一些表述杂乱、难以理解。(The paper contains some new information on …. However, this information is poorly presented …. The paper does not express its case when measured against the technical language of the field. There are some narratives in the article, which are repetitive, tortuous and long winding that need to be revised appropriately. Some of the narratives used in the paper are convoluted and disjointed.)（刘-大修-审稿人 2）

即使大修时，刘婷基于自己的已有语言知识做出了一些语言上的改动，但仍无法令审稿人 2 满意。审稿人 2 在第二次反馈中再次指出：

> 该论文行文仍然糟糕，读起来很痛苦。作者使用的语法并没有像他/他们声称的那样得到提升。作者没有关注表达的清晰度和可读性，如句子结构。(The paper is still poorly written and very tortuous to read. The grammar used has again not been improved upon as claimed by the author/s. Little attention has been paid to the clarity of expression and readability such as sentence structure.)（刘-小修-审稿人 2）

审稿人 2 对其论文语言表达的再次否定引起了刘婷对这一问题的格外重视，她投入了较大精力去解决这个问题，调用了论文修改过程相关的一系列过程知识，充分调用语境中的资源，进行写作语言学习。

她在反思日志中写道：

> 我既没有找语言润色公司，也没有求助海外的老师同学，而是静下心来读完了几乎一整本复印版的 Successful scientific writing: A step by step guide for the biological and medical sciences（《成功科学写作：生物学与医学分步指导手册》）。虽然领域不同，但写作的语言运用是相通的。读过了之后我才知道我的语言为什么扭曲，我踩了哪些雷，我应该从哪些地方去认识润色我的语言。（刘-反思日志）

这说明，刘婷了解可以促进其完成语言修改的三种辅助性措施：① 由语言润色公司直接修改；② 请海外的老师同学修改；③ 自行学习并润色。尽管前两种策略相比于第三类策略省时省力，但她仍然选择了需要投入精力最多的修改策略。刘婷花费近一个月的时间较为完整地阅读了一本生物和医学研究性论文的写作语言辅导教材之后，纠正了之前自己对于研究性论文语言的认识。

通过对研究性论文写作教材的系统研读，她对自己的论文语言使用情况进行了自我评估。例如：

英文论文并不是要用被动语态来体现客观性。反观我的初稿，哪句话不是被动的——It has been studied that three cases, three case studies have been conducted，这些都太过啰嗦了。我以前听到的关于被动式的教诲都大错特错。（刘-反思日志）

在纠正自己之前对于研究性论文语言的认识的基础上，刘婷从教材学习中吸收了关于写作的新认识："限制字数，一句话 20 个字以内。"（刘-访谈）她充分利用教材中所描述的关于研究性论文写作的具体明确的规约，使规约变成资源，协助其完成句子修改，解决审稿人所指出的句子冗长的问题。例如，为避免冗长，刘婷尽量将用词较多的短语改成更为简洁的短语，将"basic information on the case study developments"改为"basic information of the three cases"，将"the requirements of the [TERM]"改为"the [TERM] requirements"等。

又如，她参照教材中的写作指导，将被动语态句式调整为主动语态，将"The questionnaire survey was undertaken to get…"改为"The questionnaire survey helps to get…"，将"Profile of the data collection was shown in Table [x]"改为"Table [x] shows the profile of the data collection"，将"The documents were analyzed to get detailed information"改为"The documents also provided detailed information"。

刘婷对语言形式修改的深度投入来自在审稿反馈的刺激作用下，她对自己所做出的负面的语言形式方面的评价。因为有了这样的评价，她才进一步制订语言学习计划，从而补充语言形式方面的知识，完成最后的修改。刘婷在修改语言时，并未将目光仅仅局限在语言本身的质量提升上，更关注到了语言质量提升背后的目的。审稿人 2 在反馈中所使用

的"可读性"一词也引起了作者的注意,在通读写作教材后,她加深了对"可读性"的认识:

你写的同时,还要保证读者的是,要假定读者是不知道这个领域的,你要把所有的事情解释清楚,并且还有一定的可读性。就是说,这个句子的长短你要保证。再一个大家读起来是流畅的,就是可读性,包括一些配的表格和插图,这些是帮助读者去理解的。(刘-访谈)

可见,经过此次修改,刘婷的修辞知识得到了发展,能够从读者的角度去思考文本呈现和语言形式质量的问题,关注到了这一问题可能会对读者理解产生的影响,将语言形式知识与读者意识之间产生关联。经过此次修改,刘婷认为自己的语言得到了很大进步,她在反思日志中如是评价:"我的论文语言可读性至少提升了70%。"(刘-反思日志)

(6) 刘婷的文献回顾问题处理:形式知识与内容知识的综合利用。

刘婷的文献综述缺失问题得到了审稿人的反馈,审稿人尽管对问题本身做出详细解释,但并未提供详细的修改建议:

在回顾关于"[X]",尤其是[因素]的概念和测量项的已有研究方面,仍然有空间。现在,"[Y]"和"[Z]"两个[因素]的测量项十分有限,缺少清晰的解释。(… there is still scope to review existing studies that have investigated "[X]" and particularly the conceptualisation of the [FACTOR] and their inherent measurement items. At the moment, the two [FACTOR]s of "[Y]" and "[Z]" are rather restricted or limited by the number of items without clearer explanations.)(刘-大修-审稿人1)

对于此条反馈,刘婷做出了一系列改动,新增两个表格:表1呈现相关已有研究中的研究方法、视角和主要发现等信息;表2则将这些文献中的动因测量工具按刘婷所设计的三类主题组织呈现,并基于这两个表格,结合前人文献,新增10个句子,对动因的概念构成进行了详细阐释。

刘婷在进行改动时,一方面进一步查阅了相关文献,另一方面调用了曾经在文献阅读中获得的形式知识,即利用表格呈现核心要素:"这个表格设计来源于以往看过的文献,有一些文献在分析因素时都会这样表示,留在我印象里了。我自己也觉得这样更清晰,可以看到有哪些因素,以及主要的文献有哪些。"（刘-访谈）这样的改动获得了审稿人 1 在第二次反馈中的高度赞扬：

……作者出色地解决了之前关于"[X]"，尤其是[因素]的概念和测量项方面的文献综述缺少的顾虑。这一点反映在第 Y 页中，尤其是作者使用前人研究中选取的因素设计出分析框架。(… the authors have done an excellent job in addressing the earlier concerns around the need for reviewing existing studies that have investigated "[X]" and particularly the conceptualisation of the [FACTOR]s and their inherent measurement items. This is quite evident on Pages [Y], and in particular the developed analytical protocol associated with the factors extracted from the references.)（刘-小修-审稿人 1）

可见，刘婷以形式层面的表格设计来解决其研究主题内容表述不清的问题，在改动中调用关于表格设计的形式知识，充分融合形式知识与内容知识，从而实现对本条反馈的成功修改。

(7) 孙小蓉的语言表达修改：语言知识的缺失与反馈处理的偏差。

当作者遇到完全不理解反馈的情况时，其体裁知识完全无法令其就所出现的问题与审稿人进行对等交流。

在文稿的语言形式层面，孙小蓉也收到了审稿人的反馈，例如："图 2 A 和 B 在文中没有描述。"(Fig. 2 A and B were not described in manuscript.)（孙-拒稿意见-审稿人 1）这是一条关于形式层面的修辞语步的反馈，对于孙小蓉而言，这是最令她意料之外的评价："我在图片(figure)的下面有一部分文字的，我这一部分文字写完之后，我以为就不需要再放在文章当中了。但是他这边给我提出来，（我才知道）文章里面还是需要再进行部分描述。"（孙-访谈）可见，孙小蓉缺少需要在文字中对文中图表进行描述这个修辞语步的陈述性体裁意识。

在文本修改中，孙小蓉不仅在图 2 中 A 和 B 的下面增加了描述，以增加句子的方式表现出对这一修辞语步的意识，还基于审稿人 1 所提供的这条信息，就图表需要进行文字描述的语境有了一定认识，形成了关于该修辞语步的条件性意识，在结果部分又增加了对图 2 C 和 D 的文字描述。

另外，孙小蓉在第一次投稿时，两名审稿人均指出其英语表达上存

在的问题,但并未明确指出问题的类别:

该文的英语和科技语表达都可以从多个方面进行修正。(Both English and scientific languages need to be corrected in several parts of the manuscript.)(孙-拒稿意见-审稿人1)

稿件需要重组和重写,从而让读者能够理解。(The manuscript should be reorganized and rewritten, that readers could be easy to follow.)(孙-拒稿意见-审稿人2)

对于审稿人1明确指出的语言上存在错误表达的问题,孙小蓉在最初的改动中仅做出少量纠错。对于审稿人2关于写作语言、组织和可读性问题的反馈,孙小蓉的理解是:"他说的让读者容易理解,其实就是前面的一些,就是摘要背景知识的提出,你不可能就是突然之间就拎出一个理论来,可能得把故事的前情提要解释清楚。"(孙-访谈)可见,尽管审稿人2的这条反馈涉及形式层面的体裁知识及文章的结构和写法的调整,未直接提及读者印象的信息,但孙小蓉在理解时将原本的程序性体裁意识转化成陈述性体裁意识,将这一较为概括性的反馈建议细化为摘要方面的形式呈现问题,从而重新审视文章的组织结构,将文章的总体架构分步骤去分解,进而剖析自己在写作中存在的问题。另外,尽管孙小蓉在认知操作上试图将抽象的评价具体化,但她仍然仅聚焦于文章修辞语步方面的问题,忽视了语言问题的修改,且审稿反馈本身并未能引起她对其语言问题的重视。

在四名参与人中,孙小蓉英语水平等级考试成绩较低,一定程度上反映出其英语语言表达能力不强,并且,她对语言问题的重视也不足。后来,在她再次投稿之前,她前往地区G学习,由于日常工作收发邮件、组会汇报时的语言均为英语,从而认识到英语表达的重要性:"我刚开始来的时候,我就发现我连邮件都不会回复,后来就觉得,我非常有必要把这个东西再好好(学一学),从根本上再好好地学一学。"(孙-访谈)由于所处物理环境的语言需求,孙小蓉系统地进行了英语语法的学习,并将这样的语言知识应用于文稿修改之中。可见,她并非出于修改目的进行补充学习,因此不属于本研究针对反馈投入的研究范畴。

(8) 孙小蓉的研究内容呈现修改：内容知识的缺失与资源的不可获取性。

相较于孙小蓉在文章的语言形式方面投入的精力，对于内容层面的审稿反馈，她或仅做出最小程度的改动，或拒绝做出改动。例如，审稿人对孙小蓉的文献引用提出质疑："第二页第 31 行数字［X］和［Y］没有出现在参考文献 5 中。"（Page 2 line 31 the numbers [X] and [Y] did not appear in refer 5.）（孙-拒稿意见-审稿人 1）

对此孙小蓉表示，这确实是一条错误引用，而她对此也进行了反思："因为我的一部分参考文献，可能信息是我自己提炼出来的，原来可能里边人家并没有明确地写出来，我也给它参考进去了，就会导致他们觉得参考文献上面不严谨，这是一个学术严谨的问题，可以给它归类成一个大问题。"（孙-访谈）

孙小蓉从内容体裁知识的层面去考虑自己的引用问题，她认为这一错误的后果在于会给读者造成自己学术引用不严谨的印象，而这样的印象会影响文章被接收。当谈及对审稿人这一反馈的理解时，孙小蓉仅从引用内容的准确度角度去思考这个问题，并未进一步去思考学术引用背后的原因和目标。尽管她意识到这是一个较为严重的问题，但在随后的修改稿中，孙小蓉在保留了这一条陈述的情况下，删除了这一错误引用的文献，彻底删除了这一数据的来源信息。

另外，审稿人 2 还指出："每个［术语 F］的［术语 P］需要被测试。"（The [TERM P] of each [TERM F] should be tested.）（孙-拒稿意见-审稿人 2）对于此条反馈，孙小蓉同样没有在文本中做出任何相应的修改。其原因在于，基于她所掌握的学科内容知识，她无法理解和认同审稿人 2 的观点："我也没有理解他说的为什么要测试［术语 P］，因为［术语 X］它本来就是一个……就是一个混合物……我不是很同意（他的观点）。"（孙-访谈）基于此条关于研究方法的审稿反馈，孙小蓉在理解时，需要调用她研究对象中关于［TERM F］本质属性的知识，从而根据其属性判断审稿人 2 所建议的实验方法是否可行。

在理解审稿反馈的过程中，形式和内容体裁知识会相互转化。在理解的过程中，作者参照审稿反馈对文稿问题的评价，从而实现对文本修改过程的元认知监测。尽管她具备一定的体裁意识，了解何种修改策略可能会对文章质量有所改进，但是由于客观环境的限制，她并未将自己的这一陈述性体裁意识通过实践转化为程序性的意识。

在孙小蓉修改这篇文章的同时，她为达成毕业的发表要求，转而投入精力向中文期刊投稿，并得到成功发表，又准备进入地区 G 学习的相关事宜，故而实际上投入此论文修改的时间和精力均有限。这或可解释孙小蓉为何在第二次投稿时再次遭到拒稿。

2. 认知操作实例小结

上述认知操作相关的实例分析说明，认知操作的分析有助于揭示学生使用相应修改操作的个体认知因素。尤其是将研究参与者的口头和书面报告与他们收到的反馈及稿件结合起来，能够充分揭示他们使用相应的修改操作进行行为投入的原因。本质上，作者的认知投入和行为投入分属于不可观察和可观察的行为，因此，二者密切相关。这些认知操作说明审稿反馈使得作者意识到文本与读者期待存在偏差，并产生融合复杂体裁知识的意识。

文本与读者期待存在偏差的意识有三种情况：意识到研究内容与读者期待错位，可表现为作者注意到读者对研究质量、研究严谨性质疑，文本没有达到读者期待；意识到研究内容的文本呈现方式与读者期待错位，可表现为作者注意到体裁规范性表达、学术风格、论证思路等未满足读者期待；意识到作者自己表达错误而与读者期待错位，可表现为作者意图表达的内容本与读者期待一致，但由于表述错误而未达到读者期待。

第一，作者对文本与读者期待的错位的意识表现为意识到研究内容与读者期待错位。在本研究案例中，所有研究参与者均意识到读者对研究内容的期待与自己的原有判断标准不一致。例如，在大修阶段，冉晶晶发现自己对文献综述内容的自我评价与审稿人对文献综述质量的期待之间存在差异；同样在大修阶段，郑彬的验证方式与审稿人对科学验证方式的期待存在差异；孙小蓉对标准品的质谱分析未达到审稿人对实验方法严谨性的期待。

为了满足读者期待，作者有两种调整方式：一种是增补相应的内容知识。例如冉晶晶在其导师的建议下，补充开展了文献回顾，不仅将通过调用语境中学术资源而获得的新内容知识增加至文献回顾部分，还进一步调用修辞知识，考虑文献综述与讨论部分论证逻辑的完整性，在第二稿的讨论部分将研究结果与前人文献进行对比，从而满足了审稿人 2

的期待。另一种是调用形式知识和修辞知识，通过相关修辞语步的铺垫，从而调整读者期待。例如，基于审稿人 2 的反馈，冉晶晶在其导师的启发下，考虑了更广泛的潜在读者期待，为避免其他读者提出相似疑问，冉晶晶再次对现有相关话题问题的稀缺性做出陈述。这一对修辞语境的新认识与其关于文章布局的形式知识融合，她在引言部分新增了"指出研究不足"的修辞语步，强调其研究话题原本便鲜少有人研究。在下一轮审稿反馈中，审稿人未再提及文献综述的任何问题，表明了这些修改方式的有效性。

第二，作者对文本与读者期待的错位的意识表现为意识到研究内容的文本呈现方式与读者期待错位。例如，刘婷在收到审稿人关于访谈数据转写稿可靠性的负面评价后，意识到自己未能按照学科领域规范的方式呈现自己对访谈数据的处理过程。事实上，她在撰写论文前，曾经参加过学科领域专家关于研究方法写作的讲座，了解过研究方法部分的写作需要注意信度和效度，但当时这些事项并未引起她的重视。在审稿人提及该问题后，她迅速意识到自己在这一方面的文本呈现与审稿人期待的错位。因此，在第二稿中，她如实详细表述了其访谈数据处理过程，从而证明其与数据分析相关的研究设计的严谨性。这一点在她对修辞语步"准备数据"和"描述数据分析"的改写、修辞语步"合理化研究前的决定"和"参考前人文献"的增加中得到了佐证。两位审稿人在小修阶段对其研究方法部分严谨性的积极评价，也充分说明刘婷的改动达到了审稿人的期待。

第三，作者对文本与读者期待的错位的意识表现为作者意识到自己表达错误而与读者期待错位。刘婷还报告了她想要表达的内容与实际表达的内容之间的错位。例如，在大修阶段审稿人 1 指出刘婷方法论部分的问题后，她方才意识到自己在描述测量工具时，混淆了"评分"（rating）和"排序"（ranking）两个不同的单词所代表的含义。当然，在审稿人的反馈中，审稿人可能由于刘婷对这两个单词的误用，而误解刘婷本身对这一测量工具的基本概念界定不熟悉。这一点在审稿反馈关于评分和排名两种测量方式的详细解释中可以体现。而刘婷在访谈中表示，造成这一写作方式与读者期待不符的原因是自己的词语误用，而在研究过程中，她确实已遵循了正确的测量方式。为充分解释这一误解，在随后的第二稿中，刘婷不仅将"排序"改为"评分"，还专门调整了研究步骤描述相关的修辞语步，充分展现自己原本测量方式的正确认知和数据的正确使用，从而避免读者可能对其研究设计的严谨性和研究分析结果的可靠性产生不必要的质疑。

另外，融合复杂体裁知识也是作者在认知操作层面表现出的明显特征。本研究参与者通过使用已有或改进后的形式知识和内容知识，补充从语境中获得的、浮现的过程知识和修辞知识，从而形成较为复杂的体裁知识影响机制。以冉晶晶在小修阶段的讨论部分修改为例，这部分改动正是形式知识与改进后的内容知识相结合的结果。她在"提供背景信息"和"提供结果的原因"这两个修辞语步之间新增了"将结果与以往研究作比较"的语步，用以说明一个研究结果与现有文献中的一个流行观点之间的对比。在其修改阶段，她的导师曾就这一结果可能存在的理论贡献提出疑问，提示其是否凸显这一较前人不同的研究发现的意义。然而，由于冉晶晶自认为缺少相关的背景知识，因此难以找到合适的角度对这一研究结果的意义进行评价。可见，尽管她已经理解导师所说的读者期待的修辞效果，但是由于学科内容知识的缺乏，无法有效与修辞功能融合，因此，学科内容知识的缺乏也会构成阻碍冉晶晶在反馈投入中提升修辞效果的因素。

值得一提的是，在其导师的进一步具体指导下，她查阅了相关文献资源，用以强化其研究发现与以往近似话题之间的关联，从而说明这一研究发现的意义。在文本改动中，这一认知操作落实于修辞语步"提出意义/优势"中。由此可见，这一语步的最终成功添加是通过作者巧妙融合新增补的学科内容知识和形式知识实现的。而与其形成鲜明对比的是，在其他一些情况下，参与者有能力通过自身努力，获得所需要增补的资源和内容。例如，郑彬能够意识到自己缺少审稿人所建议的验证模型知识，他通过学习、使用新的验证软件，完成了这一层面知识的增补，甚至在其修改后的反思中，他认为这是自己通过本次审稿反馈投入获得的唯一新信息。这种新增补的知识与其已有的丰富形式修辞知识融合，使得以在准确的文本位置增加相应的内容，且利用文献引用，同时考虑满足审稿人及学科"小同行"读者的期待，从而充分完善其分析方法论证部分的修辞效果与内容质量。

由此可见，尽管二语作者较为复杂的学术体裁知识的融合是因为受到了审稿反馈内容的启发，但是并不总是涉及与读者期待之间的偏差校正。这说明，意识到与读者期待之间的错位并不意味着作者有能力进一步融合复杂的体裁知识，而融合复杂的体裁知识也并不以意识到与读者期待之间的错位为前提，这二者不构成线性关系。在具体情境下，这二者如何互动，则取决于语境是否能够为作者所缺失的某个具体维度的体裁知识提供易获取的资源给养，或作者是否能够从自身的体裁知识储备中调取足够的资源。

二、元认知操作

本研究发现，在元认知操作中，郑彬在语言改动程度和文献引用处理方面，已有的过程知识和修辞知识为他做出元认知计划、评估与监控提供了判断依据；冉晶晶在文体风格问题处理方面，利用已有的形式知识进行了自我评估，并做出相应的修改计划；刘婷在结论部分改动方面，利用修辞语步知识和内容知识，对其修改效果进行了评估，对其修改行为进行了监控；孙小蓉在实验设计问题处理方面，缺少的内容知识和形式知识限制了她制订有效的修改计划。

1. 元认知操作实例汇报

以下详细汇报四名作者在应对具体问题时，如何不同程度地利用各维度的体裁知识，对反馈处理进行计划、监测、控制和评估，从而说明体裁知识对他们元认知操作的影响。

（1）郑彬对语言改动程度的计划与监控：已有过程知识提供修改程度判断依据。

郑彬所具备的过程知识使其做出不在语言纠错上投入过多精力的修改决策。他在两次反馈中，均收到关于语法、拼写和措辞上进行校正的反馈，例如：

> 本文需要彻底地检查，因为有一些拼写错误和措辞需要改正，如" [X] ""One kind releases"和" [Y], [Z] "。(The paper needs thoroughly check as there are some typo and wording to be revised such as " [X] ", "One kind releases" and " [Y], [Z] ".) （郑-小修-审稿人2）

尽管郑彬对文本进行了进一步的编辑和校对，但同时，他表示："这个期刊的出版服务非常好，我们在 proof（校对）过程中，它会做一遍很细致的检查，这些错误到（在）出版过程中都是能解答出来的，所以在客观上是把那个当作最后一关。"（郑-访谈）正是基于这条关于Journal Z论文审稿和编辑流程的过程知识，他才在元认知层面对其修改精力的分配做出了相应的监测和计划，未将语言修改作为其此次改动的重心。这一点在他对自己的改动所进行的反思中也得到了证实，"整体语言上没有质的提升，顶多就是改了错别字"（郑-访谈），在语言的准确度问题上"每次都是重蹈覆辙"（郑-访谈）。

从英语水平等级考试成绩对比上看，郑彬的英语水平和写作水平与刘婷、冉晶晶旗鼓相当，但是，他对目标期刊所要求的语言水平和自己的语言水平所处的位置有着较为清晰的认识："我感觉我这个文章最后发表出来，在它期刊整个发表文章的语言水平里，应该处于一个中上水平。"（郑-访谈）尽管这一认识没有明确的标准，但反映出他基于对目标期刊的了解，对论文修改结果产生的预见性。这也解释了他能够在元认知上看似不费力地做出明确的修改部署。

（2）郑彬对文献引用效果的监测与评估：内容、修辞与过程知识的综合利用。

郑彬在两次反馈中均收到审稿人1关于其研究方法可靠性验证问题的反馈。郑彬的第一次改动未令审稿人满意。第二次反馈中，审稿人1通过进一步明确地向郑彬说明需要进行可靠性验证的数据内容，并提供了2条文献引用作为具体的模拟软件参考，向郑彬传递了关于验证方法的新信息，即如何实现可靠性验证。

对此，作者基于自己既有的内容与修辞层面的体裁知识，保留了对这一验证方法的消极判断："我认为这种验证方法是存在争议的。"（郑-访谈）然而，考虑这已经是审稿人第二次针对相同问题做出了反馈，郑彬说道："既然他追着不放……只要能发表，我也就同意了。"（郑-访谈）这一评价反映出郑彬对于学术期刊论文体裁相关的过程层面的知识，即审稿人在论文修改能否被接受、论文最终能否发表这一问题上，具有权威性和决定权。据此，他做出了不情愿的修改决定。

在审稿人1第二次提到郑彬研究方法可信度的验证问题时，郑彬使用了诊断所处情境这一元认知操作，基于对体裁发表的过程层面知识，他诊断出当下情境中，在第一次坚持己见而未果的情况下，为了成功发表，他不应该再继续固执下去，而是应该做出妥协。这是郑彬在本次修改前就已经具备的认识。

在修改语境下,作者使用的体裁知识很大程度上是和修改策略、审稿人沟通相关的过程层面知识。而如果郑彬不具备这种对于审稿人权威性的认识,则有可能不会做出这样的情境诊断,而只关注自己对稿件这一内容本身的理解与审稿人理解的冲突,从而造成失败修改。

不过,在具体落实这一修改决定时,即使勉强接受了审稿人1的建议,他也仍不断调用自己已有的体裁知识,而非简单机械地执行审稿人1的修改建议。这一点体现在他关于引用审稿人1所推荐的两篇文献的原因说明之中:

> 一方面我因为是他推荐的,我*最好*①引用上去。虽然我觉得这两篇文章都不是他写的,但是他毕竟推荐了嘛,引用上也算对他的一个尊重,毕竟人家为了我这个文章,还推荐了两个(文献)②。第二个就是我认为我*必须*引用上,因为……我防止有人再说我验证的有争议,我也需要一个佐证,有人这么做过了,我不是唯一一个和第一个用这种方法验证的③。
> (郑-访谈)

在第二次修改中落实审稿人1推荐的两条文献引用时,首先,郑彬认识到审稿人在为自己提供建议时所付出的精力,因此,认为"最好"引用这两条文献,从而表达自己对审稿人1的尊重;其次,郑彬调用了已有的体裁知识,具体来说,即关于文献引用的内容层面和修辞层面的知识,通过引用已有文献中的现存数据模拟验证方法,作者可以说服读者接受这一方法的合理性。这一体裁知识在其论文的修改语境下被赋予了具体的修辞意义。对于郑彬而言,在无奈选择进行这条修改的情况下,真正说服他自己去引用这两条文献的,并非仅仅是出自对审稿人的尊重,而仍然是基于自己已有体裁知识对现有情境的判断。故而,作者认为自己"必须"引用这两条文献。

综上所述,在郑彬第一次处理关于验证问题的这一反馈时,他在理解深度上注意并理解了这一问题,但仍然缺乏使用数值模拟软件进行研究方法验证相关的内容体裁知识。在第二次处理验证问题相关的审稿反

---

① 作者使用斜体,以示强调。
② 笔者补充备注。
③ 作者使用斜体,以示强调。

馈时，他借助他人文献，对相关的验证方法进行了类比这一认知操作，通过调用文献资源、计划修改进度等元认知操作，最终完成了对这一问题的成功修改。仅为处理审稿人1关于验证问题的两次反馈，郑彬便已使用了内容、修辞、过程层面的体裁知识。

（3）冉晶晶对文体风格的评估：语言形式知识的使用与发展。

当作者无法完全理解审稿反馈中所提出的语言问题或无法思考出修改对策时，意味着他可能缺少相应的语言知识，需要借助其他层面的知识来辅助其完成修改。

例如，在两次返修中，冉晶晶均收到了审稿人关于其写作文体问题的反馈：

这篇文章有一些表述问题，应进行语言/文体修改。（[T]he paper suffers from some issues of expression, and should undergo thorough linguistic/stylistic revision.）（冉-大修-审稿人2）

过度的非正式使用（如"what's more""that's why"之类）应该避免。[[E]xcessively informal uses should be avoided (e.g. "what's more", "that's why" and similar).]（冉-小修-审稿人2）

这一点出乎冉晶晶的意料，且审稿人2在第二次反馈中提出同一问题，可见冉晶晶在大修中对语言或文体的修改并未能达到审稿人的预期效果，反映出冉晶晶在体裁知识方面的缺失。对此，她表示："我真的是在意料之外的点就是语言，虽然我知道我的语言不如本族语者的好，但是我也万万没有想到他们会提出文体（style）方面的问题，因为我始终觉得自己的句式结构都是属于很正式（formal）的语言，但是他们仍然觉得不够。"（冉-访谈）

由于体裁知识方面的缺失，冉晶晶在第二次修改中，对审稿人2明确指出的两个词组进行了修改：将"what's more"替换为"Furthermore"，将"That's why"替换为"This is the reason why"，但未进一步做出其他文体风格上的改动。即使如此，在第三稿编辑的语言校正环节，*Journal R*的主编还进一步将"This is the reason why"改为"For this reason"，并对其他多处语言表达做出类似的同义词组替换。可见，冉晶晶对于英语语言表达的认识与其目标期刊的审稿人和主编对英语语言表达的期望之间仍然存在差距。尽管冉晶晶的语言问题是出乎她的意料的，与她前期对自己英语语言水平的评估是不相符合的,但在修改过程中,这一问题并未耗费她太多的脑力和时间,她并未在行动和认知上投入过多的精力。

审稿人的这条反馈之所以会令冉晶晶感到意外,一方面是因为她关于语言风格方面的形式体裁知识的不足,另一方面是因为她对自我语言评估的偏差。她表示:"我的语言表达水平,我一直觉得自己写得还可以,但审稿人他们都提到我的语言问题……在这一块它应该算是我的一个短板。"(冉晶晶-访谈)

经过此次修改,冉晶晶虽仍未能完全理解何为正式的语言表达,但是,她得以调整对自己语言水平的评价,这样的评价促使其关注自己存在的问题,从而形成改进这一问题或在这一问题上寻求帮助的意识。尽管在冉晶晶已有的认知结构中,她具备一定的关于学术文体应该使用正式文体风格的陈述性体裁意识,但她缺少如何才能实现语言的正式风格这一程序性的意识。在审稿反馈过程中,审稿人所提供的信息及导师所提供的语言修改的信息,与冉晶晶原本所具备的关于语言形式的体裁知识构成类属关系。

一方面,基于现有的语言知识方面的体裁知识发展程度,冉晶晶仅能够将词组的缩略写法更正为完整拼写,但最终仍然未能对其语言风格进行成功的修改,而是依赖编辑完成这一部分的改进。另一方面,这种自我评价和审稿人反馈之间的差异可引起冉晶晶对其语言风格问题的注意,从而能够引起她有意识地关注其语言方面的问题所在,为她在语言方面的提升提供刺激。

(4)刘婷对结论改动效果的评估与监测:修辞语步知识与内容知识共同作用。

在两次审稿反馈中,刘婷均收到审稿人对其论文结论部分写作的消极评价。第一次反馈中,审稿人2建议作者"在摘要中列上有意义的结论"(Outline a meaningful conclusion in the abstract.)(刘-大修-审稿人2),还在自由评论的结尾部分,建议作者"在结论部分提供合适的结语"(Provide appropriate concluding remarks in the conclusion section.)(刘-大修-审稿人2)。

谈及对这一审稿反馈的理解,刘婷表示:"我特别怀疑我自己论文的创新性,就是'meaningful'(意义性)这种,我说我这个论文到底有没有，但是后来还是改了。"（刘-访谈）从刘婷的迟疑态度可见，她无法确定自己是否完全理解了审稿人提出这一反馈的真实意图。早在刘婷起草这篇论文时，她就曾怀疑过自己的这篇文章的选题价值："选题来自国内导师的自然基金课题，但已经是许多年前的项目，放到今天创新性和研究意义很弱，这是我文章最大的问题。"（刘-反思日志）

无论刘婷关于其选题意义的认识是否准确，她的这一认识都妨碍了其准确理解审稿人的意图。她做出了元认知判断，将审稿人所指出的问题归结为内容知识的缺乏，而忽略了切换视角，如从修辞语步的语言形式呈现上来理解这一审稿反馈。

基于这种偏差的理解，刘婷仅能做出试探性的修改："还是会改，不改肯定不行。"（刘-访谈）前后两稿的第二段对比如表5-2所示。

表 5-2　刘婷稿1和稿2选段对比

修改前	修改后
To make a better and more … environment,… are essential to make which will have the most effective influence in driving …. However, it is essential to get … involved and be well-trained （[AUTHOR]，2005）. … should go further to impact the society and the industry. … is rising, and … is always in the first place. … could also consider more about their … which are mainly adopted by … at the moment.（刘-稿1）	… were identified to be the most effective driving force for encouraging …. … are essential to make which will have the most effective influence in driving …. … were identified as the key drivers for …. … were driven largely by …'s policies and strategies. Thus,… should go further to impact the society and the industry. … is rising, but … had less influence in the current situation.（刘-稿2）

如表5-2所示，刘婷做出多处内容层面的修改，包括一个短语、两个句子和一个分句的删除，以及一个分句和三个句子的增加，新增加的内容均为对研究发现的总结概括。

这一改动并未达到审稿人2的预期，在第二次反馈中，刘婷收到了更为具体的修改建议：

例如第1页9~10行提及的现实启示应该被列出来，建议不应该被简单地视为结论。（For example, the practical implications alluded to in Page 1, Lines 9-10 should be outlined. Recommendations should not be passed off as conclusions.）（刘-小修-审稿人2）

结论部分没有任何的总结性话语，没有包括对引言中所交代的研究问题的任何反思，这是本文最主要的缺点。作者应该突出从研究结果中可以得出的推断（演绎或归纳）（即研究结果意味着什么？）。〔It contains no concluding remarks and includes no element of reflection in light of the study problems presented in the introduction. It is the most significant drawback of the paper. Author/s should highlight the inferences (deductions/inductions) that can be drawn from the research results (so what does it mean?).〕（刘-小修-审稿人2）

由此可见，要使刘婷的结论"有意义"，关键在于解决其修辞语步方面的文本呈现问题。其文稿中的结论问题，本质上属于语言形式上的问题，但由于刘婷本身缺少这方面的体裁知识，故而在对审稿人2较为笼统的反馈进行理解时，无法调用这方面的知识进行理解，倾向于调用其已做出的关于文章选题价值的负面自我评价，将其完全归结于内容本身的问题。

根据审稿人2的这一具体反馈，刘婷进一步调整了自己对于"有意义的结论"这一评价的认识："我这不改了吗？到底 meaningful（有意义）是什么，其实我也并不……我理解得不好，他可能要求我不是简单地去重复 results（结果），而是要说 results（结果）后面的结果，results（结果）后面的意义。"（刘-访谈）她将这一评价与讨论部分的修辞语步加以联系，从形式知识角度对自己对该部分修辞语步的认识进行自我评价，即自己误将研究结果的复述等同为研究结论。

基于上述理解，刘婷对结论部分的文本呈现做出了较大的改动：一是将原先仅用一句话概述的现实启示，即"The findings provide practical implications for policymakers"（研究发现为政策制定者提供了现实启示）扩展为两句话，具体阐释了对于政策制定者而言，如何将理论框架转化为实际目标并付诸实践；二是新增7个句子，阐述了其研究结果的意义，即目前并未发挥重要作用的3个动因如何可以发挥积极而强大的作用。两处对比如表5-3所示。

表 5-3　刘婷稿 2 和稿 3 选段对比

修改前	修改后
It is noteworthy that all of ... are not strong at the moment, but they have the potential positive influence if we make changes to the current situation. ... were identified to be the most effective .... are essential to make which will have the most effective influence in .... were identified as the key ... for .... were driven largely by .... Thus, ... should go further to impact ... and .... is rising, but ... had less influence in the current situation.（刘-稿 2）	... performs poorly regarding ... because none of ... are powerful enough at the moment. However, the cases present a vision that ... are taking responsibilities to improve the quality of ... beyond .... treasure their ... in ... more than ... to show their .... The ... also take actions to incorporate ... features in homes under .... Besides, ... create a virtuous circle. Once the ... start realizing the benefits of ..., they will increase their demand and pay more for better houses. In turn, this will encourage ... and ... to go further towards .... Thus, ... all have the potential power to break the "blame cycle" and ... in [COUNTRY].（刘-稿 3）

　　在第一次改动中，原稿的结论共有 4 段，刘婷仅对其中第 2 段做出了修改，原段包括 5 个句子，而修改后的段落包括 6 个句子。该段出现多处内容层面的修改，包括 1 个短语、1 个句子和 1 个分句的删除，以及 3 个句子和 1 个分句的增加。在第二次改动中，刘婷对结论部分做出了非常大的改动，删除了 6 个句子，改写了 1 个句子，并且新增了 7 个句子。原段中的 5 个句子均为对行业各责任主体的建议。文中所提的为各主要研究对象的建议，而新增加的句子均为对研究发现的概括性的重述。在至审稿人的回应中，刘婷表示已经修改了摘要的发现部分，并将自己做出的修改内容直接放入回答中。

　　在第二次反馈后，刘婷对这一部分做出了较大的改动。在该段落中，她以全新的内容阐述了她所认为的研究结果后面的意义，即目前并未发挥重要作用的 3 个动因，如何可以发挥积极而强大的作用；另一处是对原先只用一个句子概述的现实启示进行的修改。

　　直到论文最终被接收，再次谈及此处改动时，她表示：

　　它（指结论，笔者注）不是一个简单的结果的数据，而是这个数据所表达出来的意义，能够给阅读论文的人一个很直观的——你的核心的、得到的理论，或者怎么说呢？——反正它不是一个简单的数据，就是要有数据的分析在里面。（刘-访谈）

刘婷提及"阅读论文的人",可见她将讨论部分的行文布局与读者的阅读感受相联系,形成了读者意识,实现形式知识、内容知识与修辞知识的融合。

从第一次大修时仅关注论文本身究竟是否有意义,到小修时继续思考何为真正的"有意义"及如何通过语言形式呈现"有意义"的结论,再到之后的总结,将这些与读者感受相联系,刘婷不断将新的体裁知识与其已有体裁知识相融合,加深了对修辞语步、读者期待的认识。为了做好结论部分的修改,刘婷需要具备关于结论的修辞语步的形式层面知识,也需要充分挖掘关于研究结论指向的研究意义的内容层面知识。

除此之外,刘婷还需要了解如何实现结论部分的修辞语步,以及如何将内容层面的研究意义以语言形式呈现出来,从而将内容层面知识通过语言形式转化为实实在在的改动的能力。在这个过程中,通过与审稿人的沟通,刘婷也具备了明确的读者意识,了解到自己的结论写作需要能够"给阅读论文的人"关于核心理论的直观认识。

(5)孙小蓉对实验设计的计划:无法改善的研究内容与勉强改动的文本呈现。

孙小蓉的两位审稿人都给出了拒稿建议,在她收到的审稿反馈中,审稿人的总体评价均提及其实验设计问题。审稿人1指出:"尽管这是一个重要的研究领域,但论文的结论没有被实验数据支撑。"(Although this is an important research area, some conclusions of the paper are not supported by experimental data.)(孙-拒稿意见-审稿人1)审稿人2表示:"想法很好,但是实验没有被很好地设计和实施。"(The idea is good, however the experiment was not well designed and conducted.)(孙-拒稿意见-审稿人2)

再次投稿前,孙小蓉意识到,这个问题已成为她论文最大的薄弱点:"它(指期刊)之前拒我,是因为我的数据太少。"(孙-访谈)在刚收到这样的反馈时,孙小蓉表示打算继续开展实验,补充实验数据。然而之后,她前往地区G学习,无法留在学校继续开展实验,虽原本计划请其课题组的师妹代为开展实验,但由于疫情原因,其师妹亦无法继续在校开展实验,故而难以补充数据:

我那会儿想补数据,但是后来这件事情被搁置了,这课题我没办法再继续做了，现在我师妹也马上要毕业了，后面就没有人再做这件事情了。而且我一离开实验室，很多事情不太好（操作），有点不太现实了。（孙-访谈）

尽管孙小蓉认识到了其实验本身的问题，但是基于她对其所处情境的判断，她意识到无法通过实验来弥补审稿人提出的实验上的缺陷：

实验没有被很好地设计和实施，这个到目前为止是没办法改的。这个就是实验，实验就是做了哪些，就只能做这些；结果是哪些，只能是这些。现在唯一能改的是把前情提要稍微改一改，把后面的讨论稍微改一改，让摘要和讨论尽量服务于实验和结果这样子。（孙-访谈）

在这种情况下，尽管审稿人指出的是研究方法的问题，并未提及形式层面的表述问题，但孙小蓉仍然调用了她论文写作相关的形式知识，尤其是修辞语步相关的知识，计划对摘要、引言、讨论做出改动，从而使其与实验和结果相一致。比起需要依赖实验本身及实验相关的关系协调才可以改进的研究内容，形式层面的文本改动对其来说更具有可行性。因此，孙小蓉调用了之前已经具备的"SCI论文需要分块把故事写出来"的修辞语步知识，将通过文献阅读和在老师指导之下形成的修辞语步相关的知识投入其文本修改。

在实际改动中，一方面，正如孙小蓉所说，对于两位审稿人所提出的与大部分实验设计细节相关的反馈，她都未能采纳。例如，审稿人1表示：

根据［术语］和所报告的［术语］的成分的……我们最终发现……成分是……（according to ... of the ［TERM］ and the reported compound of ［TERM］ we finally find the ... compound is ....）（孙-拒稿意见-审稿人1）

孙小蓉能够理解审稿人这条建议本身的内涵：

他提出的是，实验方法上面需要有改进。……对［术语］的鉴定这一块的实验技术，他这个是比较更严谨的一个方法，我可能就是一个很普通的方法……这个东西的话，它怎么验证都可以，我那会就选了一个最普通、大家最常用的一个方法。（孙-访谈）

尽管认识到了审稿人所建议的实验方法更为严谨，但是，她未能遵从自己的理解来改进实验。在修改稿中，她并未采用审稿人1所建议的任何一种方法，而仍然使用了原本的实验分析方法。

对于审稿人特别提出的这条表述，孙小蓉将其更改为："［W］e used ［TERM］ to get the ... of the ［TERM］. After searching the literature of ［TERM］ we finally find the ... compound is ...."（孙-稿 2）在此，孙小蓉仅做出语言上的增加与替换：① 交代了获得［术语］……的具体实验手段——"［术语］"；② 将"the reported compound of ［TERM］"明确地表述为从文献中获取的信息。

另一方面，尽管孙小蓉具备需要重新架构整个"故事"的意识，并基于这一认识，计划开展摘要、引言和讨论部分的语言形式修改，但是在实际修改中，她并未对摘要、引言和讨论做出实质性的更改。例如，对引言部分，她做出了 5 处形式层面的改动：① 在"No 28，29"和"have"之间增加一个空格；② 在"an［TERM］"中增加一个形容词，即"a certain ［TERM］"；③ 从研究方法部分位移一个短语"mainly composed of the following main ...；［English translation of TERM 1］（［TERM 1］），［English translation of TERM 2］（［TERM 2］），［English translation of TERM 3］（［TERM 3］），［English translation of TERM 4］（［TERM 4］），and ［English translation of TERM 5］（［TERM 5］）"，插入引言之中的背景描述；④ 将摘要部分的一句话复制到引言部分，"It is reported that ［TERM］ played an important role in regulating ..."；⑤ 删除了开篇第一句话的文献引用。

其中，第 1、4、5 处改动与其他审稿反馈相关，仅第 2、3 处改动是孙小蓉自己做出的改动，但并未涉及实质内容的变化。而在讨论部分，除了一处与其他审稿反馈相关的改动，孙小蓉仅做出了 2 处与研究内容无关的语言改动。由此可见，孙小蓉实际上既未调用她研究内容相关的知识进行实验改进，也并未按照原计划对摘要、引言和讨论部分的修辞语步做出实质性更改。

由于孙小蓉缺少处理此条反馈所需的内容知识，她在其所处环境中也没有获取该知识的渠道，因此，为完成修改，她转而希望可以调用自己已有的修辞语步知识，使实验结果与论文结论相一致。然而，她仅有"重新立一个故事"的意识，并不知道如何才能"重新立一个故事"，因此，最终她无法做出有效的修改。

2. 元认知操作实例小结

本小节描写了体裁知识发展程度不同的四名作者如何在认知和元认知层面处理各类具体反馈，反映了不同维度的体裁知识所发挥的不同程度的作用。不同程度的学术体裁知识对学生认知和元认知层面的投入程度产生不同效果的影响。作为熟手二语作者的郑彬对语言修改的投入程度进行了有意识的监控；在数据验证方法和文献引用问题的修改上，基于自己已有的学科内容知识，在与审稿人的意见产生分歧时，他一方面充分利用自己已有的语言和修辞语步知识及与审稿人沟通的过程知识，另一方面学习新的数据验证方法，历经两次修改，最终做出令审稿人满意的改动。基于丰富的体裁知识储备，他并非简单考虑改动的对与错，而是能够对审稿人的反应做出预测性的判断，考虑某条建议可以磋商，某条改动可以被接受的程度，基于对自身水平和修改效果的元认知评估，灵活地处理反馈。

作为新手二语作者的冉晶晶和刘婷对自己的语言水平进行了重新评估，且采取了复杂的认知操作进行新知识的学习。冉晶晶在研究设计问题上，收到两名审稿人意见不同的反馈，基于自己的学科内容知识储备，她选择接受审稿人2的建议，利用自己的形式层面知识做出改动。刘婷积极调取从前人文献中获得的形式知识，并充分利用文献搜索的过程知识，补充与其研究内容相关的新信息，最终达成的改动得到审稿人的称赞。作为新手二语作者的孙小蓉由于仍未对自己的语言水平进行合适的评估，缺乏修辞意识，因此并未在语言知识的发展上采取复杂的认知操作。在面对审稿人关于其实验内容方面的反馈时，尽管孙小蓉不断针对自身所处语境和具备的知识展开反思与评估，试图调整修改策略，但是，由于在内容层面缺少补充实验数据的渠道，她无法对研究内容做出实质性改进；她在形式层面缺少修辞语步知识，未能对论点和数据之间的逻辑关联做出合理解释。由于其形式知识和内容知识的不足，孙小蓉无法与审稿人形成有效的对话与沟通。

这些元认知操作说明审稿反馈使得作者产生校准自身体裁标准的意识，主要表现为校准自身内容质量标准、校准自身修辞质量标准及校准自身语言质量标准。校准自身体裁标准是作者深度投入审稿反馈的重要环节，本研究参与者在处理审稿反馈的过程中，校准了关于研究质量的标准认识，对目标读者群体的身份构成形成了更为复杂的认识，能够在完成修改后对读者可能的反应进行预判，也对学术风格、学术语言等形式层面的标准形成了相对具体的认识。

本研究参与者对内容标准或修辞标准的校准通常与他们意识到自己与读者对研究的期望或对研究内容的形式表述不一致有关。在某些情况下，参与者可能需要通过几个修改阶段来校准超过某个单一维度的体裁标准，然后才能成功地进行分步修改。这一点在刘婷对结论部分的两轮修改实例中得到了充分体现，而刘婷在结论部分的修辞语步修改是其文本改动的主要模块。这也体现出审稿反馈内容在二语作者，尤其是新手作者关于学术体裁质量标准的元认知知识方面的积极作用。审稿人的反馈意见提高了本研究中冉晶晶和刘婷对研究结果进行修辞层面反思的能力。

虽然基于冉晶晶和刘婷的既往学习经历，她们已获得了关于学术期刊论文写作方面的基本认识和练习指导，但这种认识尚停留在对一般体裁规约和传统修辞结构的认识上。在国际学术发表语境下，新手作者通过审稿反馈了解研究内容汇报中的具体问题，从而将既有的形式修辞知识与当前的社会修辞需求相结合，并认识到学科读者对体裁惯例期望的差异性，从而形成复杂、灵活的体裁质量标准判断。这种元认知判断标准对于二语作者来说至关重要，尽管仅靠修辞步骤的变化无法解决与研究内容质量相关的问题，但它为研究质量和研究价值的判断提供了一个不同的审核标准。

作为目标学科社区的新手作者和新手研究者，冉晶晶和刘婷对于通过审稿人的反馈来证明自己的研究设计和评估自己的研究质量的重要性有了元认知的认识。随着认识的提高，他们都在方法论部分增加了"合理化研究决策"和"引用前人文献"等修辞语步。尽管与引言和讨论部分相比，方法和结果部分总体上需要的修辞操作可能较少，但是审稿反馈仍然有助于新手作者进一步梳理、澄清、筛选与文章论证主张最为相关的研究结果，从而通过文本修改不断强化和凸显研究价值，澄清可能会让读者产生疑问的内容，说服读者相信他们的研究质量和价值。

第三节 本章小结

本章在分析四名研究参与人理解和处理审稿反馈过程的基础上，基于学术体裁知识的四个维度划分标准，从社会认知的视角研究了体裁知识对反馈投入过程的影响，具体体现在学术体裁知识对作者理解反馈程度的影响及对作者使用认知操作和元认知操作的影响，并有以下发现。

第一，在体裁知识对作者理解反馈的深度的影响方面，作者要同时注意审稿反馈中所指出的问题，并理解审稿人意图需要作者调用多维度的体裁知识。当审稿反馈中所涉及的体裁知识为作者的已知信息时，作者能够轻松理解反馈；当审稿反馈中所涉及的体裁知识为新信息，但能够与已有体裁知识储备发生一定逻辑关联时，作者需要投入脑力进行思考和处理，尽管存在困难，但经过思考仍可解决。熟手型和新手型作者各维度的知识发展状况不一。在形式知识或内容知识缺乏的情况下，作者可能无法理解反馈内容；在过程知识较为缺乏的情况下，作者可能无法准确理解审稿人的意图；修辞知识较为缺乏的作者可能无法预测何种改动会达到审稿人的期待。因此，作者对问题的理解深度会出现注意问题和理解问题的不同情况。不同理解程度之下，作者处理反馈过程中体裁知识产生影响的方式不同。

第二，在体裁知识对作者处理反馈的认知操作和元认知操作的影响方面，体裁知识发挥着重要的作用。当作者收到的审稿反馈已经清晰地指出了需要更改的问题及修改的方法时，作者仅须通过阅读反馈，遵照反馈执行修改方案等基本的认知操作，即可完成修改。当作者收到的审稿反馈没有明确指出修改方向或没有直接提供修改方案时，作者需要调用已有体裁知识处理反馈中提及的问题。

在形式层面知识足够的情况下，作者仅须直接调用已有知识，为语言改动提供必需的话语资源，从而完成修改。具有一定过程知识的作者能够根据对目标期刊语言要求的了解，通过元认知监测，调整在语言修改上的精力投入，而本身语言知识水平不高的作者需要额外进行写作语言学习。在处理修辞语步方面的问题时，具有一定修辞意识的作者能够将文本呈现的方式与读者期待联系起来，或利用修辞语步弥补内容方面的欠缺,从而做出合适的改动。处理文献方面的问题需要作者具有文献搜索相关的过程知识,补充研究话题相关的学科背景知识,具有一定的修辞和形式知识,利用文献引用佐证自己研究方法的合理性和论文逻辑的严谨性。处理研究方法的问题需要作者或从根本上改进研究方法,或从文本呈现的形式上承认研究方法的缺陷,删除对研究结果过度阐释的表述,使结果呈现服务于实际的研究结果。

在形式层面知识尚不足够的情况下,作者则需要采取一系列其他的认知操作和元认知操作。通过认知操作,作者需要学习和发展新的语言知识,从而达到新的写作标准。根据审稿人的点评,作者需要通过元认知评估,调整自己语言水平所应达到的标准的认识。

内容层面的反馈往往意味着作者不仅在写作文本呈现上存在问题,而且研究本身也可能需要改进,需要作者充分调动与研究相关的过程知识补足内容上的缺陷。内容层面的问题尽管与研究本身的质量相关,但是最终要落实于文本呈现之上。对于内容知识层面的反馈处理,作者不仅需要利用内容知识,还需要综合利用其他各维度的体裁知识。例如,郑彬按照审稿人1的要求,学习并使用新的数据研究方法;刘婷为使文献综述部分更丰富全面,通过搜索新文献对文献综述部分进行补充。当作者与审稿人在研究内容的问题上存在异议时,作者通过充分调用其形式层面知识,对其研究内容做出合理的解释,也可能会说服审稿人,达到有效修改的目的。例如,冉晶晶通过承认其问卷调查研究方法所得结果的有限性,并说明其他数据收集方法的不可行性,从而为其研究的有效性做出合理解释。而在孙小蓉的案例中,作者的形式知识缺少,既无法在研究内容上做出本质上的改动,也无法提高文本呈现质量,导致论文最终被拒。

在此过程中,审稿反馈使作者了解了语言表达方式对读者产生的影响,增强了读者意识,如过于冗长的句子不具有可读性,在结论部分读者期待看到作者对研究结果的讨论而非复述,由此发展修辞知识。这种修辞知识使得作者可以有意识地利用修辞语步,甚至在作者无法肯定自己的研究意义的情况下,改善这部分内容的呈现方式,满足读者对作者交代研究意义的期待。

作者过程方面的体裁知识也会产生影响。郑彬具有丰富的学术期刊论文发表相关的过程知识,他了解其目标期刊稿件处理的最后环节仍需要进行语言校对，且自己的语言水平已经能够达到该期刊论文英语表达的一般水平，因此，他未在语言编辑上投入过多精力。刘婷则利用修改相关的过程知识，充分调用语境中的资源，进行语言新知识的学习。

社会情境中，便利的文献获取渠道和研究开展环境可为学生的体裁知识发挥积极影响提供有利条件，而如果研究所需的重要资源无法获取，学生的内容层面知识无法得到改进，则会导致无效的修改。

基于对作者理解和处理审稿反馈的学术体裁知识影响的分析，本章发现体裁知识发展程度不同的作者的关键差异在于在处理反馈过程中多大程度上能够结合过程知识和修辞知识，使用和发展形式知识和内容知识。不同程度的过程知识、修辞知识及不同维度知识的融合程度，决定了作者处理反馈的认知基础，从而导致作者采取不同类型和程度的认知操作与元认知操作。作者的体裁知识在发挥作用时，还受到社会文化语境中可获取的资源及审稿反馈本身的特征的影响。第六章将继续分析作者的体裁知识如何影响他们的情感投入。

第六章 二语作者体裁知识对情感投入的影响

情感投入是学生投入审稿反馈的维度之一。本章回答第二个研究问题：二语作者个体的学术体裁知识如何对他们的情感投入产生影响？本章将从审稿反馈所引起的作者情感反应和作者所采取的情感调节两个方面展开，揭示作者的体裁知识在其中所产生的影响。第一节中，首先介绍本研究中发现的作者情感反应类型，再分析体裁知识对这些作者的情感反应的影响；第二节中，首先介绍本研究中发现的作者情感调节策略类型，再分析体裁知识对这些作者的情感调节策略的影响；第三节对本章内容进行总结。

第一节 体裁知识对情感反应的影响

本节根据情感的指向目标类别、效价和活跃度，对四名作者在访谈中所谈及的情感反应类别与分布进行汇报，并进一步分析体裁知识对他们的情感反应的影响。认识性情绪受到作者内容知识和形式知识发展程度的影响，社会性情绪受到作者过程知识发展程度的影响，结果相关情绪和活动相关情绪未表现出受到体裁知识的影响。此外，熟手作者的情绪反应以正性低唤醒情绪为主；新手作者由于需要学习新的体裁知识，情绪反应具有波动性，呈现出以负性或中性高唤醒情绪为主的倾向。

一、情感反应的类别与分布

本节汇报依据情感指向目标对四名作者的情感反应进行分类的结果。研究发现，刘婷的结果相关情绪占比最高，孙小蓉次之；冉晶晶的认识性情绪占比最高,刘婷次之;郑彬的活动相关情绪和社会性情绪均占比最高,孙小蓉均次之。在结果相关情绪中,回顾性结果相关情绪常与审稿人的反馈直接相关,前瞻性结果相关情绪与作者的发表目标相关。认识性情绪和社会性情绪与作者的体裁知识直接相关,其中,认识性情绪多与作者的内容知识和形式体裁知识相关,社会性情绪则与作者的过程性体裁知识相关。

1. 郑彬的情感指向目标

郑彬处理审稿反馈时所产生的情绪包括以下几种。① 回顾性结果相关情绪:平静;② 前瞻性结果相关情绪:漠然;③ 活动相关情绪:放松、抵触;④ 社会性情绪:认同、敬佩、共情。在其书面和口头汇报数据编码中,社会性情绪占比最高(39%),结果相关情绪其次(38%),而活动相关情绪占比最低(23%)。其中,回顾性结果相关情绪占比为23%,前瞻性结果相关情绪占比为15%。

值得注意的是,在郑彬所汇报的情感反应中,并未出现认识性情绪,说明他可能并未在提升自己的体裁知识发展程度上投入情感。他在第一次访谈中谈及自己的学术写作与发表历程时,提及对英语期刊论文写作的认识,这与他在认识性情绪反应上的缺失相呼应:"我后来就是有一段时间都不屑于写文章,因为感觉满满地都是套路。……我看到好多写文章的点,都是一眼放过去以后,我都感觉从年初写到年尾……都没有问题。"(郑-访谈)可见,郑彬认为自己已经完全熟悉了写作的"套路",并且可以轻松驾驭学术期刊论文的写作。基于此,他并未因为一时无法解决审稿人所提出的某个问题而焦虑,也没有因为成功解决了某一较难处理的意见而喜悦,他并未表现出这种基于自我科研或写作能力的缺失或提升而产生的情感。

另外,在郑彬的情感投入中,社会性情绪占比与结果相关情绪持平,是四名作者中占比最高的。这一发现与他谈及对处理审稿反馈的过程的认识完全吻合:"我感觉在修改的这个过程,其实就是,要把它当作一个面对面交流的过程。"(郑-访谈)由此可见,郑彬并未将论文修改视为孤立的学术活动,而是对自己修改时所处的社会语境有一定意识,将处理审稿反馈的过程视为一种社会性的活动。

2. 冉晶晶的情感指向目标

冉晶晶处理审稿反馈时所产生的情绪包括以下三种。① 回顾性结果相关情绪：高兴、平静、委屈、惊吓；② 认识性情绪：困惑、惊讶、烦恼；③ 社会性情绪：畏怯、抱怨。在其书面和口头汇报数据编码中，结果相关情绪占比最高（45%），且全部为回顾性结果相关情绪，认识性情绪其次（33%），而社会性情绪最低（22%）。

与郑彬有明显差异的是，冉晶晶并未谈及前瞻性结果相关情绪和活动相关情绪。其社会性情绪与认识性情绪的基本持平反映出她将投入审稿反馈的过程不仅视为个人学术写作能力或科研能力的一种提升，也视为与审稿人的一种交流，故而才能产生社会性情绪。其结果相关情绪所占比例较低，可说明其审稿反馈的结果并未引起她过多的情绪波动。这也与她在访谈中的表述符合，审稿反馈中指出的最为致命的问卷方法问题实属她意料之中的问题。

3. 刘婷的情感指向目标

刘婷是四名研究生作者中唯一定期咨询心理医生的，她对自己的心理状态格外关注，除了被动回答笔者关于其情感投入方面的提问，她在书面和口头报告中也常主动谈及自己处理审稿反馈的情绪状态。刘婷处理审稿反馈时所产生的情绪包括以下几种。① 回顾性结果相关情绪：幸福、高兴、欣慰、崩溃、绝望、沮丧；② 前瞻性结果相关情绪：受到鼓舞的、忧虑；③ 活动相关情绪：满足、焦虑；④ 认识性情绪：高兴、疑虑、烦恼；⑤ 社会性情绪：感激。在其书面和口头汇报数据编码中，结果相关情绪占比最高（67%），认识性情绪其次（21%），活动相关情绪次之（8%），而社会性情绪占比最低（4%）。其中，回顾性结果相关情绪占比 54%，前瞻性结果相关情绪占比 13%。

刘婷的情绪编码分布在一定程度上反映出她对自己审稿反馈投入结果成败的关注度较高，同时，她也在寻求自身认识的发展上投入了一定的情感。这组数据的分布与刘婷对自身的评价是相吻合的，她在访谈中表示被拒和大量修改的经历使她的情绪产生巨大波动，在后续的调整中，她有意识地将注意力集中在英语学术论文写作能力的提升上，而减少对最终是否能够被成功接收这一结果的关注度。另外，由于这篇论文能否成功发表关系到她能否顺利凭借此篇论文毕业，因此她不免对这篇论文的成败结果格外关注。

4. 孙小蓉的情感指向目标

孙小蓉处理审稿反馈时所产生的情绪包括以下五种。① 回顾性结果相关情绪：沮丧、失望；②前瞻性结果相关情绪：忧虑；③活动相关情绪：焦虑；④认识性情绪：烦恼；⑤社会性情绪：认同。在其书面和口头汇报数据编码中，结果相关情绪占比最高（50%），社会性情绪其次（25%），认识性情绪再次之（13%），而活动相关情绪占比最低（12%）。其中，回顾性结果相关情绪与前瞻性结果相关情绪各占25%。

在孙小蓉为数不多的情感反应数据中，四类情绪均有出现，其中结果相关情绪占一半，除此之外，社会性情绪占其中的1/4，位列第二。首先，孙小蓉在四名研究生作者中所陈述的情感反应相关的数据最少，她与刘婷相似，在一年多的周期内经历过两次拒稿，但是她并未在访谈中表现出明显的负面情绪，可见无论是消极层面还是积极层面，她都没有如刘婷一样产生巨大的情绪反应，对审稿反馈的情感投入没有刘婷深入。她并未真正对处理反馈所需要采取的策略进行深入的思考，因此，无法表现出关于写作内容本身的享受、困扰、满意等情绪。

二、情绪效价和活跃度

从情绪的效价和活跃度来看，只有郑彬的正性情绪占比超过负性情绪，同时，他也是唯一高唤醒情绪占比低于中唤醒情绪和低唤醒情绪的作者；而冉晶晶的负性情绪占比最高，高唤醒情绪也是四位作者中占比最高的。刘婷正性情绪和负性情绪占比相当，但高唤醒情绪同样占比较高，在四名研究生作者中位居第二。高唤醒情绪的占比或可预测作者的整体投入程度，高唤醒情绪占比高的作者或可更高程度地调用已有体裁知识。

1. 郑彬的情绪效价和活跃度

在郑彬所汇报的这些情感中，正性情绪占比最高，为72.7%，中性情绪与负性情绪的占比分别为18.2%和9.1%；高唤醒情绪占比最低，为18.2%，中唤醒情绪为27.3%，低唤醒情绪占比最高，为54.6%。

在四名作者中，郑彬的低唤醒情绪占比最高，这与其较为放松的心态密切相关。早在第一次访谈中，郑彬便表示："（达到学校毕业的发表要求）之后对审稿人，就是我比别人更轻松，完全是以交流的态度给他们进行回复了。但是我后来感觉呢，这种心态反而更有利于你的文章去录用。"（郑-访谈）由于这篇文章的发表结果并不会对他的学业进展产生影响，因此他能够以轻松的态度面对审稿反馈。

根据郑彬的口头汇报，郑彬在处理审稿反馈时，经历过情绪上的变化。这主要体现在他处理审稿人 1 关于验证问题的反馈中，他表示自己"拖着*迟迟不想修改，真的就是迟迟不想修改，因为感觉不好改*"（郑-访谈）。他认为他对修改表现出拖延和抗拒的主要原因在于，这条反馈对他而言，是此次投稿过程中遇到的最难修改的反馈。在他对这两次审稿反馈的处理中，仅有一条内容的反馈引起了郑彬明显的负性情绪反应。这条反馈即为审稿人 1 所提出的验证方法问题，郑彬认为这条反馈最难处理，因此产生了抵触的负性情绪。

审稿人 1 在指出其验证方法上的问题的同时，做出了补充说明："如果没有验证，我就不能推荐这篇论文发表。"（I cannot recommend the publication of this paper without this verification.）（郑-大修-审稿人 1）对于这条附加的说明，郑彬表示，他不会因为拒绝修改可能带来的严重后果而改变他对这条建议的不合理性的认识，但是，这条反馈还是加深了他对此问题的重要性的认识："不太会改变我回答的方式，但思维上肯定会考虑一下，他到底对这个文章的总体是一个什么意见？然后我这条的回答到底能不能满足他的要求？"（郑-访谈）

由于郑彬加强了对这一反馈的重视程度，他将自己置于一种与审稿人沟通的情境假设中进行了换位思考，即一方面预测审稿人 1 对文章整体可发表性的态度，另一方面预测自己的修改结果是否能让审稿人满意。但是，在情感上，他仍然对这一需要较多脑力投入的修改保持着抗拒的态度。

当审稿人 1 在第二次反馈中仍然表达了他对郑彬修改方式的不满意时，郑彬再次表现出了这种抵触情绪："他不是还是坚持让我对比吗？我就拖到很晚，应该是拖得比较久，虽然意见比较简单，其实改起来也比较容易，但是我就是不想改。"（郑-访谈）显然，审稿人 1 关于验证问题的两次反馈均给郑彬的两次修改带来一定的压力，这种压力在行为上被转化为一种拖延的状态，而这种拖延的状态在作者面对较难完成的修改任务时更为明显。

这种情绪上的反应与他处理反馈时与审稿人沟通的一贯态度相一致。郑彬在第一次访谈中谈及有关与审稿人沟通过程中的认识时，曾表示过当他与审稿人存有异议的观点时他采取的态度：

体裁知识与反馈投入：二语作者国际学术发表个案研究

> 有时候我也是该反驳就反驳的，因为这时候跟人的心态就有关了。什么叫跟心态（有关呢）？举个例子啊，我毕业的硬性条件已经达到了，我不在乎，我毕业不等着、不急用这一篇文章，那提出来的问题我觉得不合理，我就给你元元①地在学术上跟你进行辩论。那反过来呢，我女朋友就不一样，她就缺那一篇文章，就可以毕业了。她这时候心态就不一样了，明明那个审稿的意见就是不对或者是有偏差，她没有这么理直气壮地去反驳他。（郑-访谈）

正如郑彬所说，他这次稿件的修改已经无关乎他能否毕业的结果，因此，尽管他觉得这个问题"不好改"，但在心态上，他否认了自己是焦虑的，并表示仍然会坚持自己对这一问题的态度，不倾向在对他对处理这一问题的看法上做出妥协。

并非所有反馈都会引起郑彬情绪上的变化。例如，在面对这条反馈"［术语1］如何会对注入的［术语2］产生［术语3］？"（郑-大修-审稿人2）时，郑彬基于自己所具备的学科内容相关的知识，认为这属于"专业交流性质的意见"（郑-访谈），因此这种反馈并未引起他情绪上的变化。对这种反馈，郑彬甚至未将审稿人2的疑问以任何形式融入对文本的修改，而仅仅在致审稿人的回应中予以解释说明。郑彬进一步解释道："一般情况下，比较好修改的意见，就是说没有太多让人头疼的意见，我也就抽一天就改完，那种情况下，就比较随意了，我愿意改，什么时候有空什么时候改。"（郑-访谈）可见，郑彬对这类未引起他明显情感变化的反馈也未在认知和行为上深度投入。

他之所以对审稿人指出的验证问题加强了重视程度，从根本上来看，是基于他对这一问题本身的认识。早在第一次访谈中他就指出，如果遇到"点出论文的薄弱点和关键点"的意见，虽然难改，但会"比较重视，也很敬佩审稿人，所以说对他的意见也会比较重视"（郑-访谈）。基于郑彬对自己学科领域的内容把握程度判断，他对审稿人1的反馈赋予了重要性。

需要特别指出的是，郑彬明显不同于其他三名参与者的情感反应在于，他还表现出了明显的共情反应：在访谈中，郑彬经常提及自己的修改可能对审稿人造成的情绪变化。例如，审稿人2建议：

---

① 根据发音转写，被访者用以形容辩论的激烈程度高。

124

表3中，我认为最好把"[TERM Y] input"和"[TERM Y] output"改为"[TERM E] input"和"[TERM E] output"。(In Fig.3, I think it is better to change "[TERM Y] input" and "[TERM Y] output" to "[TERM E] input" and "[TERM E] output".)（郑-大修-审稿人2）

尽管审稿人2提供了具体直接的修改方式，但郑彬并未采纳，仅在文稿中对"[TERM Y] input"和"[TERM Y] output"这两个术语进行了补充性解释。对此，他解释道："我是给他一点心理安慰，照顾一下他的情绪……"（郑-访谈）

可见，郑彬在做出拒绝审稿人的建议时，考虑了这一拒绝行为可能给审稿人带来的负面情绪反应。尽管他认为这种修改在本质内容上"没有任何改变"，但他考虑审稿人在阅读其稿件时投入的精力，作为情感上的回应，他以形式改动替代内容改动的方式，表达对审稿人2建议的尊重态度。

这种共情反应既直接体现郑彬对于审稿人审稿过程中的情感体验的了解，也需要以作者对审稿人的知识水平和身份判断推理为基础。

一方面，郑彬不仅将与审稿人的沟通视为一种学术上的交流，而且将与审稿人的沟通真正视为人与人之间的情感交流。这符合他在第一次访谈中提及的与审稿人沟通方式的认识："在面对审稿人的时候，我感觉里面也是充满了这种人的想法。"（郑-访谈）他之所以能够形成这样的认识，是因为他作为审稿人经验的推理：

我收到过别人写的这种，感觉像教育小学生一样的回复，就通篇表现出来的那种态度可能就是——懂什么？你什么都不懂，还对我论文乱点评。（郑-访谈）

可见，郑彬的审稿经验丰富了其对于审稿过程知识的认识，为其理解审稿人的情绪体验提供了基础。

另一方面，郑彬对于审稿人的学科知识水平和身份的推测也是他考虑审稿人情感的前提条件。他如是评价审稿人2：

我认为第二个人的意见并不是很专业，他是一个比较外行的（人），但是他虽然外行，他仔细看了文章，他没有……但还是没有提一些非常专业性的意见，大多数的问题集中在一些，就是说他理解可能没理解到

位，然后有一些疑问。总体来说，属于审稿人里边比较负责的了。（郑-访谈）

可见，郑彬根据审稿人2的反馈内容，基本推断出了审稿人对其论文所在学科领域的了解程度；同时，根据审稿人的反馈性质，对审稿人2的态度做出推测，即认为其比较负责，这加强了郑彬对审稿人2的尊重态度。因此，即使郑彬认为审稿人2是"外行"，但也能顾及审稿人2的付出和投入，考虑直接拒绝反馈的行为可能给审稿人2带来的负面情绪反应。

这种共情反应与郑彬的认知投入密切相关，促使他形成了"换位思考"的修改策略：

你先换到他的位置去，从他的角度去理解自己的文章是不是存在缺陷，引发他的这种误解或者产生……让他产生这种想法，然后你再根据他的问题进行解释，然后把你的文章稍微改……也要改，但是改一下文章内容，不要改你（文章）的本质，只要避免他产生这种误解就可以了。我是赞同交流式的修改，不赞同被审讯式的。（郑-访谈）

郑彬这一特殊的情感反应体现出了他关于论文发表与修改丰富的过程知识，与其认知操作和修改行为密切关联。

2. 冉晶晶的情绪效价和活跃度

在冉晶晶所汇报的这些情感中，正性情绪和负性情绪的占比分别为22.2%和77.8%；高唤醒情绪占比最高，为77.8%，中唤醒和低唤醒情绪分别占比11.1%。与刘婷相同的是，冉晶晶的高唤醒情绪明显高于中唤醒情绪和低唤醒情绪。可见，尽管冉晶晶经历了负性的情感反应，但这种情感投入对她的认知投入和行为投入并无消极影响。

具体来说，当审稿反馈所反映的问题直接关系到论文能否被接收的最终结果时，这样的审稿反馈会引起冉晶晶较大的情绪波动。例如，在刚收到大修反馈时，她产生了正性的情绪变化，即高兴、开心："因为我没有被拒掉，他只要让我修改，我就知道我有被接受的希望，所以看到修改反馈我其实是开心的。"（冉-访谈）但是，在看到审稿人1因为冉晶晶的问卷设计问题直接给出了拒稿建议，审稿人2也着重指出了冉晶晶的问卷调查方法存在的问题后，冉晶晶表示："最吓人就是问卷，特别致命，所以当时其中一个审稿人直接要求拒稿，就是因为我的问卷。"

(冉-访谈）这一关系文章能否最终被审稿人所认可的问题，引起了冉晶晶情绪上的消极变化，同时，伴随着这种情绪变化，冉晶晶也加深了对处理好这一问题重要性的认识。

另外，冉晶晶在遇到她认为不合理的审稿反馈时，表达了委屈和抱怨的负性情绪反应。审稿人1在第一次返修时，给出了拒稿的总体建议，其中针对冉晶晶的文献综述，审稿人1仅给出了一条概括性的反馈："相关主要研究没有被合适地回顾。"（Relevant key studies are not properly reviewed.）（冉-大修-审稿人1）。对此，冉晶晶表示：

> 我是觉得委屈，因为我觉得，我所有关键的文献都回顾到了，我没有漏掉任何的点，我不知道这一点该如何修改，思考了好多天。我当时还有一个抱怨，是觉得审稿人他其实……我甚至认为……他没有什么可说的，硬是鸡蛋里挑骨头，所以他这句评语非常地笼统，非常地general（笼统）。什么叫没有properly reviewed（合适地回顾）？我是没有涵盖？我是漏掉了主要文献？还是说我没有对它进行点评？你是怎么样才叫properly reviewed（合适地回顾）？（冉-访谈）

可见，冉晶晶产生委屈和抱怨情绪的根本原因在于：① 基于她对自己文献综述部分写作的自我评估，她不同意审稿人1的这一观点；② 审稿人的这条反馈不够具体直接，不具有操作性，加之审稿人1最终给出了拒稿意见，因此冉晶晶产生了审稿人1有意刁难的想法；③ 基于前两点原因，冉晶晶没有思考出针对这一反馈可以采取的修改策略，经过几天的思考后，她仍然认为自己的文献综述没有遗漏要点，仍旧未能设计出相应的修改方案。

冉晶晶的这一情绪反应与其对自己的体裁知识评估有一定关联；而同时，冉晶晶对审稿人1给予这一反馈的动机和意图产生了怀疑，即她并不认为审稿人1与自己有着相同的目标——她的目标是纠正问题从而成功修改和发表，而审稿人1的目标是挑出问题从而阻碍其成功发表。由此，冉晶晶对审稿人1的不信任态度引起了其对审稿人1此条反馈内容本身的怀疑，阻碍了她对文献综述问题的修改。

冉晶晶向自己的导师求助，导师对审稿人1的这条概括性反馈提供了积极的解读。虽然冉晶晶向导师求助时并非出自有意识地调节情感的目的，但是在其导师答疑解惑、明确了修改方向之后，她的负性情绪也随之化解。之后她打消疑虑,对自己的文献述评做出多处改动,不仅在文献综述部分增加了对主要话题的文献引用,还在讨论部分增加了一处对前人相关文献的述评。在这个过程中,冉晶晶的情绪变化对她决定是否做出改动本身有着直接影响,而在她调整情绪并决定做出更改后,她的体裁知识才得以真正发挥作用。

除了上述情绪变化,冉晶晶还认为自己在投入审稿反馈的过程中存在缺乏自信的问题:

有些时候审稿人只要一说我这个地方不好,我就真的以为自己不好。但有些时候审稿人的意见并不都是对的,并不都是有道理的,但是我因为不够自信,所以没有办法站出来捍卫自己的立场,捍卫自己的观点。(冉-访谈)

冉晶晶认为她"学术自信"的缺乏体现在她对于论文多为"描述性数据"的呈现且缺少理论支撑这条审稿反馈的回应上。在冉晶晶回应这一审稿反馈时,她确实没有在文献中找到相关讨论,只能勉强找出并不直接相关的前人文献,对其研究发现进行较为间接的理论解释,并加入了讨论部分。事实上,直到她的文章成功发表之后,业内学者才提出并发表了与其研究发现直接相关的理论。换言之,造成她修改困难的原因并非在于她对学科理论背景知识储备的不足,而是其所在学科领域本身缺少这方面的信息。尽管她意识到了这一点,但并未将这一意识作为反驳审稿反馈的依据。对此,她表示:"我不敢,我刚才说了,我没有学术自信,我不敢说这块是研究空白。"(冉-访谈)可见,冉晶晶的这种信心缺乏导致其自我评估出现了偏差。

3. 刘婷的情绪效价和活跃度

在刘婷所汇报的这些情感中,正性情绪和负性情绪各占一半;高唤醒情绪占比最高,为70.8%,低唤醒情绪次之,为20.8%,另有中唤醒情绪占比8.3%。

在因为消极的审稿反馈经历了情感上的"无助、痛苦、绝望"(刘-反思日志)后,刘婷有意识地采取了反应调节策略,通过向心理医生倾诉和与娜娜老师的交流,缓解了其负性情绪;经历了一系列有意识的情绪调整之后,她才鼓起勇气向第三家期刊投递了稿件。

在收到第三家期刊的审稿反馈时,她产生了一系列积极的情绪反应。

例如，两位审稿人的整体意见和审稿人 1 的积极评价引起了刘婷的正性情绪反应：当看到两位审稿人给出的建议都是"大修"时，其反应是"还有希望"（刘-反思日志）；当她看到审稿人 1 对于她的论文给予的第一句评价是"这篇文章很有意思"（This paper is a very interesting paper）（刘-大修-审稿人 1）时，就"没有那么沮丧"（刘-访谈）；当她看到审稿人 1 在期刊结构化问题的回应中对于文章是否具有原创性的回答是"Yes（是）"时，"很开心"（刘-访谈）。

尽管两位审稿人的整体意见和审稿人 1 的正面评价引起了刘婷的积极情绪反应，但是，审稿人 2 的消极评价又引起了刘婷的负性情绪反应："第二个 reviewer（审稿人）他更加 negative（否定性），他给的意见更严厉，然后就真的给我一种一无是处的感觉……他就会有一些非常否定性的词汇，这个当时是非常沮丧。"（刘-访谈）

审稿人 2 在指出刘婷文稿中的问题并给出修改意见时，相较于审稿人 1，使用了较多负面词汇。例如，两位审稿人均指出刘婷可以进一步充实文献综述部分，审稿人 1 表示："……仍有回顾现有文献的空间……"（"... there is still scope to review existing studies ..."）（刘-大修-审稿人 1）审稿人 1 未使用任何否定性词汇，而是采用肯定句进行表达。而审稿人 2 则使用了否定性单词"not"："这篇论文*没有*充分展示对领域内相关文献的理解。"（"The paper does *not* adequately demonstrate an understanding of relevant literature in the field."）（刘-大修-审稿人 2）在审稿人 2 的反馈意见中，这样的否定性词汇出现的频率明显高于审稿人 1 的反馈意见。又如："修改关键词——'[术语 G]'"（"Revise keywords—'[TERM G]'"），"'案例研究'不是关键词"（"'case studies'are not keywords"），"关键概念，如'[术语 Y]'没有被充分定义"（"key concepts such as '[TERM Y]' are not adequately defined"），"文章没有达成结论"（"No conclusions were reached in the paper"）（刘-大修-审稿人 2）。这也解释了为何刘婷认为审稿人 2"严厉"。这些时而"开心"时而"沮丧"的情绪变化是由反馈中的审稿人措辞直接引起的。

除了上述在阅读审稿反馈过程中产生的情绪变化，情绪的波动也贯穿刘婷的修改过程："上一秒还怀疑，下一秒自信，下一秒又怀疑，就是这种……改一条，把这条改完之后，就说，哇，我自己好厉害，然后下一条开始……什么啊。"（刘-访谈）

可见，刘婷的情绪变化与其能否完成某条具体的改动及对自身修改能力的评估密切相关。而修改中遭遇的困难能够格外引起刘婷的负性情绪反应。

刘婷在投入审稿反馈的过程中表现出了较为复杂的情感变化。这些变化一方面包括情绪上的变化，如沮丧、高兴、焦虑、失望；另一方面表现为态度的变化，如对审稿人产生认同感等。尽管刘婷表达了很多负性情绪，但同时她也表现出了对审稿反馈的正性态度反应。例如，在进入理解审稿反馈的阶段后，刘婷从内容上对审稿反馈进行了思考，并做出了审稿人反馈的"深刻、犀利、直指人心"（刘-反思日志）的评价。

4. 孙小蓉的情绪效价和活跃度

在孙小蓉所汇报的这些情感中，正性情绪和负性情绪的占比分别为37.5%和62.5%；高唤醒情绪占比最高，为50.0%，中唤醒和低唤醒情绪占比相同，均为25.0%。

在数次访谈中，孙小蓉较少谈及对审稿反馈的情感反应，仅对收到拒稿意见表达了失望的情绪："还是觉得是有一点点失望，因为我是想用这篇文章毕业的。"（孙-访谈）她还常将自己的情绪反应与文献阅读和实验研究加以联系。例如，她指出，"到目前为止，最大的困难就是你得静下心来，好好去研读文献"（孙-访谈），"实验方面就目前这么点东西，觉得不足以支撑自己的理论……你知道吗……就是科研怎么这么难"（孙-访谈）。

在孙小蓉收到的审稿反馈中，提及了她的文献引用不严谨、实验数据不足以支撑结论等问题。尽管她认同审稿人的这些意见，认为这些意见"还是蛮中肯的"（孙-访谈），但是在具体落实修改计划时，她无法继续回到实验室开展实验，且存在与实验室其他人员的沟通问题，因此，她无法遵从审稿反馈的建议对实验做出更改，这直接影响了她的修改质量。尽管经历了漫长的修改过程，且在近一年后再次投递时，她再次遭遇了拒稿，她还是表示"希望它不要'夭折'了好"（孙-访谈）。

除此之外，对于论文的英文表达，孙小蓉表现出了态度的转变："其实我一开始觉得（英文表达）不重要，但是后来我来这边（指地区G）的时候，我反而觉得这个还是蛮重要的。"（孙-访谈）孙小蓉的这一态度转变与该论文本身的修改并无关系，而是由于她在以英语为工作语言的访学地区使用英语的过程中遭遇了交际上的困难，才因此认识到英语

表达准确度的重要性:

  我刚开始来的时候,我就发现我连邮件都不会回复,后来就觉得,我非常有必要把这个东西从根本上再好好学一学。后来我觉得其实不管怎么说,只要你写这个东西,你就得写的是对的。(孙-访谈)

  在孙小蓉意识到自己的英文表达可能造成他人的理解困难时,她才开始关注自己论文写作中的英文表达准确度问题。尽管审稿反馈中也提及其英文表达问题,但相较于论文中的语言问题,其实验设计问题更为突出,因此,语言问题并未引起孙小蓉足够的重视。

  通过比较四名研究生作者的体裁知识对情感反应的影响,本研究总结出如下发现:① 作者在处理审稿反馈时均产生了情绪或态度变化,如失望、沮丧、高兴、焦虑、缺乏自信、对所在学科的认同感增加、赋予国际发表以荣誉感等;② 作者的情感反应与其体裁知识并非直接相关,而是通过对其认知投入的影响而间接产生影响。当作者根据其对审稿反馈的理解,对自己的体裁知识储备做出积极或消极的评价时,往往伴随着一定的情绪变化。

第二节 体裁知识对情感调节的影响

  访谈中的情感投入标签统计数值可反映出作者在投入反馈过程中情感状态的整体水平,但不能完全解释情感变化的内在原因。如需探究作者的情感变化情况,还需要通过作者的情感调节策略判断。本研究发现的四类情感调节中,作者是否使用情境选择和认知重构策略,一定程度上受到作者的修辞知识和过程知识发展程度的影响;作者的注意分配和反应调节未表现出受到体裁知识的影响。本节将对四名作者的情感调节策略和其中的体裁知识影响进行汇报。

一、情境选择策略

  四名作者中,郑彬的口头汇报数据显示,他曾明确使用情境选择策略。他在处理难度最大的数据验证问题反馈时产生了抵触情绪,进而使用了该情感调节策略:

一直拖到 deadline（截止日期）的前几天，感觉再不改就来不及了。然后这种情况下，我也不追求一个完美的修改和完美的回复了，只要有个回复就行。（郑-访谈）

郑彬通过有意识地拖延修改，回避了修改可能会带来的负性情绪。使用这一策略的基本前提是，作者基于对数据验证所需要的时间的了解和对自身能力的认识，基本了解自己完成这一内容的修改最少需要多少时间。他通过有意识的情境选择，利用截止日期的环境限制，将任务的要求由"完美"降低至完成即可，减少了这一修改任务带给他的心理负担。虽然经历了这种情绪上的波折和消极的拖延，但是郑彬有意识地利用截止日期的期限作为刺激，在临近截止日期时才开始修改。一方面，通过短期的情境逃避，他不必关注这种令其抵触的问题；另一方面，在临近交稿日期时，他可以避免完美主义，达成修改即可。他采取这种应对策略，并非偶然，他也表示这是他在处理此类问题时的一贯做法。

使用情境选择策略时，只有作者本身了解不同情境可能对他们的修改或情绪产生的影响，才能做出他们认为合适的选择。因此，这种策略一定程度上涉及作者对情境的了解程度，即学术期刊论文修改相关的过程知识。

二、注意分配策略

四名作者中，冉晶晶和刘婷使用了注意分配策略来调节情感，但是这种策略并未与他们的体裁知识表现出直接关联。

在收到审稿人的大量消极评价后，冉晶晶容易表现出较长时间的负性情绪。在投稿过程基本完成后的第三次访谈中，冉晶晶回忆自己收到反馈初期的情绪时表示："当时那种沮丧的情绪会持续好几天，然后整个人就陷在里面，出不来，非常地沮丧。"（冉-访谈）

而在收到审稿反馈初期，冉晶晶无暇对自己的情感进行有意识的关照，因此对自己的情绪处于一种不自知的状态：

我不知道这算不算一种沮丧的情绪，就是这几天当中，我的脑子会不断地去回想这个论文，回想审稿人的每一句话，我可以（甚至）有一段时间可以把它（们）背出来，他说的每一个字、每一句，我甚至是抄在纸上，我反复地去想，但也正是因为我反复地去想，想着想着，我就想通了:为什么他说这句话?他说这句话真正的意思是说想批评我,还是说他是想给我一个建议?他这个建议我应该怎么样去(来)实施?(冉-访谈)

可见,冉晶晶采取了注意分配的情感调节策略,将注意力集中于对审稿反馈的理解和修改计划的制订之中,从而转移了沮丧情绪。直到第三次访谈,冉晶晶才意识到自己当时体验了沮丧的情绪。因此,这种注意分配策略可能是其潜意识的情感调节策略,这样的情感调节方式有利于她抵消负性情绪,促进修改的完成。

另外,这种注意分配的策略也逐渐发展为冉晶晶调节情绪的一种习惯。在第三次访谈时,她已经开始了又一篇新论文的投稿过程,也再次经历了被拒稿的体验,她表示:"到现在,其实只是在看到审稿意见的那么一瞬间,会有一点点沮丧,但是看完后再调整一下,很快地就能够把注意力放到修改上面去,就不会再去纠结我怎么又被拒了,这种沮丧的情绪会很快地过去。"(冉-访谈)

由此可见,在冉晶晶全身心地投入审稿反馈时,直到完全走出来后,才意识到当时自己的情绪是"沮丧"的。可能正因如此,她甚至没有特别关注过自己的情绪如何,无论在处理审稿反馈时她在潜意识中经历了何种情绪变化,都较少对她的修改行为本身造成困扰或影响,因此,她也鲜少提及自己主动采取了何种情感调节操作。

当刘婷在修改中产生诸如"怀疑自己"的情绪时,她同样会采取将注意力转移到具体修改行为的方法,调节自己的负性情绪:"告诉自己不要想那么多,就先把它改了。"(刘-访谈)与冉晶晶稍显不同的是,刘婷是有意识地采取了这种注意分配的情感调节策略。

无论是冉晶晶潜意识的注意分配,还是刘婷有意识的情感调节,都没有表现出体裁知识的任何直接影响。可见,注意分配策略是作者针对反馈带来的情感反应而直接做出的调节操作,体裁知识并未对这一策略的使用发挥影响作用。

三、认知重构策略

四名作者中,郑彬、刘婷和孙小蓉在处理反馈过程中都使用了认知重构策略。

在面对消极反馈时，郑彬通过思考和理解审稿人与其目标的一致性，促进自己改善论文从而达到发表要求，避免自己产生负性情绪。虽然在两次修改中遭遇了与审稿人1关于验证问题的反复磋商，但是郑彬认为，这是一种积极的磋商，因为他的"目的是积极的，我想让它发表出来"（郑-访谈）。因此，通过关注这种磋商过程的本质目标和可能结果，他得以从其过程可能带给他的负面情绪影响中转移注意力。

郑彬所谓积极的目的，也赋予了学术发表以荣誉和价值，这种以发表为最终目标的价值认同感在他谈论自己的学术发表经历时便已提及："就是想成就自己，因为当你发了这些文章以后，你就会有资格去评奖，你评上奖以后呢，老师啊同学啊都会对你很赞赏，你就感觉自己有这种价值。"（郑-访谈）这种关于学术发表荣誉感的认识来自作者对于自我、学科、行业、社会之间关系的反思：

对于在学校读博的人来讲，我感觉好多人都是想知道自己的价值在哪里，我越读越感觉自己……我也没为社会做什么贡献，因为我们是工科嘛，（我）也感觉没有对我们这个行业做出什么推动，有时候就会挺怀疑自己，那只能找个方向，那就发论文吧，所以我就不停发论文。（郑-访谈）

因此，无论审稿反馈本身是积极还是消极的，只要审稿人提供某条反馈的意图是促进郑彬成功发表，从而促进其实现自我价值，对于郑彬而言，便属于"积极的"。这样的认知重构过程也解释了为何郑彬的正性情绪占比最高。

对于刘婷而言，她同样通过将审稿人视为促进自己成功发表的支持者，调整自己对于消极反馈可能产生的负性情绪。刘婷认为，审稿反馈对她的论文质量提升起到了重要的指导作用，因此，她在情感上对审稿人产生了认同感：

跟之前两个期刊比，这个reviewer（审稿人）给我的（反馈）更详细、更具有指导性，有了这两个意见，我才真真正正地能够下笔去改我的论文，到底哪个地方有问题，哪些方面可以改进，我真的觉得像我的导师。（刘-访谈）

刘婷能够珍惜和理解审稿人为帮助其提高论文质量所投入的努力，

并将这种对他人劳动的尊重转化为自己的行为投入。

与郑彬略微不同的是，她不过度关注她的修改结果是否会得到认可，是否能够通过修改使论文成功发表，而是"把它调整为一个学习的过程，而不是我必须要发表"（刘-访谈）。刘婷通过调整修改论文的目标，即不再以成功发表为单一目标，降低了她对论文修改的期望，降低了焦虑程度。通过认知重构和降低期望转移了对论文修改结果的过度关注后，她赋予修改行为本身以更丰富的价值，即通过自己投入大量的时间和精力去修改语言之后，她获得了英文写作方面的技能提升。这样的心态调整使得刘婷可以"静下心来"投入论文的修改："我的英文，虽然现在也不咋地①吧，但是我很高兴的是，我自己通过学习英文写作，自己给自己润色。"（刘-访谈）

在后期修改的过程中，孙小蓉对她这一段时间的论文写作与修改过程进行反思，指出她前期的急躁情绪所带来的消极后果，随后，她表示情绪上需要平和对待：

我觉得还是很多东西不能太着急，很多东西还是有一个过程，我写这个文章……写到头第一次我就花了两周，因为那会儿有点比较着急，着急就容易马虎出错，就想赶紧投出去，然后就甩手不用管它这样子，但是这样子反而还不如慢慢花点时间，然后把已经（它）弄好。我觉得心态上面一个变化就是，不要那么着急，还是要好事多磨这样子。（孙-访谈）

孙小蓉之所以能够在后期产生这种情感调节的意识，是因为她对国际期刊投稿过程认识的改变。由于她理解了国际期刊投稿的要求较高，投稿周期长，可能需要经过多次返修，因此得以转变想法，缓解自己的焦躁情绪。

使用认知重构策略时，作者需要调用他们的认知操作。因此，这种策略一定程度上涉及作者对期刊、读者和审稿人的了解程度，涉及学术期刊论文修改相关的过程知识。

四、反应调节策略

四名作者中，冉晶晶、刘婷和孙小蓉都使用了反应调节策略来调节

---

① "不咋地"为被访者方言，意为"不怎么样、不太好"。

情感，但是这种策略并未与她们的体裁知识表现出直接关联。

冉晶晶承认她在投入审稿反馈的过程中会经历情绪上的波动——"会沮丧"，但同时，她否认了消极的审稿反馈可能会对其行为产生的负面影响，其原因在于，她会主动调整自己的情绪状态。她认为自己具有一定的抗挫折能力，并将自己的这一特质视为一个有利于自己成功发表的优点："我自己的优点可能就是说，脸皮比较厚，我比较皮实，越挫越勇，虽然不断地被拒，但是我不会说因为被拒我就停手了，我会继续修改，继续投……我也不会（因为）被拒，我就一蹶不振。"（冉-访谈）可见，冉晶晶的反应调节策略使用与其自身的性格特质有直接关联，而与其体裁知识发展程度没有表现出关联。

刘婷也有意识地对自己的情绪实施一系列主动调节策略，例如咨询心理医生，向发表论文经验丰富的娜娜老师（化名）求助。其中，她表示，娜娜老师的"每篇论文都有自己的归宿（Every paper has its home）"这句话给了她很大的鼓励，这句话使得她重燃希望，才有了这第三次投稿的成功经历。这两个主要的情绪调节方式也延续到了她第三次投稿后修改稿件的过程之中。

尽管娜娜老师并未针对刘婷文章中的具体问题进行详细指导，而大多对其进行一些发表过程的经验分享，如以表格形式对审稿反馈进行回应，过度礼貌的回应容易显得"卑微"，需要"不卑不亢"等。出于对娜娜老师建议的专业程度的信任，刘婷感受到娜娜老师的支持能够使自己的论文成功发表。这种亦师亦友的关系给予了刘婷很大的情感支持，她的负面情绪在与娜娜老师的交流中得到了释放和缓解。刘婷对娜娜老师的这种情感支持有效性的认可也体现在她将娜娜老师列为共同作者的行为上。尽管娜娜老师表示不需要将其列为共同作者，但是出于感激之情，刘婷坚持将其列为自己论文的第四作者（第二、第三作者分别为其外方和中方导师）。除了心理医生和娜娜老师，当时处于恋爱关系之中的刘婷还表示："我的亲密关系给了我一定的支持，虽然他什么都不懂。"（刘-访谈）刘婷能够充分借助语境中的资源，对已经产生的负性情感进行缓解，并激发正性情感，但这种策略本身并未受到其体裁知识的影响。

四名作者或有意识地或潜意识地采取了不同的情感调节策略，如交流和抑制负面情感、对修改结果降低期望、站在审稿人的角度换位思考。其中，情境选择和认知重构策略的使用会受到作者体裁知识的影响，当作者使用这些策略时,需要调用他们关于论文发表过程、作为读者的审稿人意图等过程和修辞层面的体裁知识。

郑彬采取了情境选择和认知重构的情感调节策略。他具备丰富的期刊投稿的过程知识,可以灵活调配情境中的资源,并对审稿人的反应有一定的判断能力,根据自己明确的修改目标,判断审稿人与自己反馈投入目标的一致性程度,从而避免产生负性情绪。

冉晶晶采取了注意分配和反应调节两种方式来调节情感。无论在处理审稿反馈时她在潜意识中经历了何种情绪变化,都较少对她的修改行为本身造成困扰或影响,因此她也鲜少提及自己主动采取了何种情感调节。

刘婷采取了注意分配、认知重构和反应调节三种方式来调节情感。刘婷较为重视情感的调节,她将心态调整视为整个投入反馈过程中最大的困难:"最大的困难啊,我觉得是心态上的。有些意见确实很难改,但是你真正静下心来去改也不是不可能,所以最关键的是你怎么静下心来,你能够真的坐下来,好好地去思考,这个是最难的。"(刘-访谈)基于这样的感受和认识,刘婷采取了一些主动的情感调节策略。经过这样一系列的情感调节策略,刘婷表示:"我会觉得以后我再遇到很多意见的这种拒信,我是不会沮丧的。"(刘-访谈)可见,针对这两次审稿反馈的情感投入本身也形成了刘婷与期刊发表过程相关的知识。

孙小蓉在处理反馈过程中采取了反应调节策略,在其论文修改后期采取了认知重构的调节策略。

这些情感调节策略的使用反映出,在投入审稿反馈的过程中,作者进行了有意识的情绪管理,这也意味着,作者在处理审稿反馈的过程中所产生的一些情绪是其有意识地调节所产生的结果。例如,刘婷通过咨询心理医生、求助有国际期刊发表经验的娜娜老师,缓解了精神上的压力,她的情绪从一开始的"崩溃"发展到将问题修改完成后的"有一点点自信"。

另外,在处理某一反馈时,作者可能同时调用了一种以上的调节策略。例如,冉晶晶在面对审稿人关于"文献没有被合理地回顾"这一反馈时,原本"困惑""抱怨",但通过向导师求助,她实现了认知重构,了解了应对这一条意见的处理方法,从而消除了困惑,并将注意分配到搜寻补充文献上,转移了对审稿人的"抱怨"情绪。

本案例中，当作者进行情感调节时，可能会与他们的过程和修辞体裁知识发生联系。例如，具有一定读者意识的作者，会在理解反馈时表现出共情和换位思考的调解策略。发表经验丰富的郑彬对被拒稿 5 次表现出的情绪反应远远小于被拒稿 2 次的刘婷。其原因在于，他对自己前几次投稿的期刊的收稿范围和级别有清楚的认识，基于他对自己论文选题和所有方法的评估，他预料到自己的论文可能不会被前几家期刊接收。

作者的情感调节策略使用与他们的认知投入和行为投入也密切相关。例如，在对刘婷的情感投入进行数据标注时，出现了与行为投入相重合的部分，即刘婷在遇到情绪上的巨大波折时，选择了求助他人。这种情绪反应促使她采取了可观察的行为，这种行为则辅助了她的修改。

第三节　本章小结

每个人的情感反应和情感调节受其体裁知识的影响程度各不相同。作者的情感投入也并不与作者的体裁知识发展直接相关，多通过对其行为投入和认知投入的影响而间接产生影响。

本研究中的四位研究生作者在处理审稿反馈时，都曾出现过不利于认知投入和行为投入的情绪反应，如焦虑、消沉、缺乏信心、失望、绝望、抱怨等，这样的负性情绪反应导致作者出现拖延、迟迟不愿动笔修改、拒绝承认缺点或问题的行为。总体上，作者的发表经验越丰富，消极的审稿反馈和接收与否的结果越不会对其情绪造成太大的影响。张和海兰德（2018）发现，当学生对反馈具有消极情绪时，会对反馈投入较少热情，从而获得较少的收获。但与他们的发现不同的是，在本研究中，即使短期内，研究参与者由于反馈的负面评价和自己在修改中遇到的挫折，会出现消极情绪，他们也大多会通过情感调节策略，控制情绪和意志，寻求外界帮助，并最终成功完成修改。

本研究发现，作者在投入审稿反馈的过程中，产生了多种不同类别的复杂情绪。正性的情绪变化多与修改的结果相关，如认为自己成功地完成了一处修改，或收到审稿人对其改动的积极评价。体裁知识在作者的情绪反应中发挥着间接作用，主要通过影响他们的认识性情绪和社会性情绪，对他们的情绪反应效价和活跃度产生影响。当作者基于自己的体裁知识储备对其审稿反馈和文章所需改动做出积极或消极的自评或判断时，往往伴随着一定的情绪变化。负性的情绪反应主要有两方面的直接原因：一是审稿反馈本身引起的消极情绪变化，如严厉的措辞、拒稿的建议；二是在修改过程中遇到困难、阻力时的消极情绪变化。

体裁知识的丰富或缺失会对作者理解审稿反馈过程中的情绪变化产生影响。例如，郑彬在面对审稿人2提出的验证方法问题时，由于审稿人要求其采用他从未实践过的软件验证方法，因而产生焦虑的情绪，且具体表现为拖延到临近交稿日期才进行修改。刘婷在大修和小修中所做出的文本改动幅度均为所有研究对象中最大，而其口头和书面汇报中，也汇报了其情绪上的波动，如修改过程中表现出时而对自己有信心、时而怀疑自己的研究价值的情绪波动状态。

而如果作者具备足够的体裁知识，能够充分理解，甚至预料某条审稿反馈时，或不需要调用其已有体裁知识之外的知识或策略修改某条审稿反馈提出的改动时，作者就不会轻易产生情绪波动。例如，冉晶晶在投稿之前，就意识到自己的研究缺少明确的理论解释，因此在收到审稿人关于理论框架的质疑时并不感到意外，未因此产生焦虑等情绪。这是因为体裁知识的缺失，作者需要通过大量的认知投入和行为投入，对原有体裁知识进行补充或纠正，而在面对需要大量认知投入和行为投入的修改时，作者可能会表现出情绪上的不断波动变化。这也解释了为何当审稿反馈仅为负面评价，而并未提供直接或间接的修改建议时，作者较易产生情绪波动，这是因为此类反馈需要作者调用自己的体裁知识进行修改计划制订；相较于直接提供了修改建议的审稿反馈，这种审稿反馈需要作者投入更多脑力和精力去处理，容易引起作者的情绪波动。

在本研究中，冉晶晶在处理第一次审稿反馈中审稿人1关于其文献综述不够全面的反馈时，产生焦虑、抱怨的情绪，直到其导师将审稿人1给予此条评价的原因予以解释，并对其修改提供建议时，才使其对这条审稿反馈的疑虑消除。因此，作者体裁知识的丰富与否与作者暂时性的情绪反应有所关联。

此外，通过调节自己对自身体裁知识发展程度的认识，作者间接实现情感调节。前人研究发现，积极的情感投入有助于学生的认知投入和行为投入（Christenson et al., 2012）。在本研究中，这种相关性并不明显。例如，尽管孙小蓉充分认识到发表论文的价值与意义，对学术期刊论文的成功发表赋予了荣誉感，但是，这种态度的正性赋值并未有效促进文本改动。

通观四位作者的情感投入，虽然体裁知识本身并不会对他们产生直接影响，但引起他们情绪或态度变化的，仍然是来自审稿反馈的直接刺激，或来自其自身基于体裁知识而开展的如自我评价、诊断情境、质疑他人评价相关的元认知活动的刺激。即使体裁知识发展达到较高水平时，作者仍然会因为难以达到或不愿遵从审稿人的某些要求而苦恼、拖延修改任务，只不过这样的困境对熟手作者而言为数不多。因此，熟手作者更多表现出积极和低唤醒的情绪。而即使体裁知识发展程度处于起步阶段，作者仍然会在经历焦虑、高兴和自信的心情起伏后，有意识地进行情绪反应调节，从而以平静和理智的状态完成修改。另外，社会语境为作者的情感调节提供了资源。当作者咨询心理医生、寻求前辈和导师的实质性帮助，从家庭、恋爱、朋友关系中寻求情感支持时，都调用了语境中的资源；当作者进行认知重构时，他们过去与审稿人沟通的经验为他们的认知重构提供了基础。

第七章 二语作者体裁知识对行为投入的影响

行为投入是学生投入审稿反馈的维度之一。本章回答第三个研究问题：二语作者个体的学术体裁知识如何对他们的行为投入产生影响？本章从作者的文本修改行为和行为调节两个方面展开，揭示作者的体裁知识对其产生的影响。第一节中，首先介绍本研究中发现的作者修改行为，再分析其中的体裁知识对其产生的影响；第二节中，首先介绍本研究中发现的作者采取的修改行为调节，再分析其中的体裁知识对其产生的影响；第三节对本章内容进行总结。

第一节 体裁知识对文本修改行为的影响

本研究发现，作者在文本修改中，根据他们在认知层面对体裁知识的调用和发展情况，将已有的或新发展的内容知识与形式知识落实于改动中；在回应审稿反馈的程度上，熟手作者对自己不完全赞同的审稿反馈有意选择折中处理，新手作者倾向于完全遵照审稿反馈进行修改，并在此基础上，对审稿反馈中未提及的问题做出额外的改动，但是在新手作者内容知识或形式知识不足的情况下，对部分审稿反馈未能有效回应。本节从以下三个方面对四名作者的两次文本改动分别做出汇报：① 文本改动的语言单位；② 文本改动的体裁知识呈现，包括形式层面和内容层面的知识呈现；③ 回应不同层面的审稿反馈的程度。

一、文本改动的语言单位和具体操作

本节汇报四名二语作者文本改动的语言单位和具体操作，如标点符

号、单词、短语、从句、句子，以及包括图表、页面设计在内的其他单位（以下简称为"设计"）；改动的具体操作主要包括增加、删除、替换和位移。

1. 郑彬的文本改动

郑彬针对第一次反馈的改动涉及标点符号、单词、短语、从句、句子层面及设计的增加、删除、替换和位移。值得注意的是，其中单词和短语层面的替换操作（各9处）及句子层面的增加操作（共7处）占比最高。具体而言，其修改行为共包括50个修改操作，以替换（50.0%）为主，增加（24.0%）和删除（24.0%）操作持平，有少量位移（2.0%）。在修改的语言单位方面，短语的改动最多，占26.0%，多为短语替换；其次是单词，占比22.0%，同样多为替换；句子次之，占改动总数的18.0%，多为增加；从句和标点符号占比较少，分别为18.0%和16.0%，分别以删除和替换为主。本次改动之处涉及第一稿中的155词和第二稿中的233词，第一稿改动词数占第一稿总词数（5560词）的2.8%，第二稿中改动后的内容占总词数（5634词）的4.1%，这些均可以基本反映出郑彬整体的改动幅度不大。

郑彬的第二次改动涉及标点符号、单词、短语、从句、句子层面及设计的增加、删除、替换和位移。值得注意的是，其中单词层面的替换和增加操作（分别为23处和9处）及句子层面的增加操作（共9处）占比最高。具体而言，其修改行为共包括81个修改操作，替换占比近一半，为48.2%，增加为辅，占29.6%，删除（17.0%）次之，位移仅有一处。在修改的语言单位方面，单词的改动占近一半，占45.7%；其次是短语和句子，分别为17.3%和13.6%；标点符号和从句的改动较少，均占比6.2%，分别以删除和替换为主。本次改动之处涉及第二稿中的156词和第三稿中的252词，第二稿改动词数占第二稿总词数（5634词）的2.8%，第三稿中改动后的内容占其总词数（5789词）的4.4%，这同样可以基本反映出郑彬的改动幅度不大。

对比两次改动可见，第二次修改操作比第一次多，两次改动均以替换为主，增加和删除为辅，且第二次改动中，对单词的修改明显增多。

2. 冉晶晶的文本改动

冉晶晶第一次改动涉及标点符号、单词、短语、从句、句子及设计层面的增加、删除、替换和位移。值得注意的是，其中句子和设计层面的增加操作（分别为82处和33处）数量最多，短语和单词层面的替换操作（分别为27处和22处）次之。具体而言，其修改行为共包括234个修改操作，以增加（56.8%）为主，替换（24.8%）为辅，删除（14.5%）次之，有少量位移（3.9%）。在修改的语言单位方面，句子的改动最多，占36.8%；其次是单词和短语，分别为21.8%和20.1%，单词修改多为替换和增加，短语修改多为替换和删除；标点符号和从句的改动最少。句子层面较多的增加行为可以反映出冉晶晶较多的内容增补。另外，本次改动之处涉及第一稿中的610词和第二稿中的2669词，第一稿改动词数占第一稿总词数（7234词）的8.4%，第二稿中，改动后的内容占总词数（9260词）的28.8%。

冉晶晶的第二次改动涉及单词、短语、从句、句子层面的增加、删除和替换。值得注意的是，其中句子层面的增加操作（共10处）、单词层面的替换操作（共6处）占比最高。具体而言，其修改行为共包括27个修改操作，以增加和替换为主，分别为55.6%和40.7%，仅有1处删除，没有出现替换这一操作。在修改的语言单位方面，以句子和单词的改动为主，分别占比40.7%和33.3%；短语的改动次之，占18.5%。本次改动之处涉及第二稿中的64词和第三稿中的203词，第二稿改动词数占其总词数（9260词）的0.7%，第三稿中改动后的内容占其总词数（9400词）的2.2%。

对比两次修改，冉晶晶的第二次改动幅度明显小于第一次改动，两次改动均以句子层面改动为主，以增加和替换为主。

3. 刘婷的文本改动

刘婷的第一次改动涉及标点符号、单词、短语、从句、句子及设计层面的增加、删除、替换和位移。值得注意的是，其中句子层面的增加和删除操作（分别为183处和87处）、单词和短语层面的替换操作（分别为37处和30处）占比最高。具体而言，其修改行为共包括450个修改操作，在四名参与者中修改操作数量最高，以增加（56.0%）为主，删除（25.3%）为辅，替换（16.9%）次之，有少量位移（1.8%）。在修改的语言单位方面，句子的改动最多，占比62.9%，超过了改动总量的一半；其次是短语，为16.7%，主要为替换（6.7%）和增加（6.4%）；单词次之，占改动总数的11.6%；设计改动占比7.3%，以增加为主；标点符号和从句占比1.5%。本次改动之处涉及第一稿中的

1802 词和第二稿中的 2646 词,对于二者的总词数,第一稿改动字数占第一稿总词数(6981 词)的 25.8%,第二稿中改动后的内容占总词数(8922 词)的 29.7%,这些均可以基本反映出刘婷整体改动的幅度较大。这一改动幅度符合刘婷的自我评价:"整篇论文改下来,如同网上很多人说的那样,大修,就是全篇都要改掉!"(刘-反思日志)

刘婷的第二次改动涉及标点符号、单词、短语、从句、句子及设计层面的增加、删除、替换和位移。与上一轮修改形成明显反差的是,本轮修改中,短语和单词层面的替换与删除操作最多,替换单词 83 处,替换短语 93 处,删除单词 79 处,删除短语 96 处。具体而言,其修改行为共包括 585 个修改操作,略高于第一轮的修改操作数量,这与其他三位参与者有明显差异。其中,以删除和替换为主,分别为 40.9% 和 35.9%;增加为辅,占比 19.0%;位移占比最少,为 4.3%。在修改的语言单位方面,以短语和单词的改动为主,分别占比 40.5% 和 36.6%;句子层面的改动次之,占比 11.1%;设计和标点符号层面的改动分别占比 6.3% 和 3.8%;从句的改动占比 1.7%。本次改动之处涉及第二稿中的 1920 词和第三稿中的 1067 词,第二稿改动词数占其总词数(8922 词)的 21.5%,第三稿中改动后的内容占其总词数(8090 词)的 13.2%,这些均可以基本反映出刘婷整体改动的幅度较大。在第二次小修中,尽管审稿人的反馈总数减少了,但刘婷的改动与总词数的比例仅略低于第一次改动。

4. 孙小蓉的文本改动

孙小蓉的改动涉及标点符号、单词、短语、从句、句子及设计层面的增加、删除、替换和位移。值得注意的是,其中句子层面的增加操作(共 41 处)和单词层面的删除操作(共 12 处)数量较多。具体而言,其修改行为共包括 127 个修改操作,以增加(49.6%)为主,删除(28.4%)为辅,替换(16.5%)次之,有少量位移(5.5%)。在修改的语言单位方面,句子的改动最多,占 45.7%;其次是单词和短语,分别为 17.3% 和 20.5%,以替换和删除为主;设计、从句和标点符号层面的改动占比分别为 12.6%、2.4% 和 1.6%。本次改动之处涉及第一稿中的 526 词和第二稿中的 1135 词,第一稿改动词数占其总词数(3456 词)的 15.2%,第二稿中改动后的内容占其总词数(3999 词)的 28.4%。

二、文本改动的体裁知识呈现

本节汇报文本改动的体裁知识呈现，根据作者文本改动的焦点类型，可以分为形式层面的修改和内容层面的修改，二者分别体现了作者在修改过程中对形式知识和内容知识的使用。其中，形式层面知识的使用可表现为设计、语言、格式等的改动，内容层面知识的使用可表现为研究方法、理论基础、论证逻辑、论证充分性、学科背景、选题价值和文献梳理。

1. 郑彬文本改动的体裁知识呈现

在郑彬的第一次改动中，内容层面的改动涉及研究方法和理论基础两个类别，形式层面的改动涉及设计、格式及包含词汇和语法在内的语言。内容改动中，以研究方法为主，共7处，以理论基础为辅，共4处，且多为句子层面的改动；形式改动共39处。另外，句子层面的改动大多集中于研究方法方面，仅1处句子改动为语言方面的，而单词、短语、从句层面的改动均为形式方面的语言改动。由此可见，在郑彬的改动中，内容层面的改动较容易触发其对句子相关的语言知识的使用，而形式层面的改动较容易与其微观层面的语言知识使用产生关联性。

从改动词数上而言，内容层面的改动涉及第一稿的14个词和第二稿的154个词，两稿相比，词数的增加幅度为第一稿总词数（共计5560词）的2.5%；而形式层面的改动涉及第一稿的141个词和第二稿的79个词，两稿相比，词数的减少幅度为第一稿总词数（共计5560词）的1.1%。从词数上的变化可以看出，内容层面的改动使得词数大幅度增加，而形式层面的改动使词数有了一定的减少。内容层面的改动总量尽管少于形式层面，但由于主要为句子层面的改动，因此，改动幅度总体大于形式层面的改动。整体来看，本轮修改中，相较于内容知识，作者更大程度上调用了形式知识，从而完成修改操作。

在郑彬的第二次改动中，内容层面的改动涉及研究方法、理论基础和论证逻辑三个类别，形式层面的改动涉及设计、语言和格式。内容改动中，以研究方法为主，共16处，理论基础和论证逻辑各有1处改动；形式改动中，语言方面的改动最多，格式次之，设计最少。另外，句子层面的改动大多集中于内容方面，而标点符号、单词和从句层面的改动全为形式方面的语言改动。

从改动词数上而言，内容层面的改动涉及第二稿的 68 个词和第三稿的 169 个词，两稿相比，词数的增加幅度为第二稿总词数（共计 5634 词）的 1.8%；而形式层面的改动涉及第二稿的 88 个词和第三稿的 83 个词，两稿相比，词数的减少幅度为第二稿总词数的 0.1%。内容层面的改动多以句子的增加为主，因而使得词数大幅度增加；形式层面的改动以替换为主，因此词数基本没有变化。与第一轮修改相似，本轮修改中，尽管内容层面的改动总数量少于形式层面，但由于主要为句子层面的改动，因此，内容层面的改动幅度总体大于形式层面的改动。

对比两次改动的体裁知识呈现的分布可见，两次改动对内容和形式上的改动数量比例基本相近，两次改动中，内容的改动数量均明显少于形式改动，但由于内容改动均以句子层面的大幅度增加为主，因此内容的改动幅度均高于形式改动。尽管第二次改动的总数量增多，但第一次改动的整体幅度大于第二次改动。整体来看，无论是内容还是形式层面的两次改动，都仅占原稿或修改稿一总篇幅的 0.1%～2.5%，因此符合郑彬对自己这次论文修改的描述："最多算给论文'整了个容'，连'器官移植'都算不上。"（郑-访谈）

2. 冉晶晶文本改动的体裁知识呈现

在冉晶晶的第一次改动中，内容层面的改动涉及研究方法、理论基础、文献、选题价值、学科价值和论证充分性（主要针对讨论部分的逻辑论证），形式层面的改动涉及设计、格式及包含词汇和语法在内的语言。内容改动中，以文献梳理为主，共 37 处，以论证充分性为辅，共 33 处，研究方法次之，共 32 处，且这些内容改动大多集中在句子层面，少量涉及短语和单词层面改动；除此之外，作者也进行了理论基础（15 处）、选题价值（7 处）、学科背景（3 处）方面的改动，其中理论基础的改动全部为句子改动。形式改动共 107 处，语言方面的改动最多，格式方面的改动最少。另外，句子层面的改动大多集中于内容方面（共 72 处），仅少量句子改动涉及语言方面，而短语和单词层面的改动多为形式层面的改动。冉晶晶在内容方面的改动与郑彬有相似之处，均涉及较多句子层面的改动。

从改动词数上而言，内容层面的改动涉及第一稿（共 7234 词）的 301 个词和第二稿的 2122 个词，两稿相比，词数的增加幅度为第一稿总词数的 25.2%；而形式层面的改动涉及第一稿的 309 个词和第二稿的 547

个词,两稿相比,词数的增加幅度为第一稿总词数的3.3%。从词数上的变化可以看出,内容层面的改动使得词数大幅度增加。尽管在改动操作的数量上,形式层面的改动仅略低于内容层面的改动,但是在改动的篇幅上,形式层面的词数变化明显低于内容层面的词数变化。可见,在修改过程中,冉晶晶调用了较多内容层面的体裁知识来达成修改目标。

在冉晶晶的第二次改动中,内容方面仅涉及研究方法的改动,而上一轮修改中涉及的文献梳理、论证充分性、学科背景、选题价值和理论基础方面的改动均未再出现在此次改动中,可见上一轮修改中,这些方面的问题得到了较为满意的完善;形式层面改动共26处,多为单词和短语的改动。

从改动词数上而言,内容层面的改动涉及第二稿的26个词和第三稿的13个词,两稿相比,词数的减少幅度为第二稿总词数(共9260词)的0.14%;而形式层面的改动涉及第二稿的64个词和第三稿的193个词,两稿相比,词数的增加幅度为第二稿总词数的1.4%。第二次形式层面改动的操作数量和篇幅均明显高于内容层面的改动。对比两次改动可见,冉晶晶在第一轮修改中,内容的修改需要更多的认知投入,而在第二轮修改中,形式层面的改动更多。

值得注意的是,经过两次修改,冉晶晶的修辞语步都发生了较大变化。进一步多稿文本对比分析显示,其修辞语步变化主要集中在讨论部分和引言部分,其中讨论部分变化较多的是"评论研究结果",引言部分变化较多的是"建立研究领地"(Establishing a Niche)(Swales,1990)。另外,在方法部分,冉晶晶基于大修审稿反馈的修改也导致了修辞功能的变化,即在数据描述后增加了句子,用以合理化其采用问卷调查的决策,证明其问卷调查结果的有效性:

修改前:"然而,[数字1]来自[人群1],[数字2]来自[人群2],得到来自[人群1和2]的[数字3]份有效问卷调查结果。"("However, [NUMBER 1] were [was] from [POPULATION 1] and [NUMBER 2] from [POPULATION 2], leaving [NUMBER 3] questionnaire responses valid from [POPULATIONs 1 and 2].")(冉-稿1)

修改后:"然而,[数字1]来自[人群1],[数字2]来自[人群2],得到来自[人群1和2]的[数字3]份有效问卷调查结果。尽管我们并未将问卷数据等同于［人群］在［语境］中的真实［实践］，我们确实认为当前的样本量可能足以反映出研究参与者的［术语］。"（"However, [NUMBER 1] were [was] from [POPULATION 1] and [NUMBER 2] from [POPULATION 2], leaving [NUMBER 3] questionnaire responses valid from [POPULATIONs 1 and 2]. *Although we cannot equate the questionnaire data with [POPULATION]'s actual [PRACTICE] in [CONTEXT], we could expect that the size of the sample might largely be indicative of the participants' [TERM].*"）（冉-稿2）

这一修改操作常见于冉晶晶对学科内容或修辞功能的补充之中，这一修改操作的使用也反映出她在处理反馈过程中，浮现了新的修辞知识和内容知识，并且基于其较高的英语水平，她能够有效地将内容知识和修辞知识转化为合适的语言表达。

除了句子层面的修辞语步变化，冉晶晶还利用短语结构对文稿的修辞功能进行完善。例如，在大修阶段收到审稿人1对其研究选题的积极评价后，她巧妙地将审稿人的积极评价融入了其对研究价值的陈述中：

修改前："本研究有望丰富世界范围内关于［术语1］的研究，对加深［术语3］领域的多类研究话题，尤其是［术语2］的理解做出贡献。"（"Hopefully, this study may enrich the picture of worldwide studies on [TERM 1], and contribute to the understanding of [TERM 2] in particular and the various research topics in the [TERM 3] field."）（冉-稿1）

修改后："本研究属于［领域A］和［领域B］的交叉研究，有望丰富世界范围内关于［术语1］的研究，对加深［术语3］领域的多类研究话题，尤其是［术语2］的理解做出贡献。"（"Hopefully, this study, *residing at the intersection between [FIELD A] and [FIELD B]*, may enrich the picture of worldwide studies on [TERM 1], and contribute to the understanding of [TERM 2] in particular and the various research topics in the [TERM 3] field."）（冉-稿2）

这一修改操作反映出冉晶晶将审稿反馈中浮现的新信息与已有的英语语言结构知识（现在分词短语作插入语）相结合，从而对一条原本不需要回应的积极审稿反馈也进行了深入灵活的投入。

3. 刘婷文本改动的体裁知识呈现

在刘婷的第一次改动中,内容层面的改动涉及研究方法、理论基础、文献、选题价值和论证逻辑,形式层面的改动涉及设计及包含词汇和语法在内的语言。内容改动中,以论证逻辑为主,共 82 处,以选题价值为辅,共 61 处,文献次之,共 58 处,研究方法(36 处)和理论基础(19 处)相对较少;这些改动大多聚焦在句子层面(共 195 处)。另外,句子层面的改动大多集中于内容层面,而单词层面的改动全为形式层面的改动。

就改动词数而言,内容层面的改动涉及第一稿(共 6981 词)的 1464 个词和第二稿的 2646 个词,两稿相比,词数的增加幅度为第一稿总词数的 16.9%;而形式层面的改动涉及第一稿的 338 个词和第二稿的 776 个词,两稿相比,词数的增加幅度为第一稿总词数的 6.3%。从词数上的变化可以看出,内容层面的改动使得词数大幅度增加,而形式层面的改动使词数有了一定的减少。内容层面的改动总数量同样高于形式层面,改动幅度总体大于形式层面的改动。

在刘婷的第二次改动中,内容层面的改动包括文献和论证逻辑,大修中出现的理论基础、研究方法和选题意义方面的改动没有再出现在此次改动中;形式层面的改动包括格式和语言,格式取代第一次改动中的设计,成为小修中新出现的形式改动类别。内容改动中,以文献方面的改动为主,共 29 处,另仅有 1 条论证逻辑方面的改动,且以其他层面(21 处)改动为主,以句子层面(8 处)和短语层面(1 处)改动为辅。形式改动共 555 处。另外,形式层面的改动多体现于短语(236 处)和单词(220 处)层面的变化,并伴随少量句子(57 处)层面变化。

从改动词数上而言,内容层面的改动涉及第二稿的 190 个词和第三稿的 43 个词,两稿相比,词数的减少幅度为第二稿总词数(共 8922 词)的 1.6%;而形式层面的改动涉及第二稿的 1730 个词和第三稿的 1024 个词,两稿相比,词数的减少幅度为第二稿总词数(共 8922 词)的 7.9%。可见,无论从改动数量和改动词数上看,形式层面的改动幅度均大于内容层面的改动。

值得注意的是,在两次修改中,刘婷的修辞语步都发生了较大变化。进一步多稿文本对比分析显示,其修辞语步变化主要集中在讨论部分、方法部分和引言部分,其中讨论部分变化较多的同样是"评论研究结果",引言部分变化较多的是"占据研究领地"(Occupying the Niche) (Swales,1990),方法部分变化较多的是"研究方法的背景建构"(Contextualizing Study Methods)(Cotos et al.,2017)。

在大修和小修阶段,审稿人2均指出刘婷的语言质量问题,主要表现为其表述冗长,因此,如前所述,刘婷在行为投入中有较多的删除操作。例如,在结果部分,刘婷删除了某条具体数据分析汇报之后的补充信息。

修改前:"[参与者1]承认人们能够理解[术语1],但不会因此[做某事X]。另外,[国家]的[术语2]属于一种[术语3]。即使它没有[术语4],[做某事Y]也并不难。"("[PARTICIPANT 1] admitted that people would understand [TERM 1], but they would not like to [DO X]. Moreover, [COUNTRY]'s [TERM 2] was a [TERM 3]. It is not hard to [DO Y] even though it does not have [TERM 4].")(刘-稿1)

修改后:"[参与者1]承认人们能够理解[术语1],但不会因此[做某事X]。"("[PARTICIPANT 1] admitted that people would understand [TERM 1], but they would not like to [DO X].")(刘-稿2)

其删除操作大量集中于结果部分和讨论部分,可见,即使为了回应审稿人关于形式层面写作问题的反馈,刘婷仍须调用其内容知识和修辞知识,判断哪些研究结果是必须汇报、不可删除的,而哪些补充信息可以从原有位置上删除,且不影响整体修辞目的的表达。

除了整句的删除,刘婷还通过缩写原文内容,达到简洁表述的目的。例如:

修改前:"很多研究者从不同方面分析了[主题],包括[术语1]([文献1],[文献2],[文献3])方面、[术语2]([文献4],[文献5])方面及[术语3]([文献6])方面。"["Many researches have analysed the [THEME] from various aspects, including the [TERM 1]'s ([REFERENCE 1], [REFERENCE 2], [REFERENCE 3]), the [TERM 2]'s ([REFERENCE 4], [REFERENCE 5]) and the [TERM 3]'s ([REFERENCE 6]) perspectives."](刘-稿1)

修改后:"很多研究者从[术语X]的不同方面分析了[主题]。"("Many researches have analysed the [THEME] from different [TERM X]'s perspectives.")（刘-稿 2）

该语句属于话题概括类的修辞功能，刘婷采用了上下义词替换的方式，实现了词数的精简。这一修改操作同样是刘婷融合使用内容知识和形式知识的结果。

有趣的是，刘婷还通过替换短语实现句子修辞功能的改变。例如：

修改前："尽管现有研究已经发现可能影响［主题 X］的诸多因素，但是在［国家］的语境下最重要和最有效的［因素］值得进一步研究。"（"Although the existing studies have identified many factors that may influence the ［THEME X］, *it is worth further studying* what the most important and effective ［FACTORS］ are in the context of ［COUNTRY］."）（刘-稿 2）

修改后："尽管现有研究已经发现诸多因素，但本研究旨在研究在［国家］的语境下最有效的［因素］。"（"Although the existing studies have identified many factors, *this paper intends to* find out the most efficient ［FACTORS］ in the context of ［COUNTRY］."）（刘-稿 3）

此处改动仅在修辞功能标记语的短语层面做出改动，由原本的"it is worth further studying …"改为"this paper intends to …"，从而实现了修辞功能由"论述研究必要性"向"呈现当前研究目的"的转变，而原句的内容汇报没有发生变化，体现了刘婷对形式知识与修辞知识的融合使用。

类似的修改方式还出现在讨论部分的文献引用中。

修改前："正如［文献 X］所研究的，大多数人愿意……但他们也非常……"（"As ［REFERENCE］ *studied*, most people are willing to …, but they are also very …."）（刘-稿 2）

修改后："这一研究结果也加强了［文献］的论断，即大多数人愿意……但他们也非常……"（"*It also reinforces the* ［REFERENCE X］'s *assertion that* most people are willing to …, but they are also very …."）（刘-稿 3）

针对审稿人提出的反馈，即讨论部分应将当前研究结果与前人研究做比较，而非用于回顾文献，刘婷在修改稿中保留了原有文献引用的情况，通过修改短语，实现了讨论部分文献对比这一修辞目的的强化。

4. 孙小蓉文本改动的体裁知识呈现

在孙小蓉的改动中，内容层面的改动涉及研究方法、理论基础、选题价值和文献方面，形式层面的改动涉及语言、设计和格式。形式层面改动的操作数量（102 处）远高于内容方面的改动操作（25 处）。内容改动中，以研究方法上的改动最多，共 20 处，而理论基础（2 处）、选题价值（1 处）和文献梳理（2 处）较少，可见未针对审稿人所提出的问题做出有效的修改。另外，句子层面的改动大多集中于形式层面（44 处），其他句子改动则聚焦研究方法方面的内容改动（13 处），而单词和短语层面的改动则主要与语言相关（30 处）。

从改动词数上而言，内容层面的改动涉及第一稿（共 3456 词）的 73 个词和第二稿的 352 个词，两稿相比，词数的增加幅度为第一稿总词数的 8.1%；而形式层面的改动涉及第一稿的 453 个词和第二稿的 783 个词，两稿相比，词数的增加幅度为第一稿总词数的 9.5%。从词数上的变化可以看出，形式层面的改动涉及的词数变化幅度高于内容层面的词数变化。无论是从改动操作的数量还是从改动的篇幅上看，孙小蓉在形式层面改动上的投入均高于内容层面的改动。

从上述二语作者文本改动中的体裁知识类型和分布表现来看，为了回应审稿反馈，这些作者开始浮现与审稿人期待一致的修辞知识或内容知识，并调整了他们对如下内容的理解，包括对研究内容的判断、论证思路的发展和词句层面的细微意义差别，这体现于他们的增加、替换、删减、缩减等修改操作中。这些修改操作与修辞功能的转变、语言风格的简洁化等并存。这也反映出作者通过审稿反馈浮现出的某类体裁知识反哺于其反馈认知投入，能够促进作者多维度体裁知识的浮现和融合。尽管已有研究强调作者处理文本修辞结构的能力在文本修改中的重要性（如 Luo & Hyland，2017），本研究的发现进一步揭示了这种能力是如何通过体裁知识对反馈投入的调节中介而发展起来的。本研究参与者将他们与审稿人期待一致的意识转化为修辞目的的文本表述。

与此同时，四名参与者表现出了一定的差异性。在冉晶晶和刘婷的审稿反馈行为投入中，表现出了更多造成修辞语步变化的修改。这种区别产生的原因可能在于不同的审稿反馈焦点引起了作者对其修辞层面知识不同程度的元认知反思。她们对论证修辞结构的认识变化与她们的修辞语步文本改动密切相关，体现出反馈认知投入和行为投入的密切关联。

当然，审稿反馈的焦点类型与作者投入中所发挥的体裁知识类型并不总是完全匹配的。其主要原因在于，反馈焦点可能多围绕内容知识或形式知识在读者或审稿人阅读时形成的印象，但是造成这种印象的深层原因可能是作者在某方面体裁知识的理解层面存在困难。例如，在刘婷的案例中，在形式层面精简词数，实际上需要她调用修辞知识，并能准确把握特定语言结构（元话语、词块、修辞语步标记语等）与特定修辞功能之间的匹配性。又如，尽管表面上看起来刘婷和冉晶晶在方法部分缺少论证方法严谨性相关的修辞语步，但实际上，造成这一问题的原因可能是她们缺少足够的学科内容知识。她们二人均在导师的密切指导下开展并完成研究，因此可能在研究过程中忽视了对研究质量本身的元认知反思与评估，例如没有考虑多大程度上的问卷调查回复率是可接受的，选择问卷调查作为主要研究方法的理据是什么，等等。在这种情况下，审稿反馈促进了她们的元认知操作，从而使她们有效地将内容知识和形式知识转化为修辞语步的增补。

此外，本研究中的二语作者的修辞语步类型变化表明他们对修辞知识的认识和使用能力在不断提高。这一点在刘婷的结论部分修改中得到了验证。由于刘婷原本缺少对英语学术期刊论文体裁中结论部分修辞功能的了解，因此，她沿袭了其所在学科的中文学术期刊论文的结论写作方式，对已有体裁知识储备的资源调用表现出负迁移的特征。直到小修阶段，刘婷才有意识地基于文献阅读和学术英语写作指南进行学习，发展了与英语期刊论文写作相适应的词汇组织能力，通过特定词块，明确体现其将当前研究结果与以往研究结果做比较的修辞目的，从而有效完成了文本改动。

三、回应审稿反馈的程度

1. 郑彬回应审稿反馈的程度

在郑彬的第一次文本改动中，并非所有审稿人的修改建议都得到了完全采纳。在第一次返修中，除了论文致谢部分的两处内容上的改动，郑彬对论文部分所做出的所有改动均与审稿反馈相关。郑彬采纳了审稿人大部分的修改建议，按照审稿人的直接修改建议或所提出的修改方向做出了相应的文本改动；折中采纳了审稿人少量的修改建议，即对审稿人所指出的问题做出了改动，但并未按照审稿人所建议的方式进行改动。

另外，对于审稿人所提出的三条要求澄清的问题，郑彬仅在致审稿人的回应中做出回答，而并未针对审稿人的疑问对文稿做出任何改动。

有趣的是，他进行折中处理的反馈建议均为内容相关，涉及理论基础、研究方法、论证逻辑三个方面；在处理这些审稿反馈时，凡是审稿人指出的问题，他均做出了文本上的调整，但是，除一处涉及研究方法的修改之外，他将其余审稿人所认为的内容方面的问题视为形式方面的问题进行处理，只是做出单词、短语或从句层面的替换，而并未大幅改动。

在郑彬的第二次文本改动中，所有审稿人的修改建议都得到了完全采纳。在第二次返修中，除一处摘要中的短语删除之外，郑彬对论文部分所做出的所有改动均与审稿反馈相关。郑彬自行改动之处为，将原句"［TERM］is … to mitigate［TERM］for high［TERM］and low［TERM］"中的"and low［TERM］"（郑-稿3）删除，这属于内容方面的改动。据郑彬所说："因为我这个文章里面主要体现的是第一点，主要是［TERM］for high［TERM］，low［TERM］没有太体现。后面这一点可能表现得不是很充分，就把它去掉了。"（郑-访谈）郑彬在其对摘要进行语言校对的梳理过程中，意识到该短语所表达的并非其文章重点，故而删除。

2. 冉晶晶回应审稿反馈的程度

根据冉晶晶第一次致审稿人的回应，针对每一建议所做出的改动的说明，再对比其实际改动，发现在第一次返修中，冉晶晶对论文部分所做出的大部分改动均与审稿反馈相关，而自行改动之处包括标点符号和单词各1处的修改，2处短语、5处句子、2处图表和8处文献引用的修改。例如，冉晶晶删除了摘要中的短语"［TERM 1-］strategy"，增加了一个短语"［TERM 2-］setting"和一个单词"［TERM 3］"，尽管冉晶晶在原稿中的引言部分2次提到"［TERM 3］"，但是该单词并未被列入摘要之中。除此之外，冉晶晶还删除了引言和文献综述部分的数条文献引用，如"［Reference 1］""［Reference 2］"，相应地，文献列表中的这些文献也均被删除，在第六章结论部分，作者增加了句子"We might also take a look at the same … in other … and even conduct … studies in the future."（冉-稿2），这些均未在审稿反馈中被指出，但冉晶晶仍然做出了改动。

除此之外，在摘要中，原稿的"the study"被更改为"the present study at the intersection between［TERM X］and［TERM Y］"（冉-稿2），尽管在审稿反馈中，并无审稿人认为这一表述存在问题，但是，审稿人2对冉晶晶文稿的总体评价中指出："本文的话题有趣，是［TERM X］和［TERM Y］的交叉学科。"（The topic of this article is interesting and fits at the intersection between［TERM X］and［TERM Y］.）（冉-大修-审稿人2）冉晶晶注意到了审稿人2对其研究学科定位的归纳肯定，故而借用至其文本改动之中，她表示："这样一方面是拔高我的论文的这样的高度，另外一方面也凸显出它的一个意义所在，就是它可以为这两方面的研究都提供一个新的数据或者新的发现。"（冉-访谈）在冉晶晶的第一次文本改动中，所有审稿人的修改建议都得到了完全采纳。

在第二次改动中，冉晶晶所做出的所有文本改动均与审稿反馈相关。在此次文本改动中，仅审稿人1的反馈——"将讨论部分扩充到对［术语］运用于其他行业和文化的讨论中"（… would have liked to see the discussion broadened to include other … and … where［TERM］is practiced）（冉-小修-审稿人1）未被采纳。由于期刊主编在将这条反馈提供给冉晶晶时指出，该条反馈可留在未来研究中考虑，因此，这条反馈并未被运用于修改之中。本次改动中，冉晶晶所做出的改动均与审稿反馈相关。

3. 刘婷回应审稿反馈的程度

根据刘婷第一次致审稿人的回应，针对每一建议所做出的改动的说明，再对比其实际改动，发现在第一次返修中，刘婷对论文部分所做出的大部分改动均与审稿反馈相关，而余下自行改动之处主要包括44处句子的增加和删除及16处单词的增加。例如，在按照审稿建议对原稿2.1节关于"［TERM 1］factors"的内容进行增加后，为使修改后的段落与原稿中上一段的内容前后逻辑通顺，刘婷在上一段段末增加"［TERM 2］demonstrate［TERM 3］in encouraging［TERM 4］to follow the［TERM 5］actions"（刘-稿2）进行连接。这些未在回应中汇报的改动多与根据反馈做出的修改有关联，但由于并非关键的直接改动，故而刘婷未在回应中特别提及。

在刘婷的第一次文本改动中，并非所有审稿人的修改建议都得到了完全采纳。刘婷采纳了审稿反馈中的大部分修改建议，按照审稿人的直接修改建议或所提出的修改方向做出了相应的文本改动；折中采纳了审稿人共 5 处的修改建议，即对审稿人所指出的问题做出了改动，但并未完全遵照审稿人所建议的方式进行改动。刘婷折中处理的 5 条反馈建议分别为：① 对审稿人 1 关于录音转写稿是否提供给被访者的疑问，刘婷并未采取这种方法进行信度保障，而是坚持使用 2 名研究者共同转写的方式确保信度；② 审稿人 1 要求作者对摘要中的研究方法做出文献支持，刘婷虽对研究方法做出补充说明，但并未如审稿人所要求的加入文献引用；③ 审稿人 2 建议其对标题做出改动，而她选择按照审稿人 1 的方案对标题做出了修改；④ 审稿人 2 建议她为 2 处论述提供文献支持，由于她无法找到相关文献支持这一论述，故而删除了这 2 句话；⑤ 审稿人 2 要求刘婷对原稿中一个句子"It is worth mentioning that '[ADJECTIVE E]' features of [TERM], unlike the other two cases, are not seen in this one"（刘-稿 1）的意义做出进一步解释，刘婷并未直接对这句话做出补充解释，而是删除了这句话。

根据刘婷第二次致审稿人的回应，针对每一建议所做出的改动的说明，再对比其实际改动，发现在第二次返修中，刘婷对论文部分所做出的大部分改动均与审稿反馈相关，而自行改动之处包括 10 处句子的删除、1 处句子的增加、1 处短语的替换及 12 处引用的删除和替换。例如，在修改稿一第四节的案例描述部分，作者对图 5 的描述进行了删减，删除了 "…[TERM 1] are guided by the [TERM 2] strategies to [do …] in [TERM 3]."（刘-稿 2），而两位审稿人均未就作者对图 5 的描述给予任何反馈。作者表示，在改动过程中，基于对审稿人的反馈，她对文章内容进行了大量增补，而由于她考虑审稿人 2 提出其语言上的"冗长"，她不仅对语言进行删减，对"不十分相关"或重复的内容也进行了删减。

在刘婷的第二次文本改动中，仅有一条审稿人的修改建议未被采纳。审稿人 2 建议作者按照表格 2 的方式对表格 1 所列出的文献布局设计进行调整："文献应按照发现来分布，而不是反过来（见表 2）。"〔The references should be distributed by the findings and not the other way round (see Table 2).〕（刘-小修-审稿人 2）然而，刘婷表示：

我没使用表 1 来表现，尽管很多研究已经研究了这个话题，但他们关注不同的方面，例如［术语 1］［术语 2］［术语 3］和为［术语 H］的［术语 4］（见表 1 列 5）。这些发现都是我们研究的潜在［因素］。因此,我们那样分布发现,并设计分析框架(表2),从而指导接下来的数据收集和案例研究。〔We used Table 1 to show that even though many studies have researched on the topic, they focused on different aspects, such as [TERM 1],[TERM 2],[TERM 3],and [TERM 4] for [TERM H] (see Column 5, Table1). Those findings were potential [FACTOR] for our study. Therefore, we distributed the findings and developed the analytical protocol (Table 2) to guide the subsequence data collection and case studies.〕(刘-回应信2)

可见,作者之所以按照不同的方式设计表格1和表格2,原因在于两个表格的功能不同,且表2正是在表1基础之上进行设计的。

4. 孙小蓉回应审稿反馈的程度

孙小蓉在针对审稿反馈进行修改时,其中较多审稿反馈未得到采纳,约半数审稿反馈被完全采纳。在孙小蓉的修改稿中未得到采纳的审稿反馈大多与实验方法有关。例如,审稿人指出:

或许需要通过……进一步研究[术语]28、29的角色,或许通过……(Additional investigation of the identity of [TERM] 28, 29 is necessary, by ... together. Or by ....)(孙-拒稿意见-审稿人1)

没有实施任何……来确认。(No ... was conducted to confirm the identification.)(孙-拒稿意见-审稿人2)

如按照审稿反馈进行修改,则意味着孙小蓉需要开展实验,然而她缺少开展实验的条件,因此在其再次投递的修改稿中,并未对这一实验方法做出改动。

孙小蓉所进行的改动操作中,较多改动与审稿反馈不直接相关,这些改动涉及内容层面的研究方法、理论基础和文献方面,以及形式层面的修辞语步、语言和设计。这也与其所做的修改计划相符合。在她的认识中,修改稿投递到同一家期刊时,审稿人可能会更换,所以还需要在审稿反馈的基础之上做出一定修改。她在访谈中表示:"从根本上来说,还是得把自己的就是(文章)给改得符合这个期刊(要求),错误的修改方法就是别人提什么你改什么。"(孙-访谈)

四、小结

针对审稿反馈,作者对论文进行标点符号、单词、短语、从句和句子等语言单位的增加、删除、替换和位移操作。

对于郑彬而言，在大修中，除了少量修辞和过程层面的反馈，他收到的审稿反馈主要涉及选题、论证逻辑、理论背景、研究方法相关的内容层面的反馈，以及设计、语言相关的形式层面的反馈；其文本改动显示他调用了研究方法和理论基础相关的内容知识，以及设计、语言、格式相关的形式知识。在小修中，除了少量过程层面反馈，郑彬收到的审稿反馈主要涉及文献引用和研究方法相关的内容层面的反馈，以及语言、格式、设计相关的形式层面反馈；其文本改动则显示他调用了研究方法、理论基础、论证逻辑相关的内容知识，以及设计、语言、格式相关的形式知识。

对于冉晶晶而言，在大修中，除了少量过程层面的反馈，她收到的审稿反馈主要涉及论证充分性、理论基础、研究方法相关的内容层面的反馈，以及设计、语言、格式相关的形式层面的反馈；其文本改动显示她调用了文献引用、论证充分性、学科背景、选题价值、理论基础、研究方法相关的内容知识，以及设计、语言、格式相关的形式知识。在小修中，冉晶晶收到的审稿反馈主要涉及文献引用和研究方法相关的内容层面的反馈，以及语言相关的形式层面的反馈；其文本改动则显示她调用了研究方法相关的内容知识和语言相关的形式知识。在第一次修改中，在审稿反馈的基础之上，冉晶晶额外调用文献引用、学科背景和选题价值这三类内容知识；在第二次修改中，她未用同样的体裁知识解决审稿反馈中的文献引用问题，而是额外调用了修辞语步的知识。

对于刘婷而言，在大修中，除了少量修辞层面反馈，她收到的审稿反馈主要涉及文献引用、论证逻辑、理论背景和研究方法方面的内容层面的反馈，以及语言、设计相关的形式层面的反馈；其文本改动显示她调用了选题价值、文献引用、论证逻辑、理论基础、研究方法相关的内容知识，以及语言、设计相关的形式知识。在小修中，除了少量修辞和过程层面的反馈，刘婷收到的审稿反馈主要涉及文献引用、论证逻辑相关的内容层面的反馈，以及语言和格式相关的形式层面的反馈；其文本改动则显示她调用了文献引用、论证逻辑相关的内容知识，以及语言、格式相关的形式知识。第一次修改中，刘婷在审稿反馈的要求之上，除额外调用了选题价值方面的知识以外，其余类别的体裁知识调用均与审稿反馈所涉及的问题相匹配。

孙小蓉收到的审稿反馈指向其论证逻辑、研究方法、文献引用这三处内容方面，以及语言、格式的形式方面问题，其文本改动显示她调用了研究方法、理论基础、选题价值、文献引用方面的内容体裁知识，以及语言、设计、格式、修辞语步相关的形式体裁知识。

第二节　体裁知识对修改行为调节的影响

本研究发现，熟手作者能够高效选择语境中的辅助性资源，修改时间较少，而新手作者在利用语境资源时，倾向于选择向更有经验的论文发表者求助，并有意识地安排修改时间。本节从以下两个方面对四名作者的修改行为调节及其中的体裁知识影响分别做出汇报：① 语境资源的利用；② 投入时间的管理。

一、语境资源的利用

四名作者不同程度地利用了语境中的各类资源：郑彬对语境资源的利用较少；冉晶晶与其导师保持协商和沟通，且倾向于集中整段时间修改，而不是分散时间修改；刘婷采用了丰富的辅助性策略，并充分利用整段、片段和碎片时间；孙小蓉在辅助性策略上尝试求助他人，在修改上花费的时间较少。以下对四名作者的资源利用情况进行详细汇报。

1. 郑彬的语境资源利用

据郑彬的访谈数据，他在处理审稿反馈时，会采用 Word 软件的自动纠错功能对单词拼写等进行检查。除此之外，出于对自己学术英语写作能力的信心，他较少采用辅助性的工具：

科学写作用的这些词没有什么太复杂的……这也可能（是）我一直没有进步的原因。我第一次就没有太参考。因为那时候是我第一次写的时候，应该是我也正在考托福，然后感觉整个写作能力还可以说清楚、写明白，就没有参考别人写的。（郑-访谈）

在处理反馈的过程中，他会采用纸笔进行辅助思考："纸笔对我很重要，电脑……因为我感觉对着电脑打字，思维不是很清晰。要点时间才能打出来，然后我需要在纸上来规划一下这些思路或关键点，如何去组织这些问题。"(郑-访谈)而他采取这种行为,与他形式层面的体裁知识存在一定关联,他更习惯于在纸上用中文进行观点组织,再把他的观点转化为英文进行表述:"是(用)中文先组织出来,然后(用)英文去把它详细地表现出来。"(郑-访谈)

2. 冉晶晶的语境资源利用

根据冉晶晶的口头汇报,在修改过程中,冉晶晶调取了如下语境中的资源:与导师(即论文第二作者)联系,向同门和家人求助,查阅资料和文献。除此之外,她还进行了稿件管理。

与导师联系是冉晶晶在访谈中经常提及的辅助修改的操作,在以下四种情况下,她与导师联系:① 收到审稿反馈之后联系导师协商修改方案;② 写完致审稿人的回应信后请导师确认回复及修改方案;③ 遇到未理解的反馈向导师询问解惑;④ 完成修改稿后,联系导师第二次修改确认。

在收到 Journal R 的大修意见后,冉晶晶"赶快地找到赵老师(冉晶晶的导师),再次商量怎么修改"(冉-访谈)。随后,在赵老师的建议下,冉晶晶先撰写对审稿反馈的回应信,回应信完成后,她再次将回应信发给赵老师进行修改:"我的一些这个回复先发给他,他给我修改回复的改法,确定了之后再去动论文,然后这样效率比较高,能够尽快地反馈修改稿。"(冉-访谈)这一步操作是在赵老师和她达成共识的情况下展开的,她认为赵老师对其回应信的修改促进了其修改效率的提高。而在撰写审稿反馈回应信的过程中,遇到令她不解的问题时,她也选择向导师求助。例如,对于审稿人1指出的其文献综述不全面的问题,冉晶晶表达了不解、委屈和抱怨(见第六章),在这种情况下,她最终选择向导师求助:"我就没有办法了,因为你必须要回复、回应这样一点,所以我就是找赵老师,是赵老师给我解的谜。他说人家说这句话可以是这样子理解,他说他的意思可能是什么,然后就帮你具体说你可以从这几方面来展开……"(冉-访谈)赵老师的回复为冉晶晶解开了心中疑惑,她根据赵老师的建议最终成功完成了针对这条反馈的文献增补和修改。

另外,审稿人2指出她并不擅长的表格设计有待改进,她选择向同样从事科研工作的丈夫求助。审稿人2的反馈为:"由于表格样式问题,结果的呈现并不总是那么清楚,可以再改进。"(The presentation of results is not always as transparent as it could be due to the format of the tables, which could also be improved.)（冉-大修-审稿人2）在其丈夫帮助下，她完成了对表格样式的修改："他画这种图表是很专业的，所以我给他看，他从他的专业的角度告诉我，你这个表格要怎么样调整好看。但是我不会画，所以其实后面两个都是他操刀的，我告诉他我想要什么样的效果，然后他就直接给我画出来就好了。"（冉-访谈）冉晶晶表示，她还得到了同门师妹的校稿帮助，如检查语法和拼写。

除了向其他人求助，冉晶晶还采取其他可观察的操作辅助自己的反馈处理。例如，她时时携带审稿反馈，以便于思考："拿了一张纸把它手写下来，然后这张纸是随身带在身上的。"（冉-访谈）另外，她对成文过程中所有修改稿都进行了有条理的文档管理："反正导师的每一稿的反馈，我都有一个习惯，保留下来，然后记上日期。"（冉-访谈）如图7-1所示，她对反馈日期的记录在她的文件夹和文档命名中得到证实，并且也可以从之前的修改稿存储文档中得到证实，这是她一直以来所保持的习惯。

图7-1　冉晶晶论文文件夹截屏①

除此之外，为完成必要的文献增补等，冉晶晶还进行了文献查阅，并通过查阅目标期刊的已发表论文，对文章的引用格式进行调整："尤其是里面牵涉汉语的翻译，比如说有拼音又有汉字这样子，有些时候双引号和单引号用得比较混乱。我就去参阅了 *Journal R* 他们期刊已经发表的论文，如果有外语的，比如说汉语或者日语的时候，他们是怎么处理

---

①　为保护研究参与者的隐私，笔者对图片中所出现的真实作者姓名、论文标题和期刊名称做了马赛克处理。

的。"（冉-访谈）

冉晶晶主要的辅助修改手段是与导师的协商修改，除此之外，她的一些修改习惯也对她提高修改效率起到了一定作用。她之所以采用这些策略，一方面，是因为她需要他人提供反馈处理的支持；另一方面，是因为她具备一定的过程性体裁知识，能够合理利用其所处社会文化语境中的资源协助她完成修改。

3. 刘婷的语境资源利用

根据刘婷的口头汇报和书面反思日志，在修改过程中，刘婷调取了如下资源：查词典，查阅文献，自学英语学术写作教材，使用语法校对软件，求助于有国际发表经验的老师，求助于心理医生。

刘婷为了满足处理审稿反馈的最基本需求，采取了查阅文献和词典的行为。对于在审稿反馈中存在的生词，她查阅了词典；在审稿人明确提示作者需要去查阅文献以完成修改的地方，她进行了文献查阅。例如，审稿人1指出："关于本文问卷回复率的可接受度，需要提供对前人研究的引用。"（Reference to previous studies should be provided as to the acceptability of this response rate.）（刘-大修-审稿人1）对此，刘婷表示："我就去找了一些其他的相关领域的研究，看他们做问卷、做访谈的时候，有多少个参与者，然后有多少的问卷回收率。"（刘-访谈）

另外，刘婷还在审稿反馈的明确要求之外，采取了其他额外的辅助修改的操作，其中最突出的是她在语言修改方面的投入。在第一次反馈中，审稿人2已经指出了她的文章在"沟通质量"方面存在一系列问题。尽管在大修中，她进行了语言上的修改，但是，在第二次反馈中，审稿人2对她文章的语言使用仍不满意。对此，她表达了困惑："我改的语言，还是不被其中一个人都认可，（他）到底问题出在哪？所以我才会去找书。"（刘-访谈）她通过系统地阅读和学习学术英语写作教材，进行语言学习，同时使用在线语法校对软件对文章语言进行辅助修改。

另外，在修改该论文期间，刘婷还多次主动向娜娜老师求助，娜娜老师并非她的导师，但比她的导师有更丰富的国际学术期刊论文发表经验，且与她的关系更为亲近。她解释了主动向娜娜老师求助的原因："没有具体的问题，就是自己非常绝望的时候。经过两次论文的拒稿，然后绝望的时候去找她。"（刘-访谈）而娜娜老师确实成功地给予了刘婷情绪上的支持："我们约在逸夫（楼）的咖啡馆。我太幸运了！她能够理解我所有的无助、痛苦、绝望,并愿意与我分享她当时的经历。"(刘-反思日志)并且,娜娜老师对她的论文和回应信写作都提供了一些具体建议:"我在每条意见之前都会写'Thank you for the reviewer comments',就每条我都会写,然后她(娜娜老师)就说这个太累赘了,虽然我想表现得很礼貌,但是确实很累赘,然后这些东西都是她告诉我的……"(刘-访谈)另外,关于情绪调整方面,刘婷还主动求助于心理医生(详见第六章分析)。

由此可见,刘婷主要围绕英语学术写作语言水平的提升和心态情绪的调整,采取了一系列措施。这也体现出,刘婷本身体裁知识构成中形式层面知识的不足,对她的修改和情绪都造成了一定的负面影响;但她通过积极的行为投入和有意识的语言学习策略,弥补了本身体裁知识方面的不足。

4. 孙小蓉的语境资源利用

孙小蓉在访谈中介绍的可观察修改辅助操作主要为:增补实验,与同组老师和同学协商修改方案,以及纸笔书写。

在修改初期,孙小蓉尚在国内,因此,收到第一次反馈时,她便与老师进行了协商:"我们老师就是觉得那个实验结果挺好的,然后想发一个比这个好一点的。"(孙-访谈)孙小蓉在第二次投稿前对稿件进行了四次修改,在第二稿开始阶段,她在结果部分增加了一个全新的表格,在访谈中她表示该表格来自她增补实验的结果。然而,在其离开学校之后,便没有再就这个实验与同组老师协作跟进。

除了实验设计和期刊选择,她还就语言问题向其他人求助:"其实还是找老师帮助的。很多我看不出来的(一些),我可能改完之后,还有一些小点,我自己可能看不出来,就去找一下老师,让老师帮忙看一看,第三方的人再帮你审核一下。"(孙-访谈)例如:"一些口头的话,比如说'we guess'改成'our hypothesis'这种书面的,都是老师帮忙指出来的。"(孙-访谈)

上述三种辅助修改行为均与其所处语境中的人际关系网络相关。在孙小蓉独自修改时,她也采取了一些辅助性措施。例如:"我会放个纸、放个笔,先笔头上把思路理清了,然后再来写。"(孙-访谈)具体来说,她表示:"我会把一整句话写出来,写中文,然后再挪到稿件的时候,然后再去翻译这句话。"(孙-访谈)除此之外,她会直接将修改思路的规划写下来："我会把我心里想……我的一些心理活动直接写出来，很直白的那种，比如说我需要哪里干什么，我需要改一些什么的，我都会这样子写出来。"（孙-访谈）可见，纸笔写作是她整理修改思路的重要方法，这种修改辅助行为与她的认知活动密切相关，她以这种纸笔书写的外在表现方式辅助其完成关于修改计划和改动内容的认知活动。

二、修改时间的管理

在修改时间投入方面，刘婷和冉晶晶均对修改进度有明确的规划，郑彬和冉晶晶均倾向于集中修改，但郑彬会将较难处理的反馈延迟处理，孙小蓉则在集中修改之后不再投入精力处理。

1. 郑彬修改时间的管理

郑彬对修改的时间安排与反馈处理的难易程度相关，对于容易修改的反馈会集中时段迅速完成修改："一般情况下，比较好修改的意见，就是说没有太多让人头疼的意见，我也就抽一天就改完。"（郑-访谈）而对于较难处理的反馈，他承认自己倾向于拖延处理：

像这种比较难改，我又比较抵触的，相反会有一个没有具体的时间规划，但会有一个最后的节点，比如说他给了我30天修改期限，我认为比较难改，还需要有一定的工作量，我可能觉得我到第25天我必须改，再不改就来不及了。（郑-访谈）

郑彬的时间管理与其情感调节策略相关（详见第六章分析），在其体裁知识的储备足够丰富的情况下，审稿反馈对他而言容易处理，故而不需要对修改做出特别的时间安排；而当其体裁知识缺乏时，他利用了交稿的截止日期，迫使自己在时间压力下完成修改。

2. 冉晶晶修改时间的管理

冉晶晶采取集中整段时间修改的方式进行反馈处理。她首先利用一两天的时间思考反馈背后的意图和可能的修改方式，然后用一周左右的时间撰写反馈回应信，在回应信中所描述的修改方式得到其导师认可后，再着手实际改动。

冉晶晶于4月10日收到大修反馈，期刊编辑提供的修改稿提交截止日期为当年10月6日，而她在5月7日便提交了返修稿，仅用一个月不到的时间完成大修，先于截止日期5个月。冉晶晶解释道："我是集中修改,这也是为什么我改得比较快,你看我回复意见一个星期就出来了……当时就什么事情都别的事情我都不关心……我就是这个论文,我大块时间在做这一件事情,所以集中火力在攻这篇论文。"(冉-访谈)

在集中修改的这段时间里,冉晶晶也充分利用在食堂吃饭的碎片时间:

比如在食堂吃饭的时候,我不把手机掏出来,或者手机我不带的话,这张纸我都是在(带)的。不管怎么样,不管在纸上、在手机上,我都是随身带着,这几天这是我的一个做法,大概有一天的时间或者是两天的时间去思考,思考完了我就会动笔去修改意见。(冉-访谈)

冉晶晶对碎片时间的充分利用反映出她对审稿反馈的积极和深入投入。但是,这种时间安排与其体裁知识的发展程度没有表现出直接的关联。

3. 刘婷修改时间的管理

不同于冉晶晶,刘婷在时间管理上,利用片段时间进行修改,利用整段时间进行语言学习,同时,她还会在碎片时间对审稿反馈进行思考。由于难以集中精力,刘婷需要利用片段式的时间进行修改,故而以章节为单位将修改计划分散到不同时间段:

一次改几个小时这样。我一般是按段落去改,可能我今天改第一部分(section 1),然后明天改文献回顾(literature review)之类的。因为我很长时间以来还有一个问题——没有办法非常地集中精力,所以有可能我改个半个小时,我就要去干点别的,然后有什么我再回来再改,时间非常碎。(刘-访谈)

基于对自己时间使用习惯的了解,刘婷相应安排了适合自己的修改时间。

除了用于集中修改的时间,她在做其他相关工作时,也会思考论文的修改问题:"比如说我在写别的东西,写我的课题或者跟别人讨论的过程中,然后突然有一个灵感,好像自己论文也涉及这个问题,会有这种情况……方法相同,但是研究的问题很不相同。"(刘-访谈)可见,审稿人所提出的问题始终在刘婷的脑海之中,即使在非集中修改的时间段里,她也会根据所从事的其他工作联想到自己的修改问题。

在第二次返修中，刘婷除了专门用于修改和思考修改方案的时间，还集中花费了大量时间用于语言学习。为此，她专门"花了一个月"（刘-访谈）学习英语学术写作教材。这一时间安排方式验证了她在修改前对自己的目标设定："改我的论文，其实是一个次级目标；我的首要目标其实是学习。因为他给我大修之后，我并不知道我改了之后他会不会接受，就是我觉得被录用的可能性还比较低，所以我的第一目标就是学习。"（刘-访谈）

在论文修改期间，刘婷循序渐进地安排每天的片段时间进行分章节修改，在做其他相关工作间隙的碎片时间联想到自己论文的修改方案，并集中一个月的时间用于学习修改论文语言相关的学术英语写作教材。

4. 孙小蓉修改时间的管理

孙小蓉对于修改进度和时间安排没有明确的规划，她表示："状态好的话，我就一股劲儿先给它做完吧，一鼓作气的这样子……可能有几天又特别累，什么也写不出来，那就先放着。"（孙-访谈）笔者在与孙小蓉的接触中，除访谈中探究论文修改的话题之外，也谈及其他话题。她在收到反馈的一个月内完成第三稿的修改后，开始忙于准备赴某地访学事宜。到达某地之后，她又忙于当地新项目、合作新论文、上英语课、游览等诸多其他事宜，几乎没有安排整段时间对该文进行修改。孙小蓉松散的时间管理反映出她对审稿反馈整体的投入程度较小。

三、小结

四名作者在修改行为调节方面，利用语境资源的类型和程度不同，在投入反馈时间安排的方式上也各不相同，这些差异均受到他们不同维度的体裁知识发展程度的影响。

郑彬可观察策略使用中，所利用的语境资源类别较少，花费的时间与整体时间安排也与刘婷和冉晶晶不同。这反映出他大多情况下能够自主完成修改，表现出他较为充分的体裁知识。

冉晶晶可观察策略使用中，她与其导师保持协商和沟通，且倾向于集中整段时间修改，而不是分散时间修改。她需要求助之处，也反映出她的体裁知识缺失之处，如形式层面的表格设计和前人文献呈现，但是她的过程性知识，如合理利用环境中的资源和安排修改步骤补足了这些缺失。但冉晶晶和刘婷的行为投入中存在共同点，即只有当理解审稿反馈或设计修改方案出现疑问，并且这个疑问引起较高的负面情感反应时，她们才会选择向更有发表经验的老师求助。

与冉晶晶相比，刘婷所利用的语境资源类型较为丰富，她充分利用整段、片段和碎片的时间。刘婷的文本改动行为需要以认知投入为基础。她的资源使用主要用以补足她的形式层面体裁知识的缺失，而并不需要额外学习学科性内容知识，同时，她对周围资源，如词典、校对软件、教材的使用，也体现了她的过程性体裁知识对促进其顺利修改的积极影响。

不同于前三名研究参与者，由于孙小蓉的学科性质，她的可观察修改辅助操作中出现了补充实验这一项，她的论文成功修改与否与她的实验进展是否顺利密切相关。其实验开展并非完全独立自主开展，而是需要依靠团队协作，对她来说，其体裁知识的水平仅起到工具性的作用。她在修改上花费的时间较少。从她依赖于团队和导师开展实验、选择期刊，且需要依靠同组老师协助其进行语言的修改，可见她内容层面、形式层面和过程层面的体裁知识发展程度都尚不足以支持她独立完成修改任务。

第三节　本章小结

本章汇报了体裁知识对作者行为投入的影响。文本改动的幅度及对审稿反馈的回应程度反映了作者行为投入的不同程度；文本改动的内容类型反映了作者使用的体裁知识类型，当与审稿反馈反映的体裁知识问题的类型分布进行对比后，反映出作者行为投入的不同方向。

本研究中，四名作者对审稿反馈投入的精力和时间各不相同。冉晶晶和刘婷均需要依靠这篇论文的发表来完成学校的毕业发表要求，在处理审稿反馈中，表现出了较多时间和精力的投入。冉晶晶表示，在其修改这篇论文期间，甚至放下毕业论文的撰写，全身心投入论文的修改；刘婷为使其文章的语言达到审稿人的要求——具有"可读性"，她花费一个月的时间系统地学习科技英语的正确表达。对本研究中的郑彬而言，其收到的两次审稿反馈中，仅有一条较难修改，需要其进行一定的认知投入。对于孙小蓉而言，其尚处于硕士学习阶段，发表一篇英文学术期刊论文仅属于锦上添花，并非为满足任何要求，而随着其学习的物理环境的转变及其他不可抗的客观因素导致其无法改进实验时，她并未全身心投入这篇论文的修改。无论投入程度的深浅如何，在这四位作者投入的过程中，他们的体裁知识情况已经发生了一些变化。

作者即使理解了审稿反馈的意图，也需要具备一定的体裁知识，才能够制订出有效的修改计划，并落实于文本改动之中。因此，作者在每次修改中所做出的文本改动的性质，均可以反映出作者的体裁知识构成的本质特征。落实于文本的改动操作可反映出作者的修改策略。在四位研究对象对论文的反复修改中，均可体现不同维度的体裁知识。制订和实施修改计划，属于认知和行为上的投入，本质上，如何开展修改也是作者学术期刊论文相关的过程知识。这一过程中，内容层面和形式层面的体裁知识得以被直接使用于文本改动的操作之上，这与内格雷蒂和麦格拉斯（2018）关于体裁知识在写作过程中发挥的工具性作用认识相一致。

第八章 讨 论

本章基于体裁知识理论、反馈投入理论及前人相关研究成果，对本研究的发现展开讨论，并进行阐释。本章分为三小节，第一节讨论体裁知识对作者认知投入、情感投入、行为投入程度的影响，第二节讨论体裁知识对反馈投入三个维度之间关系的影响，第三节构建体裁知识对作者反馈投入的影响模式。

第一节 二语作者体裁知识类型对反馈投入的影响

根据本研究的发现，我们提出的理论假设是，熟手作者倾向于使用过程知识和修辞知识处理反馈，新手作者倾向于使用内容知识和形式知识处理反馈；在作者的语言表达和学科内容能够达到期刊的基本规范要求的情况下，对作者的反馈投入产生主要影响的是过程知识和修辞知识的发展程度，以及这两类知识与形式知识和内容知识的融合程度。

一、过程知识与修辞知识的发展程度对反馈投入的影响

本研究发现说明，作者投入反馈时，不仅受到其二语水平的影响（Zhang & Hyland，2018；Zheng & Yu，2018），当作者的二语水平能够满足论文发表的基本规范要求时，其投入过程主要受到过程知识和修辞知识发展程度的影响。

前人研究已发现，作者投入审稿反馈受到其二语水平差异的影响，如二语水平低的作者由于缺少足够的语言知识，无法有效处理反馈或做出改动，因此认知投入和行为投入不够深入（Zhang & Hyland，2018），

最终写作的语言准确度未能得到提高（Zheng & Yu，2018）。本研究佐证了这些发现。当作者的二语水平较低，甚至日常表达都存在困难时，如本案例中，孙小蓉的英语水平明显低于其他三名作者，甚至用英文收发电子邮件等日常交流时也存在语言表达困难，形式知识的缺乏会成为作者投入反馈的阻碍因素。这一发现呼应了前人研究中关于表层的词汇句法能力并非作者在处理反馈过程中所遭遇的主要困难的发现（Tardy，2006）。

本研究还进一步发现，当作者的二语达到一定水平，如本案例中，三名成功修改的作者在使用英语进行日常交际方面均没有明显困难，新手作者冉晶晶的英语成绩甚至高于熟手作者郑彬，这种情况下，过程知识和修辞知识的发展程度的融合关系成为区别性的核心因素。在投入审稿反馈过程中，熟手作者通常具备丰富的过程知识和修辞知识。过程知识的差异体现为作者对有助于修改完成的环境资源及其获取渠道的了解程度不同；修辞知识的差异则体现在作者对目标话语群体期望的理解，以及基于此做出的修辞选择，反映了作者对其文本可能在审稿人和期刊编辑面前产生的"声音效果"①（Matsuda & Tardy，2007；彭玉洁、徐昉，2018）的认识程度。内格雷蒂和库提瓦（2011）发现，仅有少数二语学术作者具有体裁相关的条件性知识，本研究中熟手作者对修辞知识和过程知识的敏感性正是这种条件性知识的具体体现，可见本研究的发现支持了前人研究关于条件性体裁意识的观点，且进一步说明了这种知识与作者的写作经验密切相关。

本研究的发现证实了修辞知识和修辞知识的文本化呈现在学术期刊论文修改中的重要角色（Luo & Hyland，2017）。本研究还进一步说明，关于作者修辞功能或修辞目的的反馈焦点或语境资源给养可以有效提升作者，尤其是新手作者的修辞语步改动效果。例如，在本研究案例中，在审稿人关于研究方法和研究结论的修辞功能的反馈干预下，刘婷对论文研究方法的有效性验证及论文结论部分的论证思路进行了修辞语步层面的修改。

---

① 声音效果指作者通过有意或无意地选择话语与非话语特征而造成的读者阅读印象和体验等。

二、语言形式知识对反馈投入的影响

体裁知识的视角很好地解释了作者在处理反馈时的策略使用根源，将作者的静态知识与实际使用联系了起来。作者在投入反馈时，与写作情境相关的过程知识和修辞知识发挥着重要的作用，即作者既需要注重词句层面的局部语言表达，也需要具有关注任务最终目标的全局意识。新手作者由于缺少经验，因而缺少对结果的预见性，而熟手作者具备相应的知识，能够对可能性的结果进行猜测。徐昉（2017b：48）曾指出："语言表述的最终选择及其得体性，是作者的基础词汇语法系统与领域知识、学科文化、话语社团意识等多系统之间互动的结果。"本研究的发现再次佐证了这一观点，熟手作者的词汇语法知识与修辞知识、过程知识交互影响，共同作用于审稿反馈投入。

本研究发现还表明，修辞语步和语言结构方面的形式知识可以帮助新手作者识别不同修辞功能的文本边界，从而弥补学科内部知识的不足。要有效地为新手作者的修辞表现调整提供支架，就需要反馈提供者（包括学科审稿人、语言专业人士和写作教师）具备一定的修辞语步知识。导师和期刊审稿人可以通过明确指出学生借助某些特定语言结构实现相应的交际功能，增强作者对读者期望的感知。

三、多维度体裁知识的融合程度对反馈投入的影响

本研究发现还说明，熟手作者和新手作者在处理反馈时，多大程度上将其过程知识和修辞知识与形式知识和内容知识充分融合，是他们反馈投入的主要区别。

在本研究中，熟手作者和新手作者的主要差异之一是过程知识与其他知识的融合程度差异，这种差异为作者投入反馈时采用不同的元认知操作提供了解释。本研究中，审稿反馈投入相关的过程知识包括对期刊发表流程的熟悉、对审稿人评阅稿件过程的了解、处理反馈所需要的资源、修改的时间限制等，属于非语言特定知识（Kim & Belcher, 2018）。过程知识属于一种实践性知识，由个人的历史经验积累而来，或从师生、生生之间口口相传的经验分享而得来，其规约性不如语法系统等理论性知识严格（陈向明，2003），这也解释了为何本案例中，经验丰富的熟手作者比经验缺乏的新手作者更擅长使用过程知识。具有丰富过程知识

的作者能够意识到,写作是作者回应社会情境所做出的选择(Tardy,2009)。

在反馈投入中,熟手作者和新手作者对过程知识掌握程度的差异会影响作者的元认知判断,即多大程度上能够做出最适宜的能动性选择。本研究中的新手作者都对环境中的资源进行了一定程度的利用,如刘婷善于利用网络资源进行语法校对、学术写作教材获取,冉晶晶经常寻求其导师的指导,孙小蓉利用微信公众号平台的学习资源,并尝试利用师姐妹关系,等等。而熟手作者不仅知道语境中有哪些资源可以利用,还知道哪些资源有助于其高效完成修改,能够对这些资源的调用进行取舍与优化。这符合社会文化语境因素对个人学习认知能力发展的不可或缺性,这些因素显然对作者是否能成功投入反馈不可缺少(Zhang & Hyland, 2018)。

在本研究中,熟手作者和新手作者的另一主要差异是修辞知识与其他知识的融合程度。这一发现支持了修辞知识本身与语言的不可分割性,即修辞知识最终需要落实到作者对文本形式的呈现之上。本研究中,刘婷直到投入审稿反馈的过程中,还在发展这个维度的知识;冉晶晶则在其导师的直接解释下,了解到这样的知识;郑彬在已知这样的知识的情况下,运用自己的修辞知识与审稿人进行磋商。

熟手作者会在文本改动过程中,考虑自己的改动将在多大程度上被审稿人和期刊编辑所接受,并据此决定改动的程度。新手作者由于缺少此类知识,无法预测审稿人和编辑对不同程度的修改的接受度,因此仅能根据其个体的认知理解和行为投入能力进行反馈处理,其结果可能恰好符合期刊的发表要求,也可能出现两种极端情况,即远超过审稿人的预期,或仍未能达到审稿人的要求。

这一研究发现呼应了戈斯登(Gosden)(1995)的观点,即对于写作新手而言,学术交际能力在处理审稿反馈方面很重要,强调了解学术话语团体的内部规则的重要性。内格雷蒂(2017)曾指出,作者在对语境的期待进行判断的同时,根据这样的判断对文本写作进行监测,从而实现文本修辞效果与语境要求的协同。本研究的发现进一步说明,作者在校准文本修辞效果的过程中,其所具备的过程知识通过直接影响作者对语境要求的判断的准确程度,为作者对改动的元认知监测和控制(Hacker et al., 2009; Negretti, 2017)提供依据。

熟手作者能够在文本改动中体现其对目标话语团体中的读者群体的了解。例如，本研究中的熟手作者郑彬将其论文的可能性读者分为"大同行"和"小同行"，据此将自己的文献引用目标与满足两类读者的不同需求相联系。海兰德(2013)的研究指出，学科性反馈促进学生不断加深对学科偏好的了解，进而逐渐习得关于某一学科话语团体的写作内容、结构、规约、期待的意识，该研究结论可以解释熟手作者的这种知识差异。长期的学术发表经验中，郑彬在具备足够的学科内容知识的基础上，形成"能够合适地讨论学科知识的学术能力"（Hyland，2013：241），以学科内读者可以接受的方式呈现出自己对学科知识的理解和推进。相比之下，新手作者缺乏这方面的意识，修改失败的作者可能缺少这样的知识。例如，尽管孙小蓉从他人经验分享中得知需要"讲好一个故事"，但是她尚不能把这种知识与形式知识真正结合起来。

第二节 二语作者体裁知识发展程度对反馈投入的影响

本研究的发现总结出的第三个观点是，上述熟手作者和新手作者体裁知识发展程度差异影响了他们的反馈投入。相较于新手作者，熟手作者能够更灵活地对认知投入和行为投入进行有意识的自我调节，从而使自己更高效地投入反馈处理，但体裁知识发展程度会间接影响他们的部分情感反应，部分影响他们的情感调节行为。

一、二语作者体裁知识发展程度对认知投入的影响

本研究发现说明，区分熟手作者和新手作者认知投入的核心差异在于：熟手作者倾向于能够更深层次地理解审稿反馈，并采取更丰富复杂的认知调节手段来管理其反馈处理过程；新手作者则可能无法准确理解审稿意图，需要借助外部资源发展新知识，所采用的元认知操作不及熟手作者丰富。

首先，熟手作者和新手作者的体裁知识差异程度对他们处理反馈的理解深度产生影响。具体来说，新手作者虽然注意到审稿反馈中所指出的问题，但并不总是能够完全理解这些问题；熟手作者既能注意到问题，也能够理解问题，并了解何种修改方式可以被审稿人接受。这一发现验

证了前人研究（Qi & Lapkin, 2001; Sachs & Polio, 2007）关于作者处理问题不同的理解深度的发现，并进一步指出造成这一理解深度差异的原因，除了缺乏形式或内容知识，也可能是作者缺少修辞知识，不了解审稿人的真实意图。温斯顿（Winstone）等（2017）的研究表明，作者如果无法解码反馈，会阻碍对反馈的投入。

其次，体裁知识发展程度对他们的行为调节程度也会产生影响。具有丰富过程知识和修辞知识的熟手作者表现出较为复杂的深层投入特征。即使在面对语法纠错这样较为简单的反馈处理时，尽管并不耗费作者过度的认知操作，但通过元认知监控，作者可选择多大程度上在语法纠错方面投入精力，而体裁知识对于认知投入深浅程度的影响，还表现在他们的体裁知识发展程度和审稿人的反馈之间形成多大程度上的认知冲突。当作者的体裁知识发展程度与审稿人反馈的形式与内容知识差异较大时，则构成了认知冲突，意味着修改任务具有较大的挑战性，需要作者调用较多的认知策略进行处理。而当这种认知冲突无法被正确理解时，即作者缺少相应的修辞知识或过程知识进行理解时，则意味着这样的认知冲突可能仍然无法促成大量的反馈处理，也意味着作者无法正确理解审稿人的意图。

内格雷蒂和麦格拉斯（2011）、塔蒂等（2020）的元认知体裁知识框架可以为作者的认知操作程度做出解释。当作者的知识处于陈述性知识阶段时，作者需要投入认知努力来理解和处理审稿反馈，而当这种体裁知识处于程序性知识发展阶段时，对这种知识的调用进入一种自动化的程序阶段，因此不需要耗费过多的认知努力，其复杂性在于上述元认知监测的复杂性。可见，熟手作者并非不经思考就可以去利用体裁知识，他也可能会更有意识地去分配自己的认知投入程度。

最后，体裁知识发展程度对研究生作者的元认知操作产生影响，这为李竞（2011）等研究者关于学生处理反馈方法的差异提供了解释，即体裁知识丰富的熟手作者能够自行判断其所收到的审稿反馈中的最核心问题。本研究还呼应了徐碧美（2003）关于专家知能的关键性特征的认识，即专家能够有意识地反思和思考。

通过优先级设置，作者对需要重点关注的问题进行了资源分配，因此可以更加有效地利用反馈。本研究中，郑彬重视对验证方法的修改，而并未投入大量精力来校对语言。另外，不同的作者对于写回应信和修改文章也进行了不同的优先级设置。熟手作者郑彬独立决策，采取了回应信优先于文本改动的优先级设置；新手作者冉晶晶在专家型作者赵老师的建议下，同样采取这一方式；另两位新手作者则先进行文本改动，再撰写回应信。徐林林、滕琳、吴琳（2019）的研究发现，学生通过教师的总结性评语，了解了自己写作中的最主要问题，这有助于他们对教师书面反馈进行深层次的内化。可见，这种优先级设置对作者修改的成功至关重要，这也很好地解释了熟手作者与新手作者不同体裁知识程度的影响差异。

二、二语作者体裁知识发展程度对情感投入的影响

本研究发现说明，体裁知识发展程度的差异对作者的情感反应会产生有限的影响。已有纠错反馈投入的研究中，低二语水平作者表现出了不同的情感投入特征：郑和于（2018）的研究中，大多低二语水平作者对反馈进行了积极的情感投入；韩和海兰德（2015）的研究中，低二语水平作者则表现出过度自信和无法控制的不安等消极情绪；张和海兰德（2018）则认为，低二语水平作者投入反馈的热情受到了其低二语水平的阻碍。本研究的发现为这些研究发现存在的差别做出了解释，即作者情绪积极与否并非情感投入研究的唯一标准。

本研究不仅从情绪的正性和负性效价角度研究作者的情感投入，还从情绪的活跃度出发，对作者的情感投入进行研究。韩和海兰德（2019a）使用这一方法，发现学生在处理反馈时情绪反应的复杂性。本研究则基于此，进一步探明学生的二语水平或体裁知识发展程度的影响。体裁知识发展程度较低的三名新手作者中，成功修改的作者无论情绪积极或消极，总体处于高唤醒状态；失败修改的作者则情绪总体处于低唤醒状态；体裁知识发展程度较高的熟手作者同样情绪处于低唤醒状态，而情绪效价则基本保持在积极与消极之间，倾向于平和。

这一发现说明，对其他两个维度的投入可以产生影响的情感投入还需要从情绪的活跃度进行判断，而非单一的情绪效价。李奕华（2015）也曾有相似的发现，即学生虽然情绪焦虑，但仍保持着对写作的信心和兴趣。可见，消极的情感不一定总是会对学生投入写作产生消极的影响。焦虑会导致学习投入的降低，而正面的英语学习经历会减少他们的焦虑感（苏琪，2019）。本研究的发现支持了前人关于正性情绪和负性情绪共存互动的关系，以及受到个体或环境调节的观点（Li et al., 2017）。正性情绪的积极作用也得到了进一步验证（Pekrun, 2006），这样的直接情绪调节策略和对冲消极情绪的积极社交情绪（如感激）的唤醒（韩晔、许悦婷, 2020）均出现在本研究的研究参与人身上，也再次印证了正性情绪可以减少负性情绪（韩晔、许悦婷, 2020）。

　　本研究中，熟手作者郑彬由于丰富的体裁知识储备，并未因消极审稿反馈引起明显的情绪变化，情感常处于中性或低唤醒的状态，相比于积极的情绪，这种情绪状态下，他也能够有效地投入审稿反馈。前人关于情感反应与认知资源之间关系的研究（如 Meinhardt & Pekrun, 2003）可以解释该研究发现，无论是积极情绪还是消极情绪都会消耗个体有限的认知资源，从而分散他们处理复杂任务的注意力。因此，当作者处于平静的情感状态时，有利于他将精力集中于反馈的认知处理之中。

　　与韩晔和许悦婷（2020）案例中学生在修改前、中、后不同时期表现出明显不同的情绪变化相似，本研究的四名研究生作者在处理反馈的过程中，也表现出了复杂的情绪波动。例如，刘婷对自己在处理审稿反馈过程中出现的情绪波动变化做出直接描述："反反复复，这上一秒还怀疑，下一秒自信，下一秒又怀疑，就是这种。就改一条，你把这条改完之后，就说，哇，我自己好厉害，然后下一条开始，什么东西啊。"（刘-访谈）刘婷的陈述表明，她的情绪变化是随着不同的审稿意见处理产生的，这种情绪变化可能难以以具体的时间节点进行划分。

　　在情感调节方面，体裁知识仅能产生部分影响，主要体现于作者的认知重构和情境选择策略之中。熟手作者倾向于结合自己的过程知识，采取认知重构和情境选择策略调节负性情绪。新手作者（如本研究中的刘婷）采用反应调节策略调节情感，她求助于娜娜老师，更有发表经验的娜娜老师使其相信自己能够最终发表，这样才真正有助于她调节情绪。教师鼓励有利于提高学生写作的积极性（李奕华, 2015；李竞, 2011）。在这种情况下，更有成功发表经验的教师的话语对学生作者来说，更具有信服力，因此，对作者的能动性调动更有帮助。可见，在写作上更有发表经验但权势关系并不令其有明显压迫感的他人协助，才更有助于情绪调节。在本研究中，三名研究者都提及师兄弟、师姐妹对自己过程知识提升的帮助，良好的学术氛围、类似于导师助教这样的角色更有利于学生的情绪调节。因此，这一发现为同伴合作写作小组活动有助于缓解学生写作焦虑等情绪问题的观点（雷军、李詠燕，2019）提供了实证依据。然而，这些发现不足以说明体裁知识对反应调节策略的影响。

三、二语作者体裁知识发展程度对行为投入的影响

本研究发现说明，新手和熟手作者的行为投入也受到体裁知识发展程度的影响，主要表现于他们对反馈的回应程度和修改行为调节策略的使用。本研究中的四名参与人均不同程度地自行调用了网络资源，如 Grammarly 语言校对软件、微信公众号提供的学术资料、从网络获取的写作教材电子版本等，这些便利获取的资源均为学生发挥能动性进行行为投入提供了便利环境（韩晔、高雪松，2020）。学生对各类外在资源的调用在前人的诸多研究中均有发现（许悦婷、刘骏，2010）。韩和海兰德（2015）发现，学生的投入程度虽然差距很大，但都使用了外部资源，因此这一操作的存在不是预测他们投入程度的指标，真正重要的是他们所使用的资源的质量和使用方式。这与本研究发现相似。本研究在这一发现的基础上，说明资源的质量与资源的可利用价值及能够使用效率相关联，而对这些资源的质量和使用方式的了解则属于作者的过程知识。

四名参与者中，新手作者冉晶晶和刘婷使用的策略最丰富，熟手作者郑彬和未能成功发表的新手作者孙小蓉使用的策略类型较少。究其原因，郑彬的策略使用是基于有意识的选择展开的，只选择最便捷的资源，不选择其他可行的辅助性修改资源（如求助国外合作导师），而是依靠自己的能力解决问题，孙小蓉则是因缺少帮助其突破实验无法进行的困境的知识，又囿于实验的现有数据而止步不前。而冉晶晶和刘婷尚处于体裁知识发展阶段，为处理反馈，她们投入大量时间用于额外的知识学习和补充。在时间的分配方面，冉晶晶和刘婷表现出更有意识的时间分配安排，郑彬和孙小蓉没有表现出明显的时间安排。由于行为投入本身属于作者认知投入和情感投入的一种结果，因此，这种行为投入的深浅程度，与他们的认知投入和情感投入程度密切相关，这将在本章第三节进行继续讨论。

本研究的这些发现说明，行为投入的程度与作者过程知识的发展程度密切相关，同时也与语境中的因素密切相关，即语境中的条件是否能够便利获得，这也支持了前人的研究发现。根据班杜拉（Bandura）

（1991）的自我调节理论，行为投入意味着需要对周围环境进行直接干预，这也对体裁知识对行为投入的影响受到环境的调节提供了一个很好的理论性的解释。胡学文（2015）发现，修改次数的增加并不一定能带来写作质量的提升，正如前人研究发现所指出的，低水平的作者在投入反馈时，可能存在无效的行为投入。尽管有时学生投入大量精力在其行动上，但是可能这些行动并无效果，这也再次佐证了体裁知识对行为投入的影响，当缺少体裁知识时，即使有了深层次的行为投入也可能是无效的。行为投入的深浅无法预测他们最终学业成绩的优异与否（孔企平，2000）。

第三节 二语作者体裁知识对反馈投入的影响模式

基于本研究第三章的理论框架图，结合针对四名研究参与者审稿反馈投入研究的主要发现，本研究构建了"体裁知识对二语作者反馈投入的影响模式"（图 8-1），以总结本研究的主要发现。

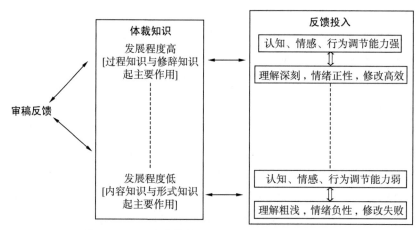

图 8-1 二语作者体裁知识对反馈投入的影响模式

图 8-1 展现了不同发展程度的体裁知识对审稿反馈投入的影响。图 8-1 最左侧文字内容为"审稿反馈"，中间方框上方文字内容为"体裁知识"，右侧方框上方文字内容为"反馈投入"，三个部分以双向箭头分别连接，代表审稿反馈为本研究数据收集与分析过程的起点，经由不同发展程度的体裁知识影响，导向不同的反馈投入过程，而反馈投入过程

也对作者的体裁知识发展程度产生反向的互动性影响。体裁知识的方框内，体裁知识的发展程度形成一个连续统，在连续统的两极，不同维度的体裁知识发挥影响的程度不同。反馈投入的大方框内的上下两部分，分别以两个小方框表示反馈投入中的过程管理和结果表现，两个小方框之间以双向箭头连接，说明上方小方框中的认知、情感和行为调节与下方小方框中的认知、情感和行为反应互相影响。

  作为一项质性案例研究，这一框架图的目的并不在于论证该图普适于投入反馈的整个作者群体，而在于系统地整合和启发性地呈现本研究的主要发现，使读者更好地理解体裁知识对作者反馈投入影响的特征。本研究框架图体现出二语研究生作者投入审稿反馈的复杂性，图8-1说明：① 熟手作者和新手作者在投入审稿反馈中，发挥主要作用的体裁知识维度不同，熟手作者的过程知识和修辞知识起主要作用，新手作者的内容知识和形式知识起主要作用。② 熟手作者在反馈投入中，整体上表现出较强的认知、情感和行为调节能力，这使得他们对反馈的理解深刻，情绪反应倾向于正性（和低唤醒），从而能够成功回应审稿反馈并修改稿件；新手作者在反馈投入中，整体上表现出较弱的认知、情感和行为调节能力，这使得他们对反馈的理解粗浅，情绪反应倾向于负性（和高唤醒），从而可能导致不能成功回应审稿反馈和修改失败。

  图8-1旨在表明，体裁知识对二语作者反馈投入的影响模式具有复杂性、动态性和情境性。第一，其复杂性体现于二语作者多维度的体裁知识对多维度的反馈投入的影响。如图8-1右侧的反馈投入部分所示，三维反馈投入中的理解深度、情感反应、文本改动与认知、情感与行为调节彼此关联。当二语作者的过程知识和修辞知识较为丰富的时候，一方面，在调节情感方面，擅长理解所处环境中的审稿人、读者、导师、合作者的需求与期待，会考虑并顾及审稿人的情绪反应，从而使得他们能够更深入地进行认知投入；另一方面，能够准确地推理审稿人意图，判断其改动多大程度上为审稿人所接受，基于这些认识，保持平静的情绪和积极的态度。第二，其动态性植根于体裁知识本身的动态发展性，如图8-1中间方框的体裁知识部分内容所显示的，熟手作者和新手作者是基于作者对体裁的熟悉度而做出的区分，二者之间没有泾渭分明的界线，仅代表体裁知识发展程度连续统上两个相对极端的状态，体裁知识方框中的虚线便体现了这种连续统。由于作者的内容知识、形式知识、

过程知识和修辞知识处于发展之中,各维度知识之间的融合程度亦处于发展之中,因此对反馈投入的影响也处于动态变化之中。第三,其情境性与反馈投入的社会认知属性(Han & Hyland,2019b)密切相关,二语作者过程知识和修辞知识所发挥的影响进一步印证了这一认识。作者个体的既往经历、对体裁的社会价值和效用的认识、对社会中体裁使用者的认识均对他们的反馈投入产生影响,且这种认识越深刻,越容易产生积极影响,使作者更倾向于将审稿反馈投入视为一种社会性的实践活动。在行为投入层面,如果环境中存在影响作者知识发展的阻碍性因素,作者可能无法落实最终的改动,这充分说明作者对反馈的认知投入、情感投入和行为投入离不开社会因素与个体的多向交互。当社会能满足个体认知的需求时,即个体与社会达成一种和谐共处的状态,则最利于个体的投入。

第九章 结论

本章将回顾和总结全部研究内容,呈现本研究的主要发现和启示,并指出本研究的不足之处及未来研究的发展方向。具体来说,第一节总结本研究的主要发现,第二节介绍本研究的理论、实践和教学启示,第三节介绍本研究的限制与不足,并介绍对后续研究的展望。

第一节 主要研究发现

本研究通过探索四名期刊论文发表经验不同的中国"双一流"高校博士和硕士研究生在国际发表语境下投入审稿反馈的具体过程,回答了二语作者体裁知识对反馈投入如何产生影响的问题。

第一,体裁知识对反馈认知投入的影响,可表现为体裁知识对作者理解反馈的理解深度及对作者开展认知操作和元认知操作的影响。关于体裁知识对作者理解深度的影响方面,作者注意审稿反馈中所指出的问题,同时理解审稿人意图,需要调用多层面的体裁知识。关于体裁知识对作者的认知操作和元认知操作影响方面,体裁知识为作者提供了重要认知基础。熟手作者大多可以直接调用已有体裁知识,同时表现出较为复杂的元认知调节;新手作者需要调用已有知识,发展新体裁知识,采取一定的元认知监测、评估等操作,完成修改。体裁知识发展程度不同的作者使用了复杂程度各异的认知操作与元认知操作。

第二,体裁知识对反馈情感投入的影响,表现为体裁知识对作者情感反应和情感调节的影响。体裁知识发展程度不同,每个人的情感反应和情感调节受其影响的程度各不相同。整体上,作者的情感投入并不与作者的体裁知识发展程度直接相关，多通过对其认知投入的影响而间接产生影响，熟手作者的正性和低唤醒情绪占比高，新手作者的负性和中性高唤醒情绪高。体裁知识对情感反应的影响，多体现于对作者认识性情绪和社会性情绪影响之上；对情感调节的影响，体现于对情境选择和认知重构策略的影响之上。

第三，体裁知识对反馈行为投入的影响，表现为体裁知识对作者文本修改行为和行为调节的影响。作者内容层面和形式层面的体裁知识被直接使用于文本改动。在回应审稿反馈的程度上，熟手作者有意识地调用了过程知识和修辞知识，对未能完全采纳反馈的修改行为做出解释，新手作者倾向于完全接受反馈。作者的体裁知识发展程度不同，利用语境资源的类型和程度及修改时间安排的方式也各不相同。

总体而言，本研究中，体裁知识发展程度较高的熟手作者郑彬在面对审稿反馈时，情绪平静地对反馈处理过程进行有意识的认知和行为调节，基于对审稿人期待的准确理解和对语境资源的丰富认识，做出高效的选择，成功地达成修改目标。新手作者冉晶晶尽管由于缺少足够的修辞知识或过程知识，存在无法准确理解审稿人意图的情况，产生较多负性情绪，情绪活跃度整体较高，但在其导师的及时协助下，能够做出正确的修改选择，从而成功达到修改目标。新手作者刘婷在积极主动的情感调节中获得了较为中性的情感反应，情绪活跃度整体较高，展开了深度的认知投入和行为投入，发展自身修辞知识，主动促进修辞知识与其他维度知识的融合，从而成功达到修改目标。新手作者孙小蓉在获取语境中的实验资源失败的情况下，无法发展内容知识，同时缺少对读者期待的了解，无法使自己的语言形式呈现满足期刊审稿人的要求，情绪多为负性，缺少对认知投入、情感投入和行为投入的有意识调节，最终无法成功达成修改目标。

根据上述研究发现，本书提出二语作者体裁知识对反馈投入的影响模式。本研究发现说明，在作者的英语表达和学科内容达到基本发表规范的情况下，对作者的反馈投入产生主要影响的是过程知识和修辞知识的发展程度，以及这两类知识与形式知识和内容知识的融合程度；熟手作者的过程知识和修辞知识起主要作用，新手作者的内容知识和形式知识起主要作用；体裁知识发展程度对他们认知投入、情感投入和行为投入的方式与程度会产生不同影响；这种影响与作者所处的社会语境密不可分。

第二节 研究启示

本研究的发现对作者反馈投入，尤其是国际发表语境下的审稿反馈投入，具有重要的理论、实践和教学启示。

第一，理论启示方面。通过结合体裁知识理论考察反馈投入，本研究将写作体裁、教育心理学、二语习得等多个领域研究视角结合起来，为反馈投入的理论研究提供了新的方向。同时，本研究提出的初步理论假设，即不同体裁知识发展程度的作者（从新手作者到熟手作者）在投入审稿反馈中呈现出不同的体裁知识特征和不同的反馈投入特征，为反馈投入研究提供了一个较为有效的描写和解释性框架。将来的研究可以在此理论假设的基础上，进一步向纵深发展。例如，开展历时个案研究，追踪不同体裁知识发展程度的作者投入（审稿）反馈的过程和结果；开展不同写作体裁内和跨体裁的写作反馈投入的对比个案研究，深入揭示不同类型的体裁知识对反馈投入的影响。

第二，本研究为国际期刊英语发表语境下的审稿实践和作者投入审稿反馈的实践带来一些启示。从审稿反馈来看，本研究发现支持了徐昉（2017a：31）关于审稿人从"评判型审稿人"向"合作型守门员"角色转换的倡议。如果审稿人的反馈尽可能清晰明确，并对提供某条反馈背后的动机进行一定的解释，则有助于缩小审稿人认知与作者认知之间的差距。本研究参与者刘婷受益于明示型的审稿反馈，既感受到审稿人对其论文改进的情感支持，也获益于审稿人对于其写作问题产生根源和修改建议的直接指导，在她增长修辞知识的同时，能够将发展中的体裁知识应用于文本改动之上。

就新手作者的反馈投入而言，首先，在他们理解审稿反馈遇到困难时，可主动通过向他人求教，从而了解审稿人意图，如能获得有发表经验的熟手或专家型作者关于审稿反馈投入和国际发表的经验分享，则有助于新手作者增长过程知识。其次，不仅成功发表的案例能够让新手作者了解读者的期待，失败发表的案例也可让新手作者对稿件的可接受程度有更清晰的认识。再者，本研究支持滕延江、彼得·德·科斯塔（Peter De Costa）（2017）所提出的观点，即应避免让审稿人的负面反馈影响作者在修改中的情绪。他们明确指出,学生可以在增进学术交流、寻求学术合作、参加学术会议、加入学术共同体方面做出努力,这符合本研究强调的过程知识对作者体裁知识发展的重要作用,尤其对于新手作者而言,参加这些学术活动,可提升他们的体裁知识发展程度,从而有助于他们投入审稿反馈。

　　第三,教学启示方面。鉴于体裁知识发展程度对二语作者投入反馈产生深刻影响,学生的体裁知识发展程度应列为写作课堂教学的重要目标。必须指出,当前各高校的二语写作课堂常与实际使用语境脱节,写作教学在提升体裁知识意识方面刚刚开始起步,总体上学生比较缺乏不同的写作体裁的规约知识和体裁变化意识。我们可以借助范文细读、比较、分析、评价、反思、语境重构等教学活动及真实的写作任务语境设计,帮助学生提升体裁意识。(Tardy,2016)

　　在研究生教学中,为促进研究生作者有效参与国际发表和投入审稿反馈,学术写作教学更要注重不同维度学术体裁知识的培养,帮助学生在文本产出中,与学科价值和学科实践建立联系。(Cheng,2018;Negretti & McGrath,2018)此外,在本研究数据分析中也发现,研究生导师在协助学生投入论文反馈和修改时发挥着重要作用,覆盖语言、内容、修辞手段等各方面。(卢鹿,2017)本研究发现进一步说明,教师不仅可以起到支持知识构建的脚手架作用,还可以为学生提供情感上的支持,这种情感支持能够帮助学生从低唤醒的情绪转变为高唤醒的情绪,从而促进他们在写作反馈中的行为投入和情感投入。语言类研究也发现,外语学习者需要教师、同伴等的精神支持(余卫华、邵凯祺、项易珍,2015),这种支持不仅能激发他们学习语言的动机(郭继东,2018),还能够使他们的情绪处于最适宜认知投入和行为投入的状态,为他们的反馈处理提供理想的个人情绪环境。

第三节　本书的局限及对未来研究的建议

　　限于研究的客观条件和研究者的水平能力,本研究存在限制和不足,主要涉及以下方面。首先,本研究的参与者类型不全面,仅包括了熟手型研究生作者和新手型研究生作者两个类别,虽然在研究参与者的选取方面，笔者尽可能使"差异最大化"，考虑了不同发表经验、不同年级、不同性别、不同学科的差异，但相比于多元复杂的研究生群体，仍然显得单薄。

其次，本研究中研究生作者的认知投入和情感投入情况数据来自研究对象本人的口头汇报。尽管作者对这些数据的有效性进行了三角互证，但是这部分数据来源本身仅能代表研究对象认识或理解中的个体体验，与其实际经历的体验过程可能存在差别。本研究未能采用其他仪器辅助手段监测参与人在投入反馈过程中的心理状态数据，而此类数据可能受到参与者本人的个性特征影响，如不倾向于表达伤心、难过等消极情感，与作者的实际情感体验存在偏差。

再次，本研究的数据收集过程存在一定的限制。在本研究开展的过程中，由于部分参与者在海外学习，而笔者身在国内，路途遥远，不便开展线下访谈。另外，受疫情的影响，数据补充收集阶段无法开展面对面访谈，故而使用电话或微信语音进行访谈。受访者可能会受其所处物理环境的干扰，专注程度不及面对面访谈。笔者在通话结束之后，以微信文字的方式与受访者保持沟通，对其汇报内容中不清楚的地方进行反复确认，从而尽力弥补这一缺陷。

最后，受限于研究者理论背景和个人经历，本研究存在一定不足。研究者本人是质性研究的研究工具，因此，研究者在理论背景方面存在的限制，导致本研究部分数据分析不够深入。笔者的学科背景为语言学和应用语言学，曾研读本研究相关的教育学文献，但缺少对心理学理论的系统学习，因此在对情感投入方面的数据进行分析时，遗憾于无法对已有数据提供更完善的解释。以上均为本研究的不足，希望在未来研究中可以得到改进。

针对上述研究不足，并结合本研究结论，笔者认为未来研究可在研究视角、研究内容和研究设计三个方面推进。

第一，在研究视角方面，未来研究可以借力于体裁知识理论的新发展，为反馈投入的研究揭开新的研究视角。体裁知识是近20年来不断发展起来的理论，在本研究完成之际，塔蒂等（2020）进一步发展了该理论框架，明确融入了元认知、多语主义、语境重构、社会环境等构念，更为清晰地呈现了体裁知识的社会认知属性。从上述主要构念及其相互关系出发，考察二语作者如何在认知、情感和行为等多维度投入写作反馈,将有助于更系统地描述和解释反馈投入过程和结果的本质。例如,尽管本研究已经表明,熟手作者能更好地将过程知识、修辞知识与语言知识相结合,但是,多语作者所具备的不同语种的语言知识如何与过程知识、修辞知识相结合,在不同的发展阶段表现出何种特征,这是本研究没有解答的问题。

未来研究可以继续从以下三个方面深入探究体裁知识与反馈投入之间的关系:其一,聚焦"体裁使用",深入探究作者反馈投入过程中陈述性、程序性和条件性体裁意识的发展;其二,聚焦作者体裁知识的语境重构,分析在投入反馈的过程中,作者如何将在其他社会修辞语境下获得的体裁知识应用于目标体裁的修改之中,即如何发挥"语境重构"的能力;其三,聚焦中国学者的多语环境,本研究未探究作者的中文知识在他们反馈投入中所发挥的作用,尤其是作者的中文学术写作知识多大程度上可以为修改过程赋能,或造成阻碍。

第二,在研究内容方面,未来研究可以加入学生投入研究不断发展的学科对话之中。投入研究中,已经出现了能动性投入(agentic engagement)这样的发展新方向(Reeve,2013;郭继东、李玉,2018),这在国内学界尚鲜有研究。能动性投入是指学习者对学习环境所做出的"主动或自发"的"建设性贡献",作用于环境之上而使其发生改变(郭继东、李玉,2018:66)。本研究关注的国际学术发表语境中,作者受到目标期刊所代表的写作规约的支配,作者所处的环境多大程度上能够被个体作者改变,尚未可知。本研究的参与人中,仅熟手作者做出了挑战审稿人意见的尝试,尽管这一尝试并未成功,但是否引起审稿人的思考,乃至对审稿人未来的审稿决策产生影响,与作者的体裁知识是否存在关联,是否还与审稿人的审稿经验和体裁知识发展程度相关,这些问题尚不清楚。因此,作者多大程度上能在审稿反馈投入中进行能动性投入,需要结合具有代表性的典型案例进一步研究。

未来研究还可以进一步探讨体裁知识影响下的作者投入三维度之间的关系及其与语境的关系。这一层面的研究可以更为直接地体现出作者个体与环境的互动,对于揭示中国学者对国际学术发表环境的贡献有现实意义。本研究所采用的三维反馈投入框架可用于将来反馈投入或学习者投入的相关实证研究。例如,可在认知投入层面,分析写作或语言学习者的认知操作和元认知操作,描写个体如何通过各类认知操作发展相应的写作或语言素养、解决情境中出现的问题和挑战，揭示个体如何通过各类元认知操作监测和控制写作或语言学习过程，利用并调整自我评估标准，使其与情境中的实际需求和期待相匹配。在情感投入层面，未来研究可以关注作者因各类型体裁写作而产生的情感反应和采取的情感调节策略。在行为投入层面，未来研究可考虑探究作者的时间和资源管理行为，并阐释这些资源的使用方式如何与认知投入和情感投入形成关联。

未来研究还可以探究二语作者，尤其是二语新手作者的体裁知识如何在反馈投入的影响下发生动态和复杂的变化。一方面，在个体维度层面，本研究发现已经说明反馈投入与二语作者认知、情感和行为之间的协同共存关系，未来研究还可深入描写二语作者更多轮次的反馈投入，尤其是通过重点考察修辞层面和语言层面的文本变化，分析作者觉察、理解和解决学术体裁写作中的文本呈现问题，从而揭示如何促进二语作者基于反馈而不断调整关于修辞标准的认识、适应目标学科话语团体规约、灵活利用和发展修辞语境意识，进而充分发挥反馈促学作用。未来研究还应进一步突破以往反馈投入研究对学生词汇、语法知识的关注，可通过追踪多种学术体裁或其他推广性体裁（如个人陈述等）的文本修改多稿变化，对比内容、修辞、句法和词汇层面的类型和分布差异，或分析多种不同来源（如语言润色者、期刊编辑和审稿人、导师、论文合作者）对文本变化所产生的影响。

此外，在语境维度层面，本研究聚焦的是国际学术期刊的发表语境，未来研究可在学术英语写作教学语境下考察学生的体裁知识和反馈投入。如在教师因素方面，可给予体裁学习的相关研究成果，分析教师或同伴反馈发挥示范、支架和训练的不同作用时，作者所表现出的二语学术体裁知识发展特征，或讨论如何根据学生的体裁写作和修改阶段及学生的体裁知识发展程度，优化教学语境下的教师反馈方案，促进师生反馈素养发展。在机构因素方面，可对比反馈对学生作者体裁知识发展影响的已有实证研究（如 Zhang & Hyland，2021），分析如何协调统筹各类反馈介入资源，如模拟真实国际学术期刊论文写作和发表场合下的同行评议反馈方式，或将多轮多来源反馈介入与基于体裁的学术英语写作教学有机结合，从而促进学生的学术体裁知识和元认知体裁意识的发展。

第三，在研究设计方面，未来研究还可以改进研究方法，丰富研究参与者类型，或开展更为长期的历时研究。其一，未来研究可以将质性研究方法与定量研究方法相结合，对作者体裁知识和作者投入使用量表进行量化分析。例如，使用问卷测量工具分别对作者体裁知识发展程度和认知投入程度进行数值统计分析，从统计意义上进一步验证和推广二者的相关性。其二，未来研究还可以针对更多类型的学术写作者展开研究，如本研究的参与者仅包括熟手作者和新手作者两类作者，而发表经验更为丰富的专家型作者在审稿反馈投入中体裁知识如何发挥影响尚未可知。其三，在尊重研究参与者意愿的情况下，未来研究还可以对研究生作者进行追踪，关注他们毕业之后的学术期刊发表经历，观察他们在不同的学术研究环境下，每一稿审稿反馈投入的历时变化。丰富研究参与者的类型，开展长期的追踪研究，可以进一步深化我们对于体裁知识发展程度与反馈投入之间关系的认识。

参 考 文 献

[1] 陈向明. 质的研究方法与社会科学研究 [M]. 北京：教育科学出版社，2000.

[2] 陈向明. 实践性知识：教师专业发展的知识基础 [J]. 北京大学教育评论，2003（1）：104-112.

[3] 陈晓湘，彭丽娜，郭兴荣，等. 聚焦和非聚焦书面反馈对英语非真实条件虚拟语气习得的影响 [J]. 外语与外语教学，2013（2）：31-35，40.

[4] 程利娜. 家庭社会经济地位对学习投入的影响：领悟社会支持的中介作用 [J]. 教育发展研究，2016（4）：39-45.

[5] 邓郦鸣，肖亮. 体裁与二语写作研究 [M]. 北京：外语教学与研究出版社，2020.

[6] 古海波，顾佩娅. 高校英语教师科研情感调节策略案例研究 [J]. 解放军外国语学院学报，2019，42（5）：57-65.

[7] 郭继东. 英语学习情感投入的构成及其对学习成绩的作用机制 [J]. 现代外语，2018（1）：55-65，146.

[8] 郭继东，李玉. 外语学习能动性投入量表的编制与验证 [J]. 外语教学，2018（5）：66-69.

[9] 韩晔，高雪松. 国内外近年线上外语教学研究述评：理论基础、核心概念及研究方法 [J]. 外语与外语教学，2020（5）：1-11，148.

[10] 韩晔，许悦婷. 积极心理学视角下二语写作学习的情绪体验及情绪调节策略研究：以书面纠正性反馈为例 [J]. 外语界，2020（1）：50-59.

[11] 胡学文. 在线作文自我修改对大学生英语写作结果的影响 [J]. 外语电化教学，2015（3）：45-49.

[12] 孔企平. "学生投入"的概念内涵与结构 [J]. 外国教育资料，2000（2）：72-76.

[13] 李竞. 中国学生英语写作中教师书面反馈特征与学生反应的案例研究 [J]. 外语界, 2011 (6): 30-39.

[14] 李晓, 饶从满, 梁忠庶. 学科知识与写作反馈焦点的关系 [J]. 外语学刊, 2019 (5): 69-75.

[15] 李奕华. 基于动态评估理论的英语写作反馈方式比较研究 [J]. 外语界, 2015 (3): 59-67.

[16] 李永占. 父母教养方式对高中生学习投入的影响机制研究 [J]. 中国临床心理学杂志, 2018 (5): 997-1001.

[17] 雷军, 李詠燕. 面向科研发表的英语写作教学研究: 回顾与启示 [J]. 外语界, 2019 (5): 48-56.

[18] 卢鹿. 国际论文面对面合作修改: 过程与策略 [J]. 外语界, 2017 (2): 81-88.

[19] 马婧. 混合教学环境下大学生学习投入影响机制研究: 教学行为的视角 [J]. 中国远程教育, 2020 (2): 57-67.

[20] 齐曦. 生态语言学视域下的学术英语写作能力发展评估体系研究 [J]. 外语界, 2017 (3): 82-89.

[21] 彭玉洁, 徐昉. 二语写作声音研究的三个争议问题 [J]. 外语界, 2018 (4): 76-84.

[22] 彭玉洁, 徐昉. 体裁知识视角下研究生对国际期刊审稿反馈的认知投入特征 [J]. 中国外语, 2021 (6): 74-81.

[23] 苏琪. 大学生英语学习投入的结构方程模型研究 [J]. 外语教学理论与实践, 2019 (1): 83-88, 47.

[24] 滕延江, Peter De Costa. 学术英语写作与国际发表中的 JARS 要领与 4C 原则: Peter De Costa 博士访谈 [J]. 当代外语研究, 2017 (5): 48-53.

[25] 王伟宜, 刘秀娟. 家庭文化资本对大学生学习投入影响的实证研究 [J]. 高等教育研究, 2016 (4): 71-79.

[26] 徐碧美. 追求卓越: 教师专业发展案例研究 [M]. 陈静, 李忠如, 译. 北京: 人民教育出版社, 2003.

[27] 徐昉. 非英语国家学者国际发表问题研究述评 [J]. 外语界, 2014 (1): 27-33.

[28] 徐昉. 学术英语写作研究述评 [J]. 外语教学与研究, 2015

(1): 94-105, 160-161.

[29] 徐昉. 国际发表与中国外语教学研究者的职业身份建构 [J]. 外语与外语教学, 2017a (1): 26-32, 146.

[30] 徐昉. 构建语言的生态社会系统观：基于中国语言学家国际发表问题个案研究 [J]. 外语与外语教学, 2017b (6): 45-51, 146.

[31] 徐昉. 我国二语写作研究的若干重点问题 [J]. 外语教学与研究, 2021 (4): 571-581, 640.

[32] 徐林林, 滕琳, 吴琳. 基于社会文化理论的教师书面差距性反馈个案研究 [J]. 外语学刊, 2019 (5): 63-68.

[33] 徐锦芬, 范玉梅. 社会认知视角下的外语学习者投入研究 [J]. 外语教学, 2019 (5): 39-43, 56.

[34] 许悦婷, 刘骏. 基于匿名书面反馈的二语写作反馈研究 [J]. 外语教学理论与实践, 2010 (3): 44-49.

[35] 杨鲁新, 王素娥, 常海潮, 等. 应用语言学中的质性研究与分析 [M]. 北京：外语教学与研究出版社, 2019.

[36] 余卫华, 邵凯祺, 项易珍. 情商、外语学习焦虑与英语学习成绩的关系 [J]. 现代外语, 2015, 38 (5): 656-666, 730.

[37] 张娜. 国内外学习投入及其学校影响因素研究综述 [J]. 心理研究, 2012 (2): 83-92.

[38] 中华人民共和国教育部, 国家语言文字工作委员会. 中国英语能力等级量表：GF 0018—2018 [S]. 北京：高等教育出版社, 2018.

[39] 周菲, 余秀兰. 家庭背景对大学生学术性投入的影响及其作用机制 [J]. 教育研究, 2016 (2): 78-88.

[40] 周琰. 网络学习投入影响因素与应对策略：基于自我决定理论的视角 [J]. 中国电化教育, 2018 (6): 115-122.

[41] 朱晔, 王敏. 二语写作中的反馈研究：形式、明晰度及具体效果 [J]. 现代外语, 2005, 28 (2): 170-180.

[42] 邹爱民. 西方修辞学与英语写作探源 [J]. 西安外国语学院学报, 1999 (2): 42-45.

[43] Appleton, J. J., Christenson, S. L., Kim, D., & Reschly, A. L. (2006). Measuring cognitive and psychological engagement: Validation of the student engagement instrument[J]. *Journal of School Psychology*, 44(5), 427-

445.

［44］Atkinson, D. (2010). Extended, embodied cognition and second language acquisition[J]. *Applied Linguistics*, 31(5), 599–622.

［45］Atkinson, D., & Tardy, C. M. (2018). SLW at the crossroads: Finding a way in the field[J]. *Journal of Second Language Writing*, 42, 86–93.

［46］Bandura, A. (1991). Social cognitive theory of self-regulation[J]. *Organizational Behavior and Human Decision Processes*, 50(2), 248–287.

［47］Batstone, R. (2010). Issues and options in sociocognition[C]. In R. Batstone (Ed.), *Sociocognitive Perspectives on Language Use and Language Learning* (pp. 3–23). Oxford: Oxford University Press.

［48］Bawarshi, A., & Reiff, M. J. (2010). *Genre: An Introduction to History, Theory, Research, and Pedagogy*[M]. West Lafayette, IN: Parlor Press.

［49］Bazerman, C. (2013). *A Rhetoric of Literate Action: Literate Action, Volume 1. Perspectives on Writing*[M]. Fort Collins, CO: The WAC Clearinghouse; Anderson, SC: Parlor Press.

［50］Beaufort, A. (2004). Developmental gains of a history major: A case for building a theory of disciplinary writing expertise[J]. *Research in the Teaching of English*, 39(2), 136–185.

［51］Berkenkotter, C., & Huckin, T. N. (1995). *Genre Knowledge in Disciplinary Communication: Cognition/Culture/Power*[M]. Hillsdale, NJ: Erlbaum.

［52］Bhatia, V. K. (1993). *Analysing Genre: Language Use in Professional Settings*[M]. London: Longman.

［53］Bingham, G. E., & Okagaki, L. (2012). Ethnicity and student engagement[C]. In S. L. Christenson, A. L. Reschly & C. Wylie (Eds.), *Handbook of Research on Student Engagement* (pp. 65–96). New York, NY: Springer.

［54］Bozalek, V., Zembylas, M., & Shefer, T. (2019). Response-able (peer) reviewing matters in higher education: A manifesto[C]. In C. A. Taylor & A. Bayley (Eds.), *Posthumanism and Higher Education* (pp. 349–357). London: Palgrave Macmillan.

［55］Caplan, N. A., & Farling, M. (2017). A dozen heads are better than one: Collaborative writing in genre-based pedagogy[J]. *TESOL Journal*, 8 (3),564-581.

[56] Cheng, A. (2007). Transferring generic features and recontextualizing genre awareness: Understanding writing performance in the ESP genre-based literacy framework[J]. *English for Specific Purposes*, 26(3),287-307.

[57] Cheng, A. (2018). *Genre and Graduate-Level Research Writing* [M]. Ann Arbor, MI: University of Michigan Press.

[58] Christenson, S. L., Reschly, A. L., Appleton, J. J., Berman-Young, S., Spanjers, D. M., & Varro, P. (2008). Best practices in fostering student engagement[C]. In A. Thomas & J. Grimes (Eds.), *Best Practices in School Psychology* (pp. 1099-1120). Washington, DC: National Association of School Psychologists.

[59] Christenson, S. L., Reschly, A. L., & Wylie, C. (Eds.). (2012). *Handbook of Research on Student Engagement*[M]. New York, NY: Springer.

[60] Cleary, T. J., & Zimmerman, B. J. (2012). A cyclical self-regulatory account of student engagement: Theoretical foundations and applications [C]. In S. L. Christenson, A. L. Reschly & C. Wylie (Eds.), *Handbook of Research on Student Engagement* (pp. 237-258). New York, NY: Springer.

[61] Cotos, E., Huffman, S., & Link, S. (2017). A move/step model for methods sections: Demonstrating rigour and credibility[J]. *English for Specific Purposes*,46,90-106.

[62] Craik, F. I. M., & Lockhart, R. S. (1972). Levels of processing: A framework for memory research[J]. *Journal of Verbal Learning and Verbal Behavior*,11(6),671-684.

[63] Creswell, J. W., & Poth, C. N. (2018). *Qualitative Inquiry Research Design: Choosing Among Five Approaches* [M]. Thousand Oaks, CA: Sage.

[64] Crick, R. D. (2012). Deep engagement as a complex system: Identity, learning power and authentic enquiry[C]. In S. L. Christenson, A. L. Reschly & C. Wylie (Eds.), *Handbook of Research on Student Engagement* (pp. 675-694). New York, NY: Springer.

[65] Demeter, M. (2022). The rise and fall of an editor-in-chief: A

field-theoretic autoethnography[C]. In P. Habibie & A. K. Hultgren (Eds.), *The Inner World of Gatekeeping in Scholarly Publication* (pp. 123-142). Cham, Switzerland: Palgrave Macmillan.

[66] Devitt, A. (2004). *Writing Genres*[M]. Carbondale, IL: Southern Illinois University Press.

[67] Devitt, A. (2009). Teaching critical genre awareness[C]. In C. Bazerman, A. Bonini & D. Figueiredo (Eds.), *Genre in a Changing World* (pp. 341-354). Fort Collins, CO: The WAC Clearinghouse; West Lafayette, IN: Parlor.

[68] Devitt, A. J. (2015). Genre performances: John Swales' *Genre Analysis* and rhetorical-linguistic genre studies[J]. *Journal of English for Academic Purposes*, 19, 44-51.

[69] Driscoll, D. L., Paszek, J., Gorzelsky, G., Hayes, C. L., & Jones, E. (2020). Genre knowledge and writing development: Results from the writing transfer project[J]. *Written Communication*, 37(1), 69-103.

[70] Duff, P. A. (2014). Case study research on language learning and use[J]. *Annual Review of Applied Linguistics*, 34, 233-255.

[71] Eccles, J. S. (2016). Engagement: Where to next? [J]. *Learning and Instruction*, 43, 71-75.

[72] Ellis, R. (2010). Epilogue: A framework for investigating oral and written corrective feedback [J]. *Studies in Second Language Acquisition*, 32(2), 335-349.

[73] Evans, N., Hartshorn, J., McCollum, R., & Wolfersberger, M. (2010). Contextualizing corrective feedback in second language writing pedagogy[J]. *Language Teaching Research*, 14(4), 445-463.

[74] Faigley, L., & Witte, S. (1981). Analyzing revision[J]. *College Composition and Communication*, 32(4), 400-414.

[75] Falvey, P. (1993). *Towards a Description of Corporate Revision*[D/OL]. Unpublished Ph.D. thesis. Birmingham, UK: University of Birmingham.

[76] Ferris, D. R. (2006). Does error feedback help student writers? New evidence on the short- and long-term effects of written error correction[C]. In K. Hyland & F. Hyland (Eds.), *Feedback in Second Language Writing:*

Contexts and Issues (pp. 81-104). Cambridge: Cambridge University Press.

[77] Ferris, D. R., Liu, H., Sinha, A., & Senna, M. (2013). Written corrective feedback for individual L2 writers[J]. *Journal of Second Language Writing*, 22(3), 307-329.

[78] Finn, J. D. (1989). Withdrawing from school[J]. *Review of Educational Research*, 59(2), 117-142.

[79] Finn, J. D., & Zimmer, K. S. (2012). Student engagement: What is it? Why does it matter? [C]. In S. L. Christenson, A. L. Reschley & C. Wylie (Eds.), *Handbook of Research on Student Engagement* (pp. 97-132). New York, NY: Springer.

[80] Flavell, J. H. (1979). Metacognition and cognitive monitoring: A new area of cognitive-developmental inquiry [J]. *American Psychologist*, 34(10), 906-911.

[81] Flowerdew, J., & Wang, S. H. (2016). Author's editor revisions to manuscripts published in international journals[J]. *Journal of Second Language Writing*, 32, 39-52.

[82] Fredricks, J. A., Blumenfeld, P. C., & Paris, A. H. (2004). School engagement: Potential of the concept, state of the evidence[J]. *Review of Educational Research*, 74(1), 59-109.

[83] Fredricks, J. A., Filsecker, M., & Lawson, M. A. (2016). Student engagement, context, and adjustment: Addressing definitional, measurement, and methodological issues[J]. *Learning and Instruction*, 43, 1-4.

[84] Gao, X. (2007). Has language learning strategy come to an end? A response to Tseng et al. (2006) [J]. *Applied Linguistics*, 28(4), 615-620.

[85] Gao, X., & Zhang, L. J. (2011). Joining forces for synergy: Agency and metacognition as interrelated theoretical perspectives on learner autonomy [C]. In G. Murray, X. Gao & T. Lamb (Eds.), *Identity, Motivation and Autonomy in Language Learning* (pp.25-41). Bristol: Multilingual Matters.

[86] Gentil, G. (2011). A biliteracy agenda for genre research[J]. *Journal of Second Language Writing*, 20(1), 6-23.

[87] Goldstein, L. M. (2006). Feedback and revision in second language writing: Helping learners become independent writers [C]. In K.

Hyland & F. Hyland (Eds.), *Feedback in Second Language Writing: Contexts and Issues* (pp. 185-205). Cambridge: Cambridge University Press.

[88] Goldstein, L. M. (2016). Making use of teacher written feedback [C]. In R. M. Manchón & P. K. Matsuda (Eds.), *Handbook of Second and Foreign Language Writing* (pp. 407-430). Berlin, German: De Gruyter Mouton.

[89] Gosden, H. (1995). Success in research article writing and revision: A social-constructionist perspective[J]. *English for Specific Purpose*, 14(1), 37-57.

[90] Greene, B. A. (2015). Measuring cognitive engagement with self-report scales: Reflections from over 20 years of research[J]. *Educational Psychologist*, 50(1), 14-30.

[91] Gross, J. J. (1998a). Antecedent- and response-focused emotion regulation: Divergent consequences for experience, expression, and physiology [J]. *Journal of Personality and Social Psychology*, 74(1), 224-237.

[92] Gross, J. J. (1998b). The emerging field of emotion regulation: An integrative review[J]. *Review of General Psychology*, 2(3), 271-299.

[93] Guba, E., & Lincoln, Y. (2005). Paradigmatic controversies, contradictions, and emerging confluences[C]. In N. K. Denzin & Y. S. Lincoln (Eds.), *Handbook of Qualitative Research* (pp. 191-215). Thousand Oaks, CA: Sage.

[94] Habibie, P., & Hyland, K. (Eds.). (2019). *Novice Writers and Scholarly Publications: Authors, Mentors, Gatekeepers*[M]. Cham, Switzerland: Palgrave Macmillan.

[95] Hacker, D. J., Keener, M. C., & Kircher, J. C. (2009). Writing is applied metacognition [C]. In D. J. Hacker, J. Dunlosky & A. Graesser (Eds.), *Handbook of Metacognition in Education* (pp. 154-172). New York, NY: Routledge.

[96] Han, Y. (2017). Mediating and being mediated: Learner beliefs and learner engagement with written corrective feedback[J]. *System*, 69, 133-142.

[97] Han, Y., & Hyland, F. (2015). Exploring learner engagement with

written corrective feedback in a Chinese tertiary EFL classroom[J]. *Journal of Second Language Writing*, 30, 31-44.

[98] Han, Y., & Hyland, F. (2019a). Academic emotions in written corrective feedback situations[J]. *Journal of English for Academic Purposes*, 38, 1-13.

[99] Han, Y., & Hyland, F. (2019b). Learner engagement with written feedback: A sociocognitive perspective [C]. In K. Hyland & F. Hyland (Eds.), *Feedback in Second Language Writing: Contexts and Issues* (2nd ed., pp. 381-408). Cambridge: Cambridge University Press.

[100] Hyland, F. (1998). The impact of teacher written feedback on individual writers[J]. *Journal of Second Language Writing*, 7(3), 255-286.

[101] Hyland, F. (2003). Focusing on form: Student engagement with teacher feedback[J]. *System*, 31(2), 217-230.

[102] Hyland, F., & Hyland, K. (2001). Sugaring the pill: Praise and criticism in written feedback[J]. *Journal of Second Language Writing*, 10(3), 185-212.

[103] Hyland, K. (2012). *Disciplinary Identities: Individuality and Community in Academic Discourse* [M]. Cambridge: Cambridge University Press.

[104] Hyland, K. (2013). Faculty feedback: Perceptions and practices in L2 disciplinary writing[J]. *Journal of Second Language Writing*, 22(3), 240-253.

[105] Hyon, S. (1996). Genre in three traditions: Implications for ESL [J]. *TESOL Quarterly*, 30(4), 693-722.

[106] Johns, A. M. (2008). Genre awareness for the novice academic student: An ongoing quest[J]. *Language Teaching*, 41(2), 237-252.

[107] Kim, M., & Belcher, D. (2018). Building genre knowledge in second language writers during study abroad in higher education[J]. *Journal of English for Academic Purposes*, 35, 56-69.

[108] Kuteeva, M., & Negretti, R. (2016). Graduate students' genre knowledge and perceived disciplinary practices: Creating a research space across disciplines[J]. *English for Specific Purposes*, 41, 36-49.

[109] Lantolf, J. P. (2000). Second language learning as a mediated process[J]. *Language Teaching*, 33(2), 79-96.

[110] Larsen-freeman, D. (2010). The dynamic co-adaptation of cognitive and social views: A complexity theory perspective[C]. In R. Batstone (Ed.), *Sociocognitive Perspectives on Language Use and Language Learning* (pp. 40-53). Oxford: Oxford University Press.

[111] Lee, I. (2014). Revisiting teacher feedback in EFL writing from sociocultural perspectives[J]. *TESOL Quarterly*, 48(1), 201-213.

[112] Leki, I. (2003). Coda: Pushing L2 writing research[J]. *Journal of Second Language Writing*, 12, 103-105.

[113] Li, Y. (2006). A doctoral student of physics writing for publication: A sociopolitically-oriented case study[J]. *English for Specific Purposes*, 25, 456-478.

[114] Li, Y., Hyland, F., & Hu, G. (2017). Prompting MEd students to engage with academia and the professional world through feedback[J]. *Journal of English for Academic Purposes*, 26, 52-65.

[115] Linnenbrink-Garcia, L., Rogat, T. K., & Koskey, K. L. (2011). Affect and engagement during small group instruction[J]. *Contemporary Educational Psychology*, 36(1), 13-24.

[116] Liu, J., & Sadler, R. W. (2003). The effect and affect of peer review in electronic versus traditional modes on L2 writing[J]. *Journal of English for Academic Purposes*, 2(3), 193-227.

[117] Luo, N., & Hyland, K. (2017). Intervention and revision: Expertise and interaction in text mediation[J]. *Written Communication*, 34(4), 414-440.

[118] Mahatmya, D., Lohman, B. J., Matjasko, J. L., & Farb, A. F. (2012). Engagement across developmental periods[C]. In S. L. Christenson, A. L. Reschley & C. Wylie (Eds.), *Handbook of Research on Student Engagement* (pp. 45-64). New York, NY: Springer.

[119] Martin, J. R. (1993). Genre and literacy: Modeling context in educational linguistics[J]. *Annual Review of Applied Linguistics*, 13, 141-172.

[120] Matsuda, P. K. (1999). Composition studies and ESL writing: A

disciplinary division of labor[J]. *College Composition and Communication*, 50(4), 699-721.

[121] Matsuda, P. K., & Tardy, C. (2007). Voice in academic writing: The rhetorical construction of author identity in blind manuscript review[J]. *English for Specific Purposes*, 26(2), 235-249.

[122] Meinhardt, J., & Pekrun, R. (2003). Attentional resource allocation to emotional events: An ERP study[J]. *Cognition and Emotion*, 17(3), 477-500.

[123] Miles, M. B., & Huberman, A. M. (1994). *Qualitative Data Analysis*[M]. Thousand Oaks, CA: Sage Publications.

[124] Miller, C. R. (1984). Genre as social action[J]. *Quarterly Journal of Speech*, 70, 151-167. Reprinted in A. Freedman & P. Medway (Eds.) (1994). *Genre and the New Rhetoric* (pp.23-42). London: Taylor & Francis.

[125] Miller, R. B., Greene, B. A., Montalvo, G. P., Ravindran, B., & Nichols, J. D. (1996). Engagement in academic work: The role of learning goals, future consequences, pleasing others, and perceived ability[J]. *Contemporary Educational Psychology*, 21(4): 388-422.

[126] Min, H.-T. (2006). The effects of trained peer review on EFL students' revision types and writing quality[J]. *Journal of Second Language Writing*, 15(2), 118-141.

[127] Mochizuki, N. (2021). Becoming a scholarly writer for publication: An autoethnography of boundary crossing, linguistic identity, and revising[C]. In P. Habibie & S. Burgess (Eds.), *Scholarly Publication Trajectories of Early-career Scholars: Insider Perspectives* (pp. 207-224). Cham, Switzerland: Palgrave Macmillan.

[128] Mosher, R., & McGowan, B. (1985). *Assessing Student Engagement in Secondary Schools: Alternative Conceptions, Strategies of Assessing, and Instruments*[M]. University of Wisconsin, Research and Development Center. (ERIC Document Reproduction Service No. ED 272812)

[129] Mulligan, A., Hall, L., & Raphael, E. (2013). Peer review in a changing world: An international study measuring the attitudes of researchers[J]. *Journal of the American Society for Information Science and Technology*, 64

(1),132-161.

[130] Mungra,P., & Webber,P. (2010). Peer review process in medical research publications: Language and content comments[J]. *English for Specific Purposes*,29(1),43-53.

[131] Negretti,R. (2017). Calibrating genre: Metacognitive judgments and rhetorical effectiveness in academic writing by L2 graduate students[J]. *Applied Linguistics*,38(4),512-539.

[132] Negretti, R., & Kuteeva, M. (2011). Fostering metacognitive genre awareness in L2 academic reading and writing: A case study of pre-service English teachers[J]. *Journal of Second Language Writing*,20(2),95-110.

[133] Negretti,R.,& McGrath,L. (2018). Scaffolding genre knowledge and metacognition: Insights from an L2 doctoral research writing course[J]. *Journal of Second Language Writing*,40,12-31.

[134] Nuemann, R., Parry, S., & Becher, T. (2002). Teaching and learning in their disciplinary contexts: A conceptual analysis[J]. *Studies in Higher Education*,27(4),405-417.

[135] Oxford,R. L. (2017). *Teaching and Researching Language Learning Strategies: Self-Regulation in Context*[M]. New York, NY: Routledge.

[136] Paltridge, B. (2017). *The Discourse of Peer Review: Reviewing Submissions to Academic Journals*[M]. London: Palgrave Macmillan.

[137] Parrot,W. G.,& Spackman,M. P. (2000). Emotion and memory[C]. In M. Lewis & J. M. Haviland-Jones (Eds.),*Handbook of Emotions* (pp. 476-490). New York, NY: Guilford Press.

[138] Pekrun,R. (2006). The control-value theory of achievement emotions: Assumptions, corollaries, and implications[J]. *Educational Psychology Review*,18,315-341.

[139] Pekrun, R., & Linnenbrink-Garcia, L. (2012). Academic emotions and student engagement[C]. In S. L. Christenson, A. L. Reschly & C. Wylie (Eds.),*Handbook of Research on Student Engagement* (pp. 259-282). New York, NY: Springer.

[140] Pianta, R. C., Hamre, B. K., & Allen, J. P. (2012). Teacher-student relationships and engagement: Conceptualizing, measuring, and impro-

ving the capacity of classroom interactions[C]. In S. L. Christenson, A. L. Reschley & C. Wylie (Eds.), *Handbook of Research on Student Engagement* (pp. 365-386). New York, NY: Springer.

[141] Qi, D. S., & Lapkin, S. (2001). Exploring the role of noticing in a three-stage second language writing task[J]. *Journal of Second Language Writing*, 10(4), 277-303.

[142] Reeve, J. (2013). How students create motivationally supportive learning environments for themselves: The concept of agentic engagement[J]. *Journal of Educational Psychology*, 105(3), 579-595.

[143] Reiff, M. J., & Bawarshi, A. (2011). Tracing discursive resources: How students use prior genre knowledge to negotiate new writing contexts in first-year composition[J]. *Written Communication*, 28(3), 312-337.

[144] Reschly, A., & Christenson, S. L. (2006). Research leading to a predictive model of dropout and completion among students with mild disabilities and the role of student engagement[J]. *Remedial and Special Education*, 27, 276-292.

[145] Russell, D. (1997). Rethinking genre in school and society: An activity theory analysis[J]. *Written Communication*, 14, 504-554.

[146] Sachs, R., & Polio, C. (2007). Learners' uses of two types of written feedback on a L2 writing revision task[J]. *Studies on Second Language Acquisition*, 29(1), 67-100.

[147] Schraw, G., & Dennison, R. S. (1994). Assessing metacognitive awareness[J]. *Contemporary Educational Psychology*, 19(4), 460-475.

[148] Sfard, A. (1998). On two metaphors for learning and the dangers of choosing just one[J]. *Educational Researcher*, 27(2), 4-13.

[149] Sheen, Y. H. (2010). Differential effects of oral and written corrective feedback in the ESL classroom[J]. *Studies in Second Language Acquisition*, 32(2), 203-234.

[150] Skinner, E. A., & Pitzer, J. R. (2012). Developmental dynamics of student engagement, coping, and everyday resilience[C]. In S. L. Christenson, A. L. Reschley & C. Wylie (Eds.), *Handbook of Research on Student Engagement* (pp. 21-44). New York, NY: Springer.

[151] Storch, N., & Wigglesworth, G. (2010). Students' engagement with feedback on writing: The role of learner agency/beliefs[C]. In R. Batstone (Ed.), *Sociocognitive Perspectives on Language Use and Language Learning* (pp. 166-185). Oxford: Oxford University Press.

[152] Svalberg, A. M.-L. (2009). Engagement with language: Interrogating a construct[J]. *Language Awareness*, 18(3-4), 242-258.

[153] Swales, J. M. (1980/2011). *Aspects of Article Introductions*[M]. Ann Arbor, MI: University of Michigan Press.

[154] Swales, J. M. (1990). *Genre Analysis: English in Academic and Research Settings*[M]. Cambridge: Cambridge University Press.

[155] Swales, J. M. (2004). *Research Genres: Explorations and Application*[M]. Cambridge: Cambridge University Press.

[156] Tardy, C. M. (2006). Appropriation, ownership, and agency: Negotiating teacher feedback in academic settings[C]. In K. Hyland & F. Hyland (Eds.), *Feedback in Second Language Writing: Contexts and Issues* (pp.60-78). Cambridge: Cambridge University Press.

[157] Tardy, C. M. (2009). *Building Genre Knowledge*[M]. West Lafayette, IN: Parlor Press.

[158] Tardy, C. M. (2016). *Beyond Convention: Genre Innovation in Academic Writing*[M]. Ann Arbor, MI: University of Michigan Press.

[159] Tardy, C. M. (2019). *Genre-Based Writing: What Every ESL Teacher Needs to Know*[M]. Ann Arbor, MI: University of Michigan Press.

[160] Tardy, C. M., Sommer-Farias, B., & Gevers, J. (2020). Teaching and research genre knowledge: Toward an enhanced theoretical framework[J]. *Written Communication*, 37(3): 287-321.

[161] Voelkl, K. E. (1997). Identification with school[J]. *American Journal of Education*, 105(3), 294-318.

[162] Wette, R. (2017). Using mind maps to reveal and develop genre knowledge in a graduate writing course[J]. *Journal of Second Language Writing*, 38, 58-71.

[163] Winstone, N. E., Nash, R. A., Parker, M., & Rowntree, J. (2017). Supporting learners' agentic engagement with feedback: A systematic review

and a taxonomy of recipience processes[J]. *Educational Psychologist*, 52(1), 17-37.

[164] Wolters, C. A., & Taylor, D. J. (2012). A self-regulated learning perspective on student engagement[J]. In S. L. Christenson, A. L. Reschley & C. Wylie (Eds.), *Handbook of Research on Student Engagement* (pp. 635-652). New York, NY: Springer.

[165] Woods, P. (1985). Conversations with teachers: Some aspects of the life history methods[J]. *British Educational Research Journal*, 11(1), 13-26.

[166] Wylie, C. (2009). Tomorrow's Schools after 20 years: Can a system of self-managing schools live up to its initial aims[J]. *The New Zealand Annual Review of Education*, 19, 5-29.

[167] Yin, H. (2016). Knife-like mouth and tofu-like heart: Emotion regulation by Chinese teachers in classroom teaching[J]. *Social Psychology of Education*, 19(1), 1-22.

[168] Yin, R. K. (2018). *Case Study Research and Applications: Design and Methods*[M]. Thousand Oaks, CA: Sage.

[169] You, X., & You, X. (2013). American content teachers' literacy brokerage in multilingual university classrooms[J]. *Journal of Second Language Writing*, 22(3), 260-276.

[170] Zhang, Z. (V.), & Hyland, K. (2018). Student engagement with teacher and automated feedback on L2 writing[J]. *Assessing Writing*, 36, 90-102.

[171] Zhang, Y. (O.), & Hyland, K. (2021). Elements of doctoral apprenticeship: Community feedback and the acquisition of writing expertise[J]. *Journal of Second Language Writing*, 53, 100835.

[172] Zhang, Y. (O.), & Hyland, K. (2022). Responding to supervisory feedback: Mediated positioning in thesis writing[J]. *Written Communication*, 39(2), 171-199.

[173] Zheng, Y., & Yu, S. (2018). Student engagement with teacher written corrective feedback in EFL writing: A case study of Chinese lower-proficiency students[J]. *Assessing Writing*, 37, 13-24.

附录

附录1　数据来源简称

数据来源	各参与者数据来源简称			
	郑　彬	冉晶晶	刘　婷	孙小蓉
原稿	郑-稿1	冉-稿1	刘-稿1	孙-稿1
第一次修改稿	郑-稿2	冉-稿2	刘-稿2	孙-稿2
第二次修改稿	郑-稿3	冉-稿3	刘-稿3	孙-稿3
第一次审稿人1的反馈	郑-大修-审稿人1	冉-大修-审稿人1	刘-大修-审稿人1	孙-拒稿意见-审稿人1
第一次审稿人2的反馈	郑-大修-审稿人2	冉-大修-审稿人2	刘-大修-审稿人2	孙-拒稿意见-审稿人2
第二次审稿人1的反馈	郑-小修-审稿人1	冉-小修-审稿人1	刘-小修-审稿人1	无
第二次审稿人2的反馈	郑-小修-审稿人2	冉-小修-审稿人2	刘-小修-审稿人2	无
第一次致审稿人的回应信	郑-回应信1	冉-回应信1	刘-回应信1	无
第二次致审稿人的回应信	郑-回应信2	冉-回应信2	刘-回应信2	无
反思日志	无	无	刘-反思日志	无

附录 2　数据收集时间列表

作者化名	数据简称	时间（年-月）	篇幅（词数）
郑　彬	郑-稿1	2018-12	5560
	郑-大修	2019-02	485
	郑-稿2	2019-03	5634
	郑-回应信1	2019-03	3362
	郑-小修	2019-04	256
	郑-稿3	2019-05	5789
	郑-回应信2	2019-05	1467
冉晶晶	冉-稿1	2018-02	7234
	冉-大修	2018-04	665
	冉-稿2	2018-05	9260
	冉-回应信1	2018-05	1848
	冉-小修	2018-06	288
	冉-稿3	2018-06	9400
	冉-回应信2	2018-06	433
刘　婷	刘-稿1	2017-07	6981
	刘-大修	2017-08	2293
	刘-稿2	2017-11	8922
	刘-回应信1	2017-11	7384
	刘-小修	2017-12	1485
	刘-稿3	2018-01	8090
	刘-回应信2	2018-01	2323
孙小蓉	孙-稿1	2019-04	3456
	孙-拒稿意见	2019-06	288
	孙-稿2	2019-12	3999

附录3　访谈提纲一
半结构化访谈：既往学术研究与写作经历

1. 学习、语言与写作背景
(1) 请你大概介绍一下你的求学背景，尤其是学术研究背景。
(2) 你投稿时的英语水平如何？
(3) 请你介绍一下你平时是怎么练习英语写作的。

2. 英语论文写作与投稿的动机
(1) 你为什么想要发表英语论文？
(2) 对你来说，英语学术期刊论文的目标是什么？
(3) 英语学术期刊论文发表对你来说有多重要？
(4) 你是如何选择目标期刊的？

3. 英语论文写作与修改的认识
(1) 你觉得什么样的英语学术论文算得上好论文？
(2) 你觉得需要作者具备哪些能力，才能够使自己的英语学术论文最终被成功接收？你认为自己是否具备这样的能力？
(3) 你认为你作为一个作者，具有哪些促进成功发表的优点？哪些可能限制发表的缺点？
(4) 你认为在应对审稿人的反馈时，什么样的修改是成功的？什么样的修改是不成功的？为什么？

附录4 访谈提纲二
基于文本的回溯性访谈：修改过程

1. 对审稿反馈的整体认识与感受
(1) 在本次论文修改过程中，你收到哪些类型的审稿反馈？
(2) 总体来说，你怎么看审稿人给你的反馈？
(3) 你多大程度上理解了审稿人的反馈？
(4) 收到审稿反馈时，你的感受和态度如何？
(5) 你对什么样的审稿反馈印象最深刻？为什么？

2. 具体修改过程
(1) 请你具体描述一下你修改稿件时的物理环境（例如一台电脑、一杯咖啡）。
(2) 拿到审稿反馈时，你是怎么阅读这些反馈的？
(3) 你一般怎么使用审稿反馈来修改稿件（请具体举例）？
(4) 你改稿的日程和进度如何？
(5) 审稿反馈中，有哪些是你意料之中的？哪些是出乎意料的？为什么？
(6) 哪些审稿反馈对你来说特别有帮助？哪些审稿反馈对你来说起到消极作用？为什么？
(7) 哪些审稿反馈你觉得容易处理？哪些审稿反馈你觉得难以处理？为什么？
(8) 在修改过程中，你是否想到你的目标读者？对你的修改是否产生影响？（请指出对应的改动）
(9) 你在什么时候写致审稿人的回应？你如何看待致审稿人的回应？
(10) 这次修改中，你使用了什么样的资源、策略或技巧协助你完成修改？
(11) 在整个改稿过程中，你遇到最大的困难或挑战是什么？你如何应对这些困难?

（12）修改过程中，你是否联想起以前的相关写作或修改经历？你那时是怎么做的？能否找到对应的具体改动？

（13）你认为你之前的哪些经验或经历有助于你这次修改？哪些限制了你的修改？

（14）你以往的修改和写作经历与这次是否有什么不同？这些不同是否对你修改文章产生影响？

3. 对本次改稿的认识

（1）通过这次修改，你最大的收获是什么？

（2）你的论文是否得到了显著改进？在哪些方面有显著改进？

（3）你这篇文章的学科定位是什么？经过此次修改，是否有变化？

（4）你这篇文章的目标读者群体是哪些人？你们领域中和你这篇文章最相关的研究话题是什么？经过此次修改，是否有变化？

（5）关于英语学术论文发表所需要的语言水平，经过此次修改，你的认识是否有变化？

（6）关于英语学术论文发表所需要的学科领域知识的掌握，经过此次修改，你的认识是否有变化？

（7）关于英语学术论文发表的过程，例如如何投稿、如何与审稿人沟通，经过此次修改，你的认识是否有变化？

附录5　访谈提纲三
基于文本的补充访谈：具体改动说明

（1）（对于某条作者采纳了的审稿反馈意见，）你认为审稿人期待你做出何种修改？你认为你的修改是否回应了审稿人的期待？

（2）（对于某条作者未采纳的审稿反馈意见，）你认为审稿人对你的期待是什么？你是否做出相应改动？如果没有，为什么未采纳？

（3）（对于审稿反馈中未提及，但作者仍做出改动的地方，）你为什么做出这样的改动？你认为这种改动会产生什么效果？

（4）（如审稿人提及但未具体表明如何修改，但作者仍做出了改动，）你为什么这么改？

（5）关于这次改稿，你还有什么需要补充的？

附录6 访谈文字稿示例

2019年4月18日访谈转写稿选段

彭（本书作者彭玉洁）；孙（受访者孙小蓉）

彭：你觉得什么样的英语学术的，我这里是指期刊论文，（就）算得上是一篇好的论文？

孙：好论文来说的话，其实第一点，要有新颖度，要是有很多人没有做过的一些新的东西，这一点的话，包括现在我们课题，查文献的话也是会查一些，比如说我之前也帮别人写过研修计划，然后写这个研修计划的时候，首先要大幅度先看大家有哪些东西没有做过，然后先写的话，肯定是先从大家没有做过的这些东西出发去写；因为如果很多东西大家都做烂了的话，应该（再）怎么做就（也）没有太大的意义了。所以我觉得，好的论文，第一个点的话，论文的选题要有新颖性，不能都是大家（都大家）都做过了，然后那个结论什么都很成熟了，然后你再去重复，这个就没有什么意思（了）。

彭：好的。那么除了选题的新颖性，还有没有别的？

孙：从文章内容的话，我这边想还有几点。第一点，选题的新颖性；第二点，就是整个文章结构的完整性，尤其是文章的实验部分、结果部分和讨论部分，这（是）三部分（中）比较重要（的）一点；然后还有一点是……然后分开这三点是大一点。详细一点来说的话，文章的数据部分，其实现在不管看 Nature（《自然》）还是 Science（《科学》）来说，也是很……都是（就是）大量实验结果堆积的一部分，就是说你的实验方面必须有……这是实验方法方面的……实验方面必须有足够的数据来支撑你的论点。结果方面就是，结果一定得是真的，不能是……虚假论文。各个方面来说，就是不管文章发多少篇，但是你的实验结果都得是真的，因为你这一个文章可能对后面会有很大的一些指导性。然后再一个，讨论部分的话，因为从一个文章的角度来说，讨论部分就是说讨论你文章、讨论你选题的意义，还有就是你这篇论文的不足之处，然后选题意义的话，正好扣一下你的题，然后不足之处的话，正好也是给自己一个……我的理解是给自己一个台阶下，这样子的话就是，你自己先把自己的缺点说完了。然后你去投的时候，审稿人那边，可能一看，你自己知道自己有哪些问题了，然后反而他们会给你……他们只是会卡你的……怎么说呢，卡你的可能性反而会小一点，可能会更容易通过一点……这个是文章的内容方面。从形式方面（来说）的话，也就是整个英语的结构上面来说，必须得……英语文章嘛……所以英语的母语表达这个还是蛮重要的，因为尤其是中国学生，英语表达其实不是很地道，包括我觉得，就是我自己学到目前为止，我的表达都不能说是非常地道的那种。所以其实写作方面就是，英语写作方面，这一方面来说，就是好的论文必须关注的一点……除了内容之外，这个也是一个态度的问题。你写得乱七八糟，主语、谓语什么时态也不对，然后不能乱七八糟，语法也不对，然后人家一看……审稿人意见……一看就觉得：好，态度有问题……直接给你卡下来。

彭：这个审稿人的想法，你是怎么知道的？

孙：这个是平时课题组开会、导师帮师兄姐们改文章，也会提到的一些小点。

彭：好的。那么我们再看，就是你觉得作者需要具备哪些能力，才能够使自己的英语学术论文最终被成功接收？

孙：第一个方面的话，学术能力肯定是要有的，你的数据什么的一定得是够的。在我们之前有一部分被拒的原因就是因为我的数据不够。然后第二个的话，其实论文的被接受也就两点，一个是内容，一个是形式嘛；然后内容包括的话，（刚才已经说过了，）然后还是你写的方面，你得符合英语论文的这个表达，这个得对。

彭：英语论文的表达"对"是一个什么样的状态？

孙：表达上面的对，就是前后……整个论文前因后果，结构得对，逻辑上得对……逻辑上、表达上。然后形式上，很多期刊……它不是有……每个期刊都有自己期刊的一些像参考文献一些自己的格式，然后格式也得对。表达、内容、格式，三个方面。嗯……比如说它可能写跟我们中文写的时候，这个可能有一点点不一样。

彭：你是指……具体是……比如说写 discussion（讨论）的话，会有什么不一样呢？

孙：比如说 discussion（讨论）的话……我从摘要举例吧，摘要可能好举例一点。

彭：好的，你说。

孙：摘要的话，摘要它的一个结构形式，首先通过大量的文献调研，然后发现了一些什么问题，然后又发现了一些什么已经解决的问题，然后发现了一些什么还没有解决的问题。所以关注于这些没有解决的问题，然后展开一些什么样的一个讨论……这个就是摘要的基本的一个逻辑。然后从中文的角度上说的话，可能就是我们因为什么什么，所以怎么怎么怎么样；然后可能从英文上面一个表达的话，我可能先把结论写在前面，比如说"We did something"，然后"because"，再引出一个原因，可能它就是一个结构上的一个不一样，这样子。

彭：好的，明白了，那么你是怎么样知道摘要是该这么写的？

孙：这个我有看过一个 SCI 论文各个部分它应该怎么去构架，我学过，我专门研究过这个东西。

彭：你是在投稿之前或者说写这篇文章之前，就已经去学了这个东西？

孙：我是开始下笔写之前……我不知道怎么下笔写……然后我先学的一个课程。因为我学这个课程，我是为了了解每一部分应该放些什么东西进去，我就是从这个课程里面我学到了每一块……比如说 abstract（摘要）这一部分应该放什么东西，然后 discussion（讨论）这一部分应该放什么东西，然后就是，我先有了一个理论上面的……一个就是心里想有个数这样子。

附录7　反思日志选段

既然选了题，就做下去吧。

研究设计、问卷设计，向外导 Lydia（莉蒂亚）（化名）请教。问卷和访谈问题有些问题不清楚，莉蒂亚几次与我讨论，她稍微提高一些声调，还跟我解释：不是在批评我，而是想要我理解其中逻辑不合理的地方。（其实我完全没觉得她有一丝丝批评）之后，莉蒂亚给我列了几个正在开发中的［国家］项目，其中就包括我所用的三个案例：［Case 1］［Case 2］［Case 3］。实地考察时自己坐公交车去过几次，［Case 2］很远，从我家北岸的［地点名称］坐公交车过去要两个多小时，［Case 1］也很远，坐公交去过，也拜托洪扬（化名）开车带我去过。［Case 3］很近，每次去都免不了想去码头的酒吧喝一杯……

选了项目就在网上联系项目负责人，尤其是跟我选题相关的人员。找到邮件就发邀请，说想要访谈，找不到邮件就迂回着找，查新闻、Linkedin（领英）、Facebook（脸书）……如果只能查到人名，就看网站上公司其他人的邮箱格式，然后根据查到的人名来猜测 email（电子邮箱），发送邮件，with my fingers crossed（双手合十）。那是第一次知道 finger crossed（手指交叉），祈求幸运，就是《神秘巨星》里那个小男孩儿经常做的手势。当然有非常多的邮件石沉大海，也有被拒绝的时候，但是 Never mind I will find someone like you.

之所以能鼓起勇气去访谈，只靠一个信念"反正也没人认识我"。是的，不管我口语怎么样、听力怎么样，访谈我还是做下来了，能听懂 80% 以上，我觉得我已经很棒了。每次 45 分钟—1 小时的访谈，我转录成文字要转录 1 整天。又怎么样？我做下来了。学习 Nvivo 软件，做编码，找逻辑，照猫画虎地完成访谈分析，自信心一点一点累积起来……

申请加入［协会名］，以学生会员的身份参加年会，别人都有胸牌，写着姓名、公司、职位。我，只有姓名。又怎么样呢？我厚着脸去加入他们三三两两的交谈，不厌其烦地介绍自己是［X大学］的博士生。拿到电子邮箱，发问卷，回收率41%，那时看文献我才知道，这对于问卷来讲已经蛮高了。（所以现在看到某些文献，大量发放问卷还能有80%以上回收率，我都很难相信。）

拿到访谈和问卷数据，仍旧照猫画虎地写论文。初稿形成的那一天，天在下雨，我一路蹦蹦跳跳回到市区的［地名］公寓，〔当时为了每天能去学校，便住近了，也是离Cindy（辛迪）（化名）、媛媛（化名）更近一些，更方便蹭饭，〕感觉心脏病都要犯了。（刘婷，2016～2018年）

附录 8　作者投入审稿反馈的情感反应类别分析示例

访谈引语	初始标签	情感指向类别				情绪效价			情绪活跃度		
		社会性情绪	认识性情绪	活动相关情绪	结果相关情绪	正性	中性	负性	高唤醒	中唤醒	低唤醒
我一开始非常崩溃（刘-访谈）	崩溃				×			×	×		
我毕业的硬性条件已经达到了，我不在乎，我毕业不等着、不急用这一篇文章（郑-访谈）	漠然				×		×				×
就是科研怎么这么难，然后数据方面的话我觉得还是不是很够（孙-访谈）	困惑		×					×	×		
就好像我的两位匿名的导师，在恨铁不成钢（刘-反思日志）	感激	×				×			×		
虽然意见比较简单，其实改起来也比较容易，但是我就是不想改（郑-访谈）	抵触			×				×			×
我真的是在意料之外的点就是语言，虽然我知道我的语言不如本族语使用者的好，但是我也万万没有想到他们会提出风格（style）方面的问题（冉-访谈）	惊讶		×				×		×		

续表

访谈引语	初始标签	情感指向类别				情绪效价			情绪活跃度		
		社会性情绪	认识性情绪	活动相关情绪	结果相关情绪	正性	中性	负性	高唤醒	中唤醒	低唤醒
我感觉审稿人审得还蛮仔细的，其实就是没有敷衍了事那样子（孙-访谈）	认同	×				×				×	

后 记

作为一名研究者，我生活在两个交错的时空中：一个时空里，我面对着研究参与者所处的社会情境；另一个时空里，我面对着柴、米、油、盐的生活琐碎。我常常感到自己很幸运，我得以时常徜徉在第一个时空的平静之中，完全是因为在社会生活的另一个时空里，幸得恩师引领，前辈同行相助，家人相伴。

感谢我的导师徐昉教授。本书的诞生，经历了博士在读阶段的漫长研究与论文撰写，以及师资博士后在站两年间的不断补充完善。其中的每一个步骤，都有导师的倾力指点。徐老师于我有知遇之恩、教诲之情。徐老师以其高屋建瓴的学术思考，举重若轻地启迪我的学术思维；以其润物无声的一言一行，教会我何为审问笃行、慎思明辨。徐老师于我而言，不仅是学术生涯的领航人，更是人生道路的指明灯。日后道路上，但求正以立身，勤以为学，不负师恩。

感谢我的工作单位苏州大学外国语学院所有支持与帮助我的前辈和同事们。感谢学院领导关心支持，使我能够心无旁骛地投入研究工作；感谢我的师资博士后合作导师顾佩娅教授耐心指点，以"念念不忘、必有回响"勉励于我；感谢苏州大学外语教育与教师发展研究所的各位老师，为我们创造了一个充满学术热情和智慧的乐园。感谢苏州大学出版社对本书的出版给予的支持。

感谢帮助过我的同行专家老师。感谢南京大学外国语学院的丁言仁教授、王海啸教授、陈新仁教授、魏向清教授，为我的博士阶段研究毫无保留地提出了建设性的中肯意见。感谢在我的博士论文预答辩和答辩中提出宝贵意见的徐锦芬教授、赵永青教授、欧阳护华教授。

感谢与我比肩奋斗的师门同窗。感谢潘晓笛、李竹萱、瞿蜜儿、李艳、薛舒云、陈玥、张泽权在自己的研究之余，高效及时地与我讨论数据编码问题，细致严谨地帮助我核验部分数据分析结果和审校论文初稿。

感谢本研究的四位匿名研究对象，他们毫无保留地提供了文稿详细资料，坚持完成访谈，并耐心回复我的每条追问。因为他们的信任与支持，才有了这本专著。

感谢我的父母。我完成了本书的写作，却白了他们的发。感谢他们将善良与勇敢的力量扎根于我的灵魂深处，使我于跌跌撞撞之中选择不违初心。感谢我的女儿和儿子，他们是我孜孜不倦、执着求索的根本动力；或许在他们未来人生的某些时刻会读到这本书，读到这段致谢，希望他们在漫漫人生路上，能时常感受到我在本书撰写期间所感受到的温暖和力量。

这是我的第一本学术专著，完成之际，已人至中年。笔至此处，不免再次感慨，世间规律面前，个体如此渺小，然而众多个体，即便渺小，也仍然以鲜活的生命力顽强地生存着，并悄然改变着身边的环境。我亦是这样一个渺小的个体；而这条研究者之路，我之所以能坚持走到这里，皆因一路上能够并肩同行的人。谨以此书献给助我渡过道道难关的老师、朋友和家人！

本人水平有限，书中如有疏漏之处，皆系笔者个人之失，敬请各位读者和学界同人不吝指正。

2024 年 2 月 17 日于姑苏